Eine Arbeitsgemeinschaft der Verlage

Böhlau Verlag · Wien · Köln · Weimar
Verlag Barbara Budrich · Opladen · Toronto
facultas.wuv · Wien
Wilhelm Fink · München
A. Francke Verlag · Tübingen und Basel
Haupt Verlag · Bern
Verlag Julius Klinkhardt · Bad Heilbrunn
Mohr Siebeck · Tübingen
Nomos Verlagsgesellschaft · Baden-Baden
Ernst Reinhardt Verlag · München · Basel
Ferdinand Schöningh · Paderborn · München · Wien · Zürich
Eugen Ulmer Verlag · Stuttgart
UVK Verlagsgesellschaft · Konstanz, mit UVK/Lucius · München
Vandenhoeck & Ruprecht · Göttingen · Bristol
vdf Hochschulverlag AG an der ETH Zürich

Markus Pospeschill

Empirische Methoden in der Psychologie

Mit 41 Abbildungen und 95 Übungsfragen

Ernst Reinhardt Verlag München Basel

PD Dr. *Markus Pospeschill* lehrt und forscht als Akademischer Direktor im Fach Psychologie an der Universität des Saarlandes Saarbrücken u. a. in den Bereichen Methodenlehre, Forschungsmethoden und Psychodiagnostik.
Vom Autor außerdem im Ernst Reinhardt Verlag erschienen:
„Testtheorie, Testkonstruktion, Testevaluation" (UTB-M 978-3-8252-3431-7) und „Psychologische Diagnostik" (zusammen mit Frank Spinath, UTB-basics 978-3-8252-3183-5).

Hinweis
Die Wiedergabe von Gebrauchsnamen, Handelsnamen, Warenbezeichnungen usw. in diesem Werk berechtigt auch ohne besondere Kennzeichnungen nicht zu der Annahme, dass solche Namen im Sinne der Warenzeichen- und Markenschutz-Gesetzgebung als frei zu betrachten wären und daher von jedermann benutzt werden dürften.

Bibliografische Information der Deutschen Nationalbibliothek

Die Deutsche Nationalbibliothek verzeichnet diese Publikation in der Deutschen Nationalbibliografie; detaillierte bibliografische Daten sind im Internet über <http: // dnb.d-nb.de> abrufbar.

UTB-Band-Nr.: 4010
ISBN 978-3-8252-4010-3

© 2013 by Ernst Reinhardt, GmbH & Co KG, Verlag, München

Dieses Werk einschließlich seiner Teile ist urheberrechtlich geschützt.
Jede Verwertung außerhalb der engen Grenzen des Urheberrechtsgesetzes ist ohne schriftliche Zustimmung der Ernst Reinhardt, GmbH & Co KG, München, unzulässig und strafbar. Das gilt insbesondere für Vervielfältigungen, Übersetzungen in andere Sprachen, Mikroverfilmungen und die Einspeicherung und Verarbeitung in elektronischen Systemen.

Printed in Germany
Einbandgestaltung: Atelier Reichert, Stuttgart
Covermotiv: © olly / fotolia.com
Satz: Da-TeX Gerd Blumenstein, Leipzig

Ernst Reinhardt Verlag, Kemnatenstr. 46, D-80639 München
Net: www.reinhardt-verlag.de E-Mail: info@reinhardt-verlag.de

Inhalt

Hinweise zur Benutzung dieses Lehrbuchs		9
Prolog		10

	1	**Methoden, Methodologie, Empirie**	14
	1.1	Methode	14
	1.2	Methodologie	16
	1.3	Empirie	17
	1.4	Empirische Daten und Variablen	18
	1.5	Empirische Fragestellung und Hypothese	19
	1.6	Theorien, Gesetze, Paradigmen	23
	1.7	Grenzen empirischer Forschung	29
	2	**Forschungsprozess**	34
	2.1	Untersuchungsidee und Thema	35
	2.2	Wissenschaftliche und ethische Kriterien	37
	2.3	Problempräzisierung	39
	2.4	Definition von Begriffen	44
	2.5	Indikatoren und Operationalisierung	50
	2.6	Messen und Skalieren	56
	2.7	Festlegung von Untersuchungsart und -objekten	60
	2.8	Planung, Durchführung, Auswertung	64
	2.9	Empirischer Bericht, Gutachten	66
	3	**Evaluation**	74
	3.1	Arten systematischer Erfolgskontrollen	74
	3.2	Studienarten	80
	3.3	Kosten-Nutzen-Analyse	86
	3.4	Stichprobenauswahl	87
	3.5	Durchführung und Auswertung	88
	4	**Methoden der Datenerhebung**	91
	4.1	Auszählen und Bilden von Indizes	91
	4.2	Rangbildung und Paarvergleich	94
	4.3	Ratingskalen	104
	4.4	Testskalen	111
	4.5	Schriftliche vs. mündliche Befragung	118

4.6	Formen wissenschaftlicher Beobachtung	124
4.7	Psychophysiologische Messung	126
4.8	Qualitative Interviews und Beobachtung	129
4.9	Multimethodale Methode	133

5	**Hypothesengenerierende Untersuchungsformen**	137
5.1	Voruntersuchung und Vortestung	137
5.2	Theoriebasierte Explorationsstudien	138
5.3	Methodenbasierte Explorationsstudien	140
5.4	Empiriebasierte Explorationsstudien	142

6	**Populationsbeschreibende Untersuchungsformen**	144
6.1	Zufallsstichprobe und Repräsentativität	144
6.2	Punkt- und Intervallschätzung	149
6.3	Probabilistische Stichprobentechniken	150
6.4	Nicht-probabilistische Stichproben	153

7	**Hypothesenprüfende Untersuchungsformen**	156
7.1	Signifikanztests und damit verbundene Probleme	156
7.2	Zusammenhangs-, Unterschieds-, Veränderungshypothesen	160
7.3	Prognostische Hypothesen und die Messung von Differenzen	177
7.4	Poweranalyse	180
7.5	Effektgrößenbestimmung	181
7.6	Schätzung optimaler Stichprobenumfänge	184
7.7	Strategien zur Vereinheitlichung von Effektgrößen	186

8	**Einzelfallprüfende Untersuchungsformen**	191
8.1	Problematik von Einzelfallstudien	191
8.2	Statistische Verfahren für Einzelfalldesigns	195
8.3	Statistische vs. visuelle Analyse	201
8.4	Randomisierungs- und Permutationstests	210
8.5	Verallgemeinerte Prinzipien des Randomisierungstests	225
8.6	Einzelfalldiagnostik	229

9	**Besondere Probleme und Herausforderungen**	249
9.1	Parametrische vs. verteilungsfreie Tests	249
9.2	Zusammenfassung statistischer Einzelentscheidungen	250
9.3	α-Fehler-Adjustierung	254
9.4	Bootstrap-Methode	258
9.5	Exakte Tests	259

Literatur	265
Sachregister	269

Online-Materialien zum Buch stehen auf der Homepage des Ernst Reinhardt Verlags unter http://www.reinhardt-verlag.de sowie auf der UTB-Homepage unter http://www.utb-shop.de/ zum Download zur Verfügung.

Hinweise zur Benutzung dieses Lehrbuchs

Zur schnelleren Orientierung werden in den Randspalten Piktogramme benutzt, die folgende Bedeutung haben:

   Begriffserklärung oder Definition

   Kritik oder eine wichtige Anmerkung

   (Fall-)Beispiel

   Übungsfragen am Ende der Kapitel

Prolog

Die Auffassungen darüber, wie durch Auswertung systematischer Erfahrungen wissenschaftlich und praktisch bedeutsame Erkenntnisse abgeleitet werden, sind durchaus divergent. Dies gilt zuweilen selbst für den Kontext empirischen Arbeitens. Umso wichtiger ist es, die eigene Forschungsausrichtung und Arbeitsstrategie mit der nötigen Expertise, Sorgfalt und Gewissenhaftigkeit zu betreiben, ohne anderen Auffassungen (von Wissenschaft oder praktischer Arbeit) dabei ihre Existenzberechtigung abzusprechen.

Darüber hinaus gilt, dass professionelles Handeln insbesondere im Human- und Sozialbereich vor allem methodisch geleitet sein muss. Damit kommen der Planung und Vorbereitung von entsprechenden Projekten besondere Bedeutung zu, um beispielsweise auch gegenüber anderen die einzelnen Schritte eines Planungsprozesses, der konkreten Vorgehensweise und der resultierenden Ergebnisse offenlegen und begründen zu können.

Die hier vertretene Auffassung orientiert sich wesentlich am Kritischen Rationalismus, einer wissenschaftstheoretischen Position von Karl R. Popper (1994) die insbesondere in den empirischen Human- und Sozialwissenschaften besondere Berücksichtigung findet. Wie bei anderen wissenschaftstheoretischen Positionen gilt es, die damit verbundene Sicht von Wissenschaft (und realweltlichen Problemen) in ihren Stärken und Schwächen beschreiben, verstehen und bewerten zu können. Empirische Forschung ist dabei als Erfahrungswissenschaft darauf ausgerichtet, im Fokus einer Forschungsfrage relevante Informationen zu generieren, zu strukturieren, systematisch auszuwerten, zueinander in Beziehung zu setzen und schließlich unter Anwendung von Theorien zu interpretieren, zu bewerten und in den Forschungskontext einzuordnen. Für die professionelle Tätigkeit im Human- und Sozialbereich gilt dieses Vorgehen gleichermaßen.

Um diesem Verständnis näher zu kommen, wird diese Abhandlung daher zunächst das begriffliche Rüstzeug der empirischen Forschung erarbeiten (**Kap. 1**) und auf die Planungsschritte eines Untersuchungsprozesses übertragen (**Kap. 2**). Alsdann werden verschiedene Settings von Datenerhebungen (**Kap. 4**) und speziellen Anwendungsvarianten empirischer Forschungsprinzipien eingehend thematisiert (**Kap. 3, 5–7**). Den Abschluss bilden Techniken, die eine Bewertung bzw. Bedeutungszuweisung empirischer Befunde ermöglichen sollen (**Kap. 8**).

1. Grundlagen empirischer Forschung	2. Empirisches Arbeiten als Entscheidungsprozess	3. Evaluationsforschung	4. Methoden der Datenerhebung
Methoden, Methodologie, Empirie	Untersuchungsidee, Thema	Arten systematischer „Erfolgskontrollen"	Auszählen und Bilden von Indizes
Empirische Daten und Variablen	Wissenschaftliche und ethische Kriterien	Technologische vs. wissenschaftliche Theorien	Ratings, Rangbildung, Paarvergleich
Empirische Fragestellung und Hypothese	Problempräzisierung	Begleitforschung	Testmodelle, Testitems, Testskalen
Theorien, Gesetze, Paradigmen	Definition von Begriffen	Interventionsforschung	Befragung
Grenzen empirischer Forschung	Indikatoren und Operationalisierung	Studienarten	Beobachtung
	Messen und Skalieren		Psychophysiologische Messung
	Festlegung von Untersuchungsart und -objekten		Interviews
	Planung, Durchführung, Auswertung		Multimethodale Methode
	Empirischer Bericht, Gutachten		

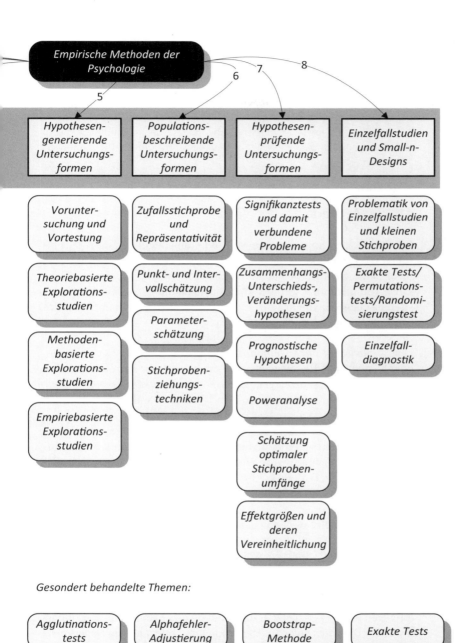

Gesondert behandelte Themen:

1 Methoden, Methodologie, Empirie

> Einleitend werden im Folgenden zentrale Begriffe zum empirischen Arbeiten geklärt, u. a. (wissenschaftliche) Methode, (allgemeine und spezielle) Methodologie, Empirie und empirische Variable, Hypothese, Theorie sowie Gesetzesaussage.

1.1 Methode

Im allgemeinen Sinne ist eine **Methode** (abgeleitet von dem griechischen Wort „méthodos", dass so viel wie ‚der Weg auf ein Ziel hin') ein mehr oder weniger genau beschreibbarer Weg, d. h. eine endliche Folge von mehr oder weniger konkreten Handlungsanweisungen oder strategischen Maximen, zur Realisierung eines bestimmten Zieles bzw. zur Lösung einer bestimmten Aufgabe

wissenschaftliche Methode

Eine *wissenschaftliche Methode* soll darüber hinaus an gewisse Regeln oder Systeme von Regeln gebunden sein, welche die einzelnen Schritte der Vorgehensweise festlegen. Diese sollten *kommunizierbar, lehrbar* und *intersubjektiv nachprüfbar* sein. Weiterhin sollten sie *normativ* und *präskriptiv* (vorschreibend) sein, d. h. ein Verstoß gegen die Regeln einer Methode kann oder soll Sanktionen zur Folge haben. Eine wissenschaftliche Methode liefert damit ein begründbares, kommunizierbares und nachprüfbares Wissen, das bestimmten wissenschaftlichen Kriterien (z. B. der Allgemeingültigkeit, der Systematisierbarkeit etc.) genügt (Sprung & Sprung, 1987).

Beispielsweise gibt es Methoden zur Planung und Durchführung von Experimenten, die u. a. die Bildung einer (oder mehrerer) Kontrollgruppe(n) vorschreiben, welche aus der gleichen Grundgesamtheit (oder Population) wie die Experimentalgruppe stammen muss (müssen). Diese Vorschrift ist kommunizier- und lehrbar und ihre Befolgung außerdem intersubjektiv kontrollierbar. Verstößt nun ein Experimentator gegen diese, indem er z. B. die Bildung einer Kontrollgruppe unterlässt oder diese aus einer anderen Population bildet als die Experimentalgruppe, dann liegt eine fehlerhafte Anwendung derjenigen Methoden vor, die zur Planung und Durchführung von Experimenten entwickelt wurden. Als mögliche Sanktion kann man sich hier z. B. die Ablehnung eines Manuskriptes durch die Gutachter einer Fachzeitschrift oder die Zurückweisung einer Studienabschlussarbeit oder Dissertation vorstellen.

Unter Methoden, insbesondere wissenschaftlichen Methoden, sollen hier also solche Methoden verstanden werden, die als Regeln vorliegen, die kommunizier- und lehrbar, normativ und präskriptiv sowie intersubjektiv nachprüfbar sind. Wissenschaften (ebenso wie Professionen) zeichnen sich generell durch methodische Vorgehensweisen aus, oder sollten sich wenigstens dadurch auszeichnen (um auch als echte Profession mit wissenschaftlich fundiertem Wissen sowie einer gerechtfertigten Fach- und Sachautorität zu gelten).

Regeln

Erkenntnis- vs. Interventionsmethoden

Methoden können weiter differenziert werden nach *Erkenntnismethoden* (die im engeren Sinne der Beschreibung, Erklärung und Vorhersage von Verhalten und Erleben dienen sollen) und *Interventionsmethoden* (die der Prävention, Rehabilitation, Stabilisierung oder Veränderung von Verhalten und Erleben dienen sollen). Ferner können Methoden zur *Datengewinnung* (verschiedener Formen der Erhebung, Registrierung und Kodierung von Verhaltensdaten) und Methoden zur *Datenanalyse* (der systematischen Auswertung von Verhaltensdaten) unterschieden werden. Im Folgenden wird es primär um Erkenntnismethoden und Methoden zur Datengewinnung gehen (Sarris, 1990).

Methodik vs. Modell

Zur Klärung der Terminologie seien einige Abgrenzungen zum Methodenbegriff angemerkt:

begriffliche Abgrenzung

Unter **Methodik** kann man allgemein die Lehre von den Methoden verstehen.

Eine Methodik zu haben oder zu verfolgen kann aber bedeuten, dass jemand in einer Forschungsarbeit methodisch vorgeht, d. h. eine (oder mehrere) bestimmte Methoden anwendet. Die Psychologie unterscheidet dazu eine Beobachtungs-, eine Befragungs-, eine Test- sowie eine Experimentalmethodik.

Im Gegensatz geht man bei der Verwendung von *Modellen* davon aus, dass hier Abbilder ausgewählter Aspekte der Realität in vereinfachter Form zum Einsatz kommen. Allerdings wird der Begriff Modell in den Wissenschaften mit verschiedenen Bedeutungen verwendet. Man spricht von einem *Denkmodell*, wenn man eine noch nicht ganz präzise und wenig überprüfte theoretische Vorstellung über einen Gegenstand meint.

Modellrelation Zwischen dem Modell und seinem Urbild besteht immer eine bestimmte Beziehung, die *Modellrelation*. Man kann von bestimmten Merkmalen des Modells auf bestimmte Merkmale des Urbildes schließen und umgekehrt. Es besteht somit eine *Isomorphierelation*, eine umkehrbar eindeutige Abbildung, bei der alle Relationen erhalten bleiben.

1.2 Methodologie

Unter *Methodologie* kann das Nachdenken über Methoden verstanden werden: Eine *allgemeine (fachübergreifende) Methodologie* betrifft dabei alle Wissenschaften, während eine *spezielle (fachspezifische) Methodologie* nur in Wissenschaften einer bestimmten Gruppe angewendet wird (z. B. den empirischen Wissenschaften und dort ggf. in den Naturwissenschaften). So gehören beispielsweise statistische und experimentelle Methoden zum Untersuchungsgegenstand einer speziellen Methodologie (dort z. B. die hypothetico-deduktive und die signifikanzstatistische Methodologie). Weiter wird nach den Aspekten, unter denen die Methodologie wissenschaftliche Methoden untersucht, unterschieden: Eine *deskriptive Methodologie*, die Methoden beschreibt, klassifiziert und die Präferenz für bestimmte Methoden feststellt, und eine *wertende Methodologie*, die Methoden hinsichtlich ihrer Leistungsfähigkeit, ihren Voraussetzungen, ihrer praktischen Durchführbarkeit und der Kontrollierbarkeit bewertet.

Wissenschaftstheorie Insbesondere die fachübergreifenden Methodologien sind auch Gegenstandsbereich der *Wissenschaftstheorie*, einer *Metawissenschaft*, um grundlegende Prinzipien, Ziele und Vorgehensweisen in einzelnen Wissenschaften festzulegen. Neben den allgemeinen Verfahrensweisen zur Gewinnung wissenschaftlicher Erkenntnisse spielen in der Wissenschaftstheorie aber auch die Möglichkeiten und Grenzen menschlicher Erkenntnis (als Gegenstand von *Erkenntnistheorien* oder *Epistemologien*) und Fragen des Aufbaus und der Struktur von Theorien, Begriffen und Annahmen (*Metatheorien*) eine wesentliche Rolle.

Erkenntnistheorien

Bei den Erkenntnistheorien können vier Grundpositionen abgeleitet werden (Westermann, 2000):

- *Realismus.* Der Realismus nimmt eine vom Betrachter unabhängige Außenwelt an, die durch Wahrnehmung und Denken erkannt und in ihren Wesensbeziehungen verstanden werden kann. Nach dem Kritischen Realismus kann man sich durch Wahrnehmung der Außenwelt allerdings nur annähern, ohne sie vollständig zu erfassen.

- *Idealismus.* Der Idealismus konstatiert eine rein geistige Wirklichkeit und Aussagen über die Wirklichkeit als reine Vorstellung. Radikale Idealisten verneinen dabei die Existenz einer vom Betrachter unabhängigen Welt. Kritische Idealisten hingegen bestreiten, dass ein Betrachter diese Außenwelt erkennen kann.

- *Empirismus.* Bei Empiristen gilt die Sinneserfahrung als einzige bzw. wichtigste Quelle von Wissen und Erkenntnis. Mit dem Verstand lassen sich diese Erkenntnisse strukturieren und generalisieren.

- *Rationalismus.* Rationalisten gehen davon aus, dass sich die Wirklichkeit durch Denken erkennen lässt. Wissen muss sich daher auf den Verstand und die Vernunft gründen können.

1.3 Empirie

Unter **empirisch** (abgeleitet von dem griechischen Wort „empeiria") wird allgemein ‚sich auf Erfahrung gründend' bzw. ‚der Erfahrung angehörend' verstanden. Empirie ist dabei nicht mit dem oben beschriebenen Empirismus zu verwechseln. Beim Empirismus handelt es sich um einen philosophisch-erkenntnistheoretischen Standpunkt, nach dem die einzige Quelle von Wissen und Erkenntnis die Erfahrung ist. Bei der Empirie hingegen handelt es sich um ein methodisches Vorgehen, Theorien und daraus abgeleitete Hypothesen an Erfahrungsdaten zu überprüfen.

Erfahrung

Mit *Erfahrung* ist hier die Informationsgewinnung mit Hilfe erweiternder Apparaturen (z. B. Mess- oder Testinstrumente) zu verstehen. Empirische Forschungsmethoden sind demnach solche Methoden, die zur Datenbeschaffung und systematischen Auswertung (Informationsgewinnung) über Ausschnitte der Realität eingesetzt werden. Sie konkretisieren sich in bestimmten Datenerhebungsinstrumenten wie Experiment, Test, physiologische Messung, Beobachtung, Befragung, Interview, Inhaltsanalyse etc. Daneben spielen die Datenauswertungsinstrumente eine entscheidende Rolle, die sich der Methode der Statistik bedienen.

1.4 Empirische Daten und Variablen

Die Objekte empirischer Untersuchungen (z. B. Einzelpersonen, Personengruppen, Organisationen) werden hinsichtlich ihrer *Merkmalsunterschiede* untersucht. Diese werden mittels *Variablen* erfasst. Eine Variable dient dabei als ein Bezeichner (Symbol) für eine Menge von Ausprägungen eines Merkmals. Dabei kommt im Rahmen der empirischen Forschung der Erhebung, Analyse und Interpretation registrierter Merkmalsunterschiede eine besondere Bedeutung zu.

Funktion von Variablen

Merkmalsausprägungen entstehen, wenn qualitativen Merkmalen Zahlen zugeordnet werden. Aus ihrer Menge entstehen *Daten*. Die Strategie, um von Merkmalen zu Daten zu gelangen, wird als *Operationalisierung* bezeichnet. Dabei gibt es grundsätzlich verschiedene Formen einer angemessenen Operationalisierung für ein Merkmal. Operationalisierungen können sich zudem auch auf nicht direkt beobachtbare sogenannte *latente Merkmale* (Konstrukte) beziehen. Allgemein können Variablen sehr unterschiedliche funktionale Bedeutungen besitzen, u. a. als:

- *Abhängige* oder *unabhängige Variable* (AV, UV). Abhängige Variablen sind Mess-, oder Kriteriumsvariablen, während unabhängige Variablen als Einfluss-, Prädiktor-, Faktor-, oder Gruppierungsvariable bezeichnet werden.

- *Moderatorvariable*. Diese verändert den Einfluss einer UV auf eine AV.

- *Mediatorvariable*. Liegt vor, wenn eine UV über eine Drittvariable auf die AV wirkt.

- *Kontrollvariable* bzw. *Kovariate*. Dies sind vorsorglich erhobene Moderatorvariablen.

- *Störvariable*. Entsteht, wenn eine nicht erhobene Kontroll- bzw. Moderatorvariable angenommen wird, die Einfluss auf die Messung ausübt.

- *Stetige* oder *diskrete Variablen*. Variablen mit unendlichen vs. endlichen Ausprägungen.
- *Dichotome* oder *polytome Variablen*. Variablen mit zwei vs. mehrfach gestuften Ausprägungen.
- *Manifeste* oder *latente Variablen*. Beobachtbare vs. nicht-beobachtbare Variablen.
- *Exogene* oder *endogene Variablen*. Variablen ohne vs. mit direktem Einfluss durch andere Variablen (vergleichbar mit UV und AV).
- *Indikatorvariable*. Zumeist spezifische manifeste Variablen, die distinkte Informationen an latente Variablen liefern.
- *Residualvariable*. Eine Restvariable, zumeist nicht erklärter Varianzanteile.

1.5 Empirische Fragestellung und Hypothese

Eine Hypothese (aus dem Griechischen „hypóthesis" für ‚Unterstellung' oder ‚Vermutung') ist eine Aussage, die, ohne mit Sicherheit als wahr erkannt zu sein, für bestimmte Zwecke (z. B. für wissenschaftliche Erklärungen oder Voraussagen) angenommen wird. Anders ausgedrückt: Eine Hypothese ist eine Annahme über einen realen Sachverhalt. Drei Kriterien sind dabei entscheidend (Stier, 1999):

- *Der empirische Gehalt*. Wissenschaftliche Hypothesen müssen sich demnach empirisch untersuchen lassen.
- *Die Generalisierbarkeit*. Wissenschaftliche Hypothesen müssen über ein singuläres Ereignis hinausgehend formuliert sein.
- *Die Falsifizierbarkeit*. Wissenschaftliche Hypothesen werden über *Konditionalsätze* („Wenn … dann" oder „Je …desto") formuliert und müssen potenziell widerlegbar sein.

Der Erfüllung dieser drei Kriterien sind allerdings Grenzen gesetzt. Der empirische Gehalt einer Hypothese kann eingeschränkt sein, wenn sich Phänomene der realen Welt nur indirekt z. B. über schlussfolgernde Indikatoren beobachten lassen. Gleiches gilt für die Generalisierbarkeit, wenn der Einsatz einer Interventionsmethode nur an Einzelfällen überprüft werden kann. Schließlich ist über Wahrscheinlichkeitsaussagen letztlich keine Falsifikation möglich, da hier lediglich stochastische Beziehungen zwischen Variablen angenommen werden, die Gegenbeispiele zulassen.

- Damit entfallen Aussagen, die grundsätzlich nicht falsifizierbar sind (gilt i. d. R. für „Es gibt …"-Sätze) oder die immer zutreffen bzw. tautologisch sind (z. B. Kann-Sätze). Einer empirischen Überprüfung entziehen sich ebenso Annahmen über Ereignisse oder Merkmale, die weder direkt beobachtbar noch indirekt mit dahinterstehenden Merkmalen in Verbindung gebracht werden können (z. B. metaphysische Aussagen).

Hypothese als Konditionalsatz Im Kontext wissenschaftlicher Hypothesen stellen der Bedingungs- (Antezedenz) und Folge-Teil (Konsequenz) eines Konditionalsatzes Variablen (mit mehreren Ausprägungen) dar. Der Bedingungsteil wird dabei als unabhängige Variable (UV) und der Folge-Teil als abhängige Variable (AV) bezeichnet. Dabei ist vorauszusetzen, dass die UV des Bedingungsteils mindestens zwei Ausprägungen besitzt. Entsprechend der Ausprägungsstufe der UV sollen sich in der Folge die Variablen der AV ändern. Formal ausgedrückt bedeutet das, „Wenn x_1, dann y_1", wobei x_1 und y_1 Ausprägungen der Variablen X und Y darstellen. Zwischen den Ausprägungen $y_1, y_2, \ldots$ der Variablen Y werden zudem Beziehungen formuliert (z. B. $y_1 > y_2$ oder $y_1 \neq y_2$).

Je-desto-Sätze Konditionalsätze, bei denen Bedingungs- und Folge-Teil quantitativ bzw. kontinuierliche Variablen enthalten, werden typischerweise als Je-desto-Sätze formuliert. Dadurch entstehen zahlreiche Wenn-dann-Sätze, deren Wenn-Teil (z. B. $x_1 > x_2 > x_3$) und Dann-Teil (z. B. $y_1 < y_2 < y_3$) in abgestufter Form zugeordnet sind.

Zusammengefasst bedeutet dies, dass mit einer wissenschaftlichen Hypothese eine mehr oder weniger präzise formulierte Beziehung zwischen zwei oder mehreren Variablen ausgedrückt wird, die generalisierbar (also für eine Population vergleichbarer Objekte oder Ereignisse geltend) sein soll.

induktive vs. deduktive Funktion In den Humanwissenschaften stellen Hypothesen allerdings wissenschaftliche Hilfsmittel (sogenannte Heuristiken) dar, um aus Theorien oder empirischen Gegebenheiten Behauptungen über kausale oder nicht kausale Beziehungen zwischen Variablen abzuleiten. Anfänglich recht allgemein gehalten werden sie im Zuge der weiteren Untersuchungsplanung präzisiert und zu einer Prädiktion des antizipierten Untersuchungsergebnisses verdichtet. Dabei können sie immer noch verschiedenen Zwecken dienen:

- Sie besitzen *induktive Funktion*, wenn sie zur Hypothesenerkundung eingesetzt werden.

- Sie besitzen *deduktive Funktion*, wenn sie zur Hypothesenprüfung eingesetzt werden.

Die Überführung der Theorie (bzw. theoretischen Hypothese) in die Empirie (empirische Hypothese) ist dabei mit der Notwendigkeit verknüpft, Entscheidungen zu treffen, wie die Theorie angewendet werden soll und welche empirischen Beobachtungen zur Überprüfung der Theorie geeignet sind. Über diese Konkretisierungen macht die Theorie im Allgemeinen keine Aussage.

Statistische Hypothesen

Statistische Hypothesen überführen die inhaltliche bzw. wissenschaftliche Hypothese schließlich in eine Form, mit der die intendierte Aussage quantifiziert wird. Dazu wird eine Annahme über die Verteilung einer oder mehrerer Zufallsvariablen (der Begriff bringt zum Ausdruck, dass die Untersuchungsobjekte zufällig ausgewählt wurden) oder eines oder mehrerer Populationsparameter dieser Verteilung postuliert. Die statistische Hypothese bezieht sich entsprechend nicht auf Stichprobenverhältnisse, sondern auf eine zugrunde liegende Grundgesamtheit bzw. auf spezifische Kennwerte dieser Grundgesamtheit.

Quantifizierung

Die Variablenbeziehungen sind dabei probabilistischer Art (also Wahrscheinlichkeitsaussagen), denen eine gewisse Schwankungsbreite (Varianz) zugestanden wird. Entsprechend sind wissenschaftliche Hypothesen, die auf Wahrscheinlichkeitsmodellen basieren, durch konträre Einzelfälle prinzipiell nicht falsifizierbar. Da die Hypothesen über Populationen nur anhand von Stichproben untersucht werden, sind sie auch nicht verifizierbar. Um dieses Problem zu „lösen", wird eine Falsifizierbarkeit durch die Festlegung von Prüfkriterien (z. B. mittels des Konzeptes der statistischen Signifikanz) erzeugt. Die dabei zur Anwendung kommenden Signifikanztests entscheiden unter Maßgabe der Prüfkriterien über die Annahme (Nicht-Falsifikation) oder Ablehnung (Falsifikation) der statistischen Hypothese.

probabilistische Variablenbeziehung

Kausaleffekte

Eine empirisch bestätigte Beziehung zwischen Variablen ist dabei nicht per se in Form einer Kausalbeziehung zu interpretieren. Kausale Interpretationen von Effekten ergeben sich nicht einfach durch eine Variablenbeziehung (zwischen UV und AV) in Form eines Konditionalsatzes, sondern sind vielmehr vom Untersuchungsdesign (z. B. einem echten Experiment, **Kap. 8.1**) und inhaltlichen Erwägungen abhängig. Der Nachweis eines Kausaleffektes im Rahmen eines Experimentes impliziert, dass der Untersucher den vermuteten Effekt herstellen kann. Weiter ist typisch für eine Kausalhypothese, dass sich der Wenn-Teil (Bedingung, Ursache) und der Dann-Teil (Konsequenz, Wirkung) nicht sinnvoll austauschen lassen.

mono- vs. multikausaler Effekt
Die Interpretation von Kausaleffekten wird in den Human- und Sozialwissenschaften erschwert, da die gemessenen Effekte in der AV nur selten durch die Wirksamkeit einer UV zustande kommen, sondern häufig durch die kombinierte Wirkung mehrerer unabhängiger Variablen. Im ersten Fall würde man von einem monokausalen (durch eine Ursache bedingt), im zweiten Fall von einem multikausalen Effekt (durch mehrere Ursachen bedingt) sprechen. Einfache Konditionalsätze schließen multikausale Erklärungen nicht aus, da eine im Wenn-Teil genannte UV nicht als einzige Wirkvariable behauptet wird.

Dennoch müsste man von einer monokausalen Hypothese fordern, dass die geprüfte UV in der Lage ist, die wahre Variabilität (Gesamtvarianz abzüglich der Fehlervarianz) der AV vollständig zu erklären. Multikausale Hypothesen setzen hingegen den Erklärungswert einzelner unabhängiger Variablen geringer an und versuchen durch Annahme mehrerer Einflussfaktoren (als UV) auch mehr Varianz bei den Merkmalsunterschieden (in der AV) aufzuklären. Die Varianz, die dabei unerklärt bleibt, wird auf Messfehler und Störvariablen (also Einflüsse, die weder durch die UV, noch durch Moderator- oder Kontrollvariablen erklärt werden können) zurückgeführt. Bei den statistischen Hypothesen kann zudem die Präzision der Formulierung schwanken:

- Am präsisesten sind sogenannte *Punkthypothesen*, z. B. wenn X um 1 % größer wird, dann steigt Y um 2 %.

- *Gerichtete Hypothesen* sind dagegen solche, die die Richtung einer vermuteten Beziehung angeben, also z. B. wenn X größer wird, dann wird auch Y größer.

- Dagegen vermuten *ungerichtete Hypothesen*, dass z. B. zwischen X und Y ein Zusammenhang besteht.

Aussagen über Signifikanztests

Ergänzend sei an dieser Stelle auf ein häufiges Missverständnis hingewiesen: Entscheidungen über empirische Hypothesen beruhen auf den Ergebnissen von Signifikanztests. Dazu werden zwei Arten von Hypothesen formuliert. Mit der Nullhypothese wird eine Null-Differenz oder Differenz unterhalb eines Schwellenwertes postuliert (also kein Effekt). Mit der Alternativhypothese wird eine Differenz größer Null oder oberhalb eines Schwellenwertes formuliert. Wenn es mit statistischen Mitteln nicht gelingt, die Nullhypothese abzulehnen (also einen Effekt nachzuweisen), wird diese aber dadurch nicht bestätigt. Die Zusammenfassung statistisch nicht-signifikanter Testergebnisse mit Phrasen wie „die Nullhypothese ist akzeptiert" oder „die Nullhypothese wird beibehalten" regen zu diesem Missverständnis an. Genau genommen kann über die nicht-abgelehnte (nonrejected) Nullhypothese nicht mehr gesagt werden, als dass sie nicht abgelehnt wurde bzw. dass der Test nicht zur Ablehnung (failed to reject) der Nullhypothese geführt hat. Auch können keine praktischen Folgerungen für die wissenschaftliche Fragestellung (die der Hypothese zugrunde liegt) gezogen werden, wenn die Nullhypothese nicht abgelehnt wurde.

Ein weiteres Problem stellt sich ein, wenn zahlreiche Variablen oder Skalen verwendet werden, ohne dass dazu konkrete Hypothesen vorliegen. Dieser Umstand verleitet zu einem Pseudo-Hypothesentesten, bei dem durch Inspektion der Daten ein Effekt entdeckt, daraufhin (nachträglich) eine Hypothese formuliert, ein Signifikanztest gerechnet und das Ergebnis dann als ‚Bestätigung' der Hypothese interpretiert wird. Man beantwortet dadurch gewissermaßen Fragen, die man nie zuvor gestellt hat. Da der Signifikanztest hier auf den bereits entdeckten Effekt zugeschnitten wurde, bleibt das Ergebnis wenig überraschend (es gleicht der Freude über die gefundenen Ostereier, die man selber zuvor versteckt hat).

Pseudo-Hypothesentesten

1.6 Theorien, Gesetze, Paradigmen

In der Wissenschaftstheorie (einer Methodologie) herrschen verschiedene Traditionen, die sich wesentlich in

Wissenschaftsposition

- eine *analytisch-nomologische Position* (*Kritischer Rationalismus* nach Popper) und

- eine *hermeneutisch-dialektische Position* (*Frankfurter Schule*)

unterteilen lässt. Die Entscheidung für eine bestimmte Wissenschaftsposition ist ein Werturteil. Basis für die empirische Forschung ist der Kritische Rationalismus. Der kritische Rationalismus folgt dabei dem Hauptprinzip: Alle Aussagen einer empirischen Wissenschaft müssen an der Erfahrung überprüfbar sein und sie müssen prinzipiell an der Erfahrung scheitern können. Aufgabe der Wissenschaft ist es, Erklärungen für empirische Phänomene zu liefern. Die hermeneutisch-dialektische Position hingegen charakterisiert Aussagen als dialektisch, deren Gültigkeit diskursiv auszuhandeln ist. Die Aufgabe besteht darin, bestimmte Zusammenhänge in ihrem Wesen zu verstehen.

Begriff und Aussage

Mit diesem Abgrenzungskriterium zu den nicht-empirischen Wissenschaften ergeben sich zunächst drei Konsequenzen für die praktische empirische Arbeit:

1. Alle *Begriffe*, die in einer Aussage vorkommen, die empirisch überprüft werden soll, müssen sich auf die erfahrbare Realität beziehen, anders ausgedrückt: Die Begriffe müssen einen *empirischen* Bezug haben.

2. *Aussagen*, die empirisch überprüft werden sollen, müssen sich auf Sachverhalte beziehen, die prinzipiell erfahrbar sind, anders ausgedrückt: Die Aussagen müssen *insgesamt einen empirischen Bezug* aufweisen.

3. *Aussagen*, die empirisch überprüft werden sollen, müssen so formuliert werden, dass sie *prinzipiell widerlegbar* sind.

Aus diesen Kriterien resultiert u. a.:

1. Begriffe sind ausgeschlossen, wie sie z. B. in Märchen oder Mythen vorkommen, die keinen empirischen Bezug aufweisen.

2. Bestimmte Aussagen werden ausgeschlossen, die sich unserem Zugriff entziehen, z. B. Aussagen über ein früheres (vorgeburtliches) Leben. Prinzipiell erfahrbar meint aber, Begriffe zuzulassen, die eventuell momentan aus technischen Gründen unserer Erfahrung noch nicht zugänglich sind.

3. Alle Aussagen, die an der Erfahrung gar nicht scheitern können, sind ausgeschlossen, z. B. *analytisch wahre* Aussagen, wie die Sätze der Logik und Mathematik, die nichts über die Realität aussagen, d. h. keinen empirischen Bezug haben, *Tautologien* („Wenn der Hahn kräht auf dem Mist, ändert sich das Wetter, oder es bleibt, wie es ist.") oder *Existenzsätze*.

Genügt die folgende Aussage den genannten Kriterien?

Bei älteren Arbeitnehmern ist die Arbeitszufriedenheit größer als bei jüngeren Arbeitnehmern.

Offensichtlich beziehen sich alle verwendeten Begriffe, soweit sie außerlogische sind (als logische Begriffe bezeichnet man z. B. und, oder, nicht, wenn, dann usw.), auf die erfahrbare Realität (Arbeitnehmer, Arbeitszufriedenheit) und außerdem bezieht sich die ganze Aussage auf einen real erfahrbaren Sachverhalt (Arbeitszufriedenheit). Es liegt weder eine analytisch wahre Aussage, noch eine Tautologie, noch eine Existenzaussage vor und die Aussage ist widerlegbar: Findet man z. B. einen jüngeren Arbeitnehmer, dessen Arbeitszufriedenheit mindestens gleich groß ist wie bei einem älteren Kollegen, dann ist die Aussage widerlegt oder falsifiziert.

Allaussagen vs. Aussagen mittlerer Reichweite

Derartige Aussagen (oder Sätze), die in ihrem räumlichen und zeitlichen Geltungsbereich nicht eingeschränkt sind, werden als *Allaussagen* (oder *Allsätze*) oder auch als *nomologische Aussagen* oder *Gesetzesaussagen* bezeichnet. Aus einsehbaren Gründen stellen sie ein wissenschaftliches Ideal dar. In den Human- und Sozialwissenschaften sind solche Gesetzesaussagen nicht bekannt. Hier beschäftigt man sich vielmehr mit *räumlich* und *zeitlich* eingeschränkten Aussagen (sogenannten *Aussagen mittlerer Reichweite*), z. B. „Im Saarland war die Arbeitszufriedenheit im Jahr 2013 bei älteren Arbeitnehmern größer als bei jüngeren Arbeitnehmern" oder „In der Firma ... war die Arbeitszufriedenheit im letzten Jahr ...".

uneingeschränkter Geltungsbereich

Ein Allsatz, so scheint es, ist falsifiziert, wenn wenigstens ein Fall gefunden werden kann, welcher im Widerspruch zu ihm steht. Wie steht es nun aber mit der Verifikation von Allsätzen? Am Beispiel sieht man leicht, dass Allsätze nicht verifiziert werden können. Dazu müsste man sämtliche Arbeitnehmer auf dem ganzen Globus zu allen Zeiten in eine empirische Untersuchung mit einbeziehen, was sowohl praktisch als auch prinzipiell unmöglich ist.

Basissatzproblem

Allerdings stellt sich für die Falsifikation bzw. Verifikation von empirischen Aussagen das *Basissatzproblem* (Popper, 1994): Wie können Hypothesen oder Theorien anhand empirischer Beobachtungen überprüft werden, wenn diese ebenfalls nur hypothetisch sind? Dieses Problem ist darauf zurückzuführen, dass Aussagen niemals direkt mit der Realität konfrontiert werden können, sondern immer nur indirekt, d. h. mit Aussagen über die Realität.

Zurück zum Beispiel mit der Arbeitszufriedenheit: Um z. B. eine Befragung praktisch durchzuführen, sind viele Entscheidungen notwendig, u. a. die Konstruktion eines Fragebogens, die Form der Befragung festlegen (persönlich, postalisch, per Telefon), den Fragebogen gestalten, eine Stichprobe nach bestimmten Kriterien definieren, die Untersuchung durchführen. Als Ergebnis dieser Bemühungen resultieren Daten, die nun in der Auswertung mit der Aus-

26 Methoden, Methodologie, Empirie

sage zur Arbeitszufriedenheit konfrontiert werden. Die Aussage wird aber nicht direkt mit der Realität konfrontiert. Diese Konfrontation hat schließlich zwei alternative Ausgänge: Die Daten stehen entweder im Widerspruch zur Aussage oder sie sind damit vereinbar.

Falsifikation und Verifikation

Kann nun behauptet werden, die Aussage sei damit falsifiziert bzw. verifiziert? Offensichtlich wäre das nur dann möglich, wenn ‚bewiesen' werden könnte, dass die Daten ‚wahr' sind. Aber gerade das ist nicht möglich, denn dazu müsste ebenso bewiesen werden, dass die ‚richtigen' Fragen gestellt wurden, dass die Befragten ‚wahrheitsgemäß' geantwortet haben und dass die ‚richtigen' Personen befragt wurden. Der Nachweis einer Falsifikation oder Verifikation ist daher niemals möglich. Bei der Erhebung von Daten können sich vielfältige Fehler einstellen, die den Wahrheitsgehalt in unkontrollierter Weise einschränken können.

empirische Bewährung

Was kann daraus geschlussfolgert werden? Statt von der Verifikation oder Falsifikation einer Aussage zu sprechen, ist daher angebracht, von einer empirisch *bewährten* bzw. *bestätigten* oder einer empirisch *widerlegten* bzw. *nicht bestätigten* Aussage (Befund) zu sprechen. In beiden Fällen ist zudem daran zu denken, dass es sich immer nur um eine *vorläufige* Bestätigung oder Widerlegung einer Aussage handelt. Natürlich bedeutet es für eine bewährte Aussage nicht, dass sie endgültig wahr sein kann. Nur wissen wir das niemals sicher. Folgerichtig werden niemals empirische Beweise geführt, auch wenn dies gelegentlich zumeist aus Übersetzungsfehlern resultierend so scheint (z. B. beim Begriff *empirical evidence*). Als Mindestforderungen an die empirische Wissenschaft bleiben daher:

- intersubjektive Nachprüfbarkeit des Vorgehens;

- Offenlegung der Vorgehensweise beim Forschungsprozess;

- Darlegung und Begründung aller Entscheidungen;

- angemessene Anwendung methodischen Fachwissens;

- korrekte Anwendung anerkannter Auswertungsinstrumente.

Deterministische vs. stochastische Aussagen

Noch mal zurück zum Beispiel: Angenommen, eine empirische Untersuchung der Aussage „In der Firma ... war die Arbeitszufriedenheit im letzten Jahr bei älteren Arbeitnehmern größer als bei jüngeren Arbeitnehmern" führe zu dem Resultat, dass diese auf alle Arbeitnehmer der

Firma zutraf mit einer einzigen Ausnahme. Soll man nun wegen einer einzigen Ausnahme die Aussage als widerlegt ansehen? Das wäre wohl kaum als vernünftig zu bezeichnen. Man wird sich vielmehr die Frage stellen müssen, ob die Aussage selbst nicht zu hart formuliert war, nämlich als deterministische Aussage.

Das hat zur Konsequenz: Immer, wenn ein Arbeitnehmer der Firma älter ist als ein Kollege, dann ist seine Arbeitszufriedenheit auch höher als beim jüngeren Kollegen. An eine derartige Zwangsläufigkeit dürfte aber kaum jemand im Zusammenhang mit obiger Aussage denken. Vielmehr wird von einem weicheren Zusammenhang auszugehen sein, der auch Ausnahmen zulässt, etwa der Art: „im Allgemeinen" oder „im Durchschnitt" ist bei älteren Arbeitnehmern der Firma die Arbeitszufriedenheit größer als bei jüngeren Arbeitnehmern, oder auch: Die Wahrscheinlichkeit, mit seiner Arbeit zufrieden zu sein, ist für einen älteren Arbeitnehmer größer als für einen jüngeren. Derartige weichere Aussagen werden als stochastisch bezeichnet. **stochastische Aussage**

Theorien und Gesetze

Die Grundlage für Aussagen bzw. Hypothesen dieser Art liefern zumeist Theorien. Sie entstehen, wenn die relative Bedeutung von unabhängigen Variablen für die AV und die Beziehungen der unabhängigen Variablen untereinander ein erklärendes Netzwerk konstituieren. Ihre Gültigkeit bemisst sich dabei an ihrer Bewährung an realen Beobachtungen (auf deren Grundlage notwendige Daten erhoben werden).

Eine Theorie konstituiert sich allgemein als ein System von Aussagen, die sich auf einen bestimmten Gegenstandsbereich beziehen und logisch widerspruchsfrei sind, wobei die in den Aussagen auftretenden Begriffe definiert sein müssen.

Theorien können dabei einen unterschiedlichen Formalisierungsgrad aufweisen, bis hin zu einer Gesetzmäßigkeit (ein Sachverhalt, der unter eindeutigen und vollständig definierten Bedingungen stets gültig ist). Idealerweise enthält das Aussagensystem einer Theorie Axiome, d. h. grundlegende Postulate, die nicht aus anderen Sätzen abgeleitet werden können, aus denen unter Zuhilfenahme von logischen Transformations- und Ableitungsregeln weitere Aussagen und Theoreme deduzierbar sind. In der Psychologie und anderen Sozialwissenschaf- **Axiome**

ten sind derart ausgearbeitete und formalisierte Theorien jedoch eher die Ausnahme.

Nichtsdestotrotz sollte eine gute Theorie die Befunde nicht nur beschreiben und erklären, sondern auch in einem erweiterten Geltungsbereich wertvoll sein, indem sie prognostisch über zukünftige Ereignisse und Entwicklungen Annahmen erlaubt.

Theorie oder Empirie

Im wissenschaftstheoretischen Kontext drängt sich dabei auch die Frage auf, was Priorität haben soll bzw. was wichtiger ist, die Theorie oder die Empirie. Aus empiristischer Perspektive sollte die Wissenschaft *induktiv* von Beobachtungen ausgehend zu Theorien gelangen, während aus rationalistischer Perspektive *deduktiv* aus Theorien Vorhersagen abzuleiten sind, die dann an Untersuchungsergebnissen zu überprüfen sind. Ein Blick in die Wissenschaftsgeschichte vieler Disziplinen zeigt allerdings, dass es unzutreffend wäre, ein Entweder-Oder zu postulieren, vielmehr dürfte von einer wechselseitigen Befruchtung zwischen Theorie und Empirie auszugehen sein. Naiv wäre es anzunehmen, empirische Forschung wäre voraussetzungslos, also völlig ohne Theorie, möglich. Mindestens rudimentäre Theorien bzw. Hypothesen sind unumgänglich.

Paradigma

Zeitliche Epochen sind zudem durch akzeptierte Vorgehensweisen (sogenannter *modus operandi*) gekennzeichnet, die ein Paradigma (aus dem Griechischen „parádeigma" mit „parà" für ‚neben' und „deiknym" für ‚zeigen' oder ‚begreiflich machen') etablieren. Mit einem *Paradigma* etabliert sich eine wissenschaftliche Lehrmeinung. Ändert sich dieses Verständnis von Wissenschaftlichkeit, folgt zumeist ein *Paradigmenwechsel*.

Für die Psychologie bedeutet das, dass z. B. der Behaviorismus in den letzten Jahrzehnten an Einfluss verloren, kognitivistische Ansätze hingegen an Einfluss gewonnen haben. Aktuelle Dominanz hat vor allem eine neurobiologisch ausgerichtete Psychologie, während psychoanalytische Ansätze inzwischen weniger behandelt werden (auch wenn es gelegentlich Versuche gab, beide Positionen zu vereinen).

Werturteilsstreit

Schließlich ist wissenschaftliches Handeln auch in einen *Werturteilsstreit* eingebettet. Dabei geht es um die Frage, ob Werturteile (persönliche Meinungen z. B. zu Moral oder Politik) einen Einfluss auf die wissenschaftliche Forschung haben dürfen oder sollen, insbesondere, ob sie relevant sind oder sein sollen für die Akzeptanz von Theorien. Das würde bedeuten, dass dafür nicht (oder nicht nur) die Übereinstimmung von Theorie und Realität maßgebend sein soll. Die Argumente lassen sich in diesem Kontext zusammenfassen:

1. *Entdeckungszusammenhang.* Jegliche wissenschaftliche Beschreibung und Erklärung von sozialen Tatbeständen ist insofern wertend, als sie aus einer schier unendlichen Menge von denkbaren Forschungsfragen bestimmte aussucht, die Gegenstand der Bearbeitung werden sollen. Die Auswahl einer Fragestellung stellt also eine Wertung dar, die der Wissenschaftler notwendigerweise vollziehen muss.

2. *Begründungszusammenhang.* Die Beschreibung und Erklärung von Tatsachen soll objektiv, d. h. wertfrei und damit für jedermann, der über das Fachwissen der Disziplinen verfügt, nachvollziehbar sein. Wissenschaftliche Aussagen über die Realität dürfen nicht durch die Wunschvorstellungen des Wissenschaftlers beeinflusst sein.

3. *Verwertungszusammenhang.* Die Ergebnisse der Wissenschaft werden zur Erreichung von Zielen der Politik, der Wirtschaft u. a. verwendet. Aus den wissenschaftlichen Erkenntnissen folgt jedoch (logisch) keinerlei Hinweis, wie ein bestimmtes Wissen zu verwerten ist: Aus Seins-Aussagen folgen keine Sollens-Aussagen; d. h. ein Wissenschaftler kann nicht in seiner Funktion als Wissenschaftler die Verwirklichung von Zielvorstellungen bestimmen. Er sollte aber als politisch denkender und handelnder Mensch für seine Ziele eintreten.

Wertungen können Gegenstand der wissenschaftlichen Arbeit sein. So kann man z. B. wertende Aussagen auf ihre logische Konsistenz prüfen, die Werthaltungen von Personen (gegenüber politischen, ethischen und praktischen Problemen) beschreiben und erklären. Der Werturteilsstreit dauert bis heute an und konzentriert sich vor allem auf den Begründungszusammenhang (Weber & Winkelmann, 1988).

1.7 Grenzen empirischer Forschung

In den Human- und Sozialwissenschaften besitzen deduktiv-nomologische Erklärungen i. d. R. keinen Gesetzescharakter wie in den Naturwissenschaften, sondern den Charakter empirisch abgesicherter oder auch nur gestützter Theorien, die Gegenstand empirischer Forschung sind und durch möglichst evidente (im Sinne von ‚überzeugend' oder

nomologische Aussage

‚klar ersichtlich') empirische Daten gestützt werden. „Nomologisch" bedeutet dabei so viel wie aus einem allgemeinen Gesetz (*nomos*) logisch abgeleitet.

Aus Theorien werden spezielle Aussagen abgeleitet und empirisch überprüft. Die Richtigkeit einer Theorie kann dabei aber mit empirischen Mitteln nicht (endgültig) bestätigt werden. Die uneingeschränkte Gültigkeit einer Theorie verifizieren zu wollen würde voraussetzen, dass unendlich viele Versuche durchgeführt werden, um der Theorie widersprechende Resultate mit Sicherheit ausschließen zu können. Dies ist im Rahmen empirischer Forschung aber unsinnig (u. a. auch aufgrund der antizipierten Dynamik insbesondere psychischer Phänomene). Daher bleibt diese Prüfung der Allgemeingültigkeit einer Theorie immer auf eine begrenzte Anzahl von Ereignisnachweisen (Replikationen) beschränkt, auch wenn dieser Induktionsschluss eigentlich unzulässig ist. Gelingt eine Falsifikation (vorerst) nicht, gilt eine Theorie zwar als vorläufig bestätigt, aber eben nicht als wahr. Das Falsifikationsprinzip besteht so gesehen in der Eliminierung schlecht bewährter Theorien.

Korrespondenzproblem

Auch Gegenbeispiele können dabei nur begrenzte Evidenz besitzen. Gegenbeweise finden sich allenfalls in der Mathematik und in der Logik, während in den Human- und Sozialwissenschaften auf das Gegenteil hindeutende Einzelfälle nicht zwangsläufig zur Aufgabe einer Theorie führen (müssen). Denn Gegenbeispiele können auch resultieren, wenn die im Wenn-Teil genannten Bedingungen nicht exakt hergestellt wurden. Damit stellt sich das sogenannte *Korrespondenzproblem*: Ein falsifizierendes Untersuchungsergebnis kann deshalb zustande kommen, weil die in der Untersuchung realisierten Stimuluseigenschaften nicht genügend mit den antezedenten Bedingungen des Wenn-Teils der Theorie übereinstimmen (vgl. Bortz & Döring, 2006). Anders ausgedrückt: Die Theorie wurde aufgrund einer unangemessenen Operationalisierung falsch geprüft. Dies ist ein Problem der *Validität*. Die empirischen Beobachtungen, die zu einer Falsifikation führen, müssen zudem fehlerfrei bzw. hinreichend genau sein. Dies ist ein Problem der *Reliabilität* (vgl. Pospeschill, 2010).

Exhaustion

Theorien können schließlich durch *Exhaustion* gerettet werden, indem die Theorie im Wenn-Teil (ggf. um zusätzliche Und-Komponenten) erweitert wird. Damit ist gemeint, dass eine Theorie möglicherweise nur unter spezifischen weiteren Bedingungen zutrifft, der Allgemeingültigkeitsanspruch also reduziert ist. In diesem Kontext spielen Kontrollvariablen in Form von Moderatoren und Mediatoren eine entscheidende Rolle. Ändern sich die Befunde auch bei einer exhaurierten Theorie nicht, spricht dies zunehmend gegen deren Weiterverfolgung (ohne sie damit letztendlich zu falsifizieren).

Allerdings können auch gerade nicht-signifikante Ergebnisse das Wissen erheblich erweitern, da sie Fehlorientierungen vermeiden und das Weiterverfolgen aussichtsloser Forschungsparadigmen verhindern können. Die vorherrschende Publikationspraxis begünstigt allerdings derzeit nur Untersuchungsergebnisse mit signifikanten Resultaten, auch wenn diese lediglich für die vorläufige Annahme einer statistischen Aggregathypothese sprechen, da sie nur auf mehr oder weniger verlässlichen Stichprobendaten basieren und keine Aussagen über Einzelfälle zulassen.

Schließlich sollte nicht vergessen werden, dass statistische Methoden und ihre Anwendung ein induktives Denken erfordern. Statistische Entscheidungen gelten nur für ein (theoretisch unendliches) Kollektiv von Ereignissen, sind aber für den Einzelfall nicht zwingend zutreffend und erlauben auch keine Wahrscheinlichkeitsaussage über das Zutreffen im Einzelfall (**Kap. 8.1**).

> **Zusammenfassung:**
> Fasst man diese wissenschaftstheoretischen Aspekte zusammen, so resultiert, dass bei statistischen Hypothesen, die auf Wahrscheinlichkeitsaussagen basieren, weder eine Falsifikation noch eine Verifikation möglich ist. Ausgänge eines Experimentes lassen sich nicht falsifizieren, da sich diese nur in der Häufigkeit ihres Auftretens unterscheiden. Sie lassen sich nicht verifizieren, da dazu sämtliche Merkmalsträger einer Grundgesamtheit untersucht werden müssten. Falsifikation kann daher nur hergestellt werden, indem Prüfkriterien, z. B. in Form der Festlegung eines Signifikanzniveaus, zur Entscheidung herangezogen werden. Die empirischen Daten dienen in diesem Kontext (möglichst unter Minimierung eines Fehlers) nur der Annahme oder Ablehnung einer Hypothese. Die Daten sagen nichts darüber aus, ob die Hypothese mit der Realität übereinstimmt oder wahr ist.

32 Methoden, Methodologie, Empirie

Grundlagen empirischer Forschung	
Methoden, Methodologie, Empirie	- Eine wissenschaftliche Methode ist ein System von Regeln. - Regeln müssen kommunizierbar, lehrbar und intersubjektiv nachprüfbar sein. - Methodologie als allgemeine und spezielle sowie deskriptive und wertende Methodologie.
Empirische Daten und Variablen	- Variablen erfassen Merkmalsunterschiede. - Werden Merkmalsausprägungen Zahlen zugeordnet, entstehen Daten (Operationalisierung). - Variablen besitzen verschiedene funktionale Bedeutungen.
Empirische Fragestellung und Hypothese	- Hypothesen müssen sich durch empirischen Gehalt, Generalisierbarkeit und spezifische Formulierung (Konditionalsätze, Falsifizierbarkeit) auszeichnen. - Wissenschaftliche Hypothesen werden in statistische Hypothesen übersetzt. - Kausalität von Hypothesen ist abhängig vom Untersuchungsdesign und inhaltlichen Erwägungen.
Theorien, Gesetze, Paradigmen	- Kritischer Rationalismus ist die Basis für empirische Forschung. - Begriffe und Aussagen müssen einen empirischen Bezug aufweisen und so formuliert sein, das sie prinzipiell widerlegbar sind. - Typisch für empirische Forschung sind Aussagen mittlerer Reichweite, aber keine Gesetzesaussagen.
Grenzen empirischer Forschung	- Deduktiv-nomologische Erklärungen besitzen den Charakter empirisch abgesicherter Theorien. - Dabei stellt sich grundsätzlich ein Korrespondenzproblem, ein Problem der Messgenauigkeit und die Möglichkeit, Theorien durch Modifikation vor einer Falsifikation zu bewahren.

Abb. 1.1: Thesenhafte Zusammenfassung des 1. Kapitels

1. Was zeichnet eine wissenschaftliche Methode aus?
2. Welche Funktionen übernehmen Variablen?
3. Welche Kriterien sind an wissenschaftliche Hypothesen anzulegen?
4. Welche Hypothesenarten gibt es?
5. Wie sieht ein Konditionalsatz aus?
6. Welche Funktion übernehmen Hypothesen in der Psychologie?
7. Wozu benötigt man statistische Hypothesen?
8. Sind Wahrscheinlichkeitsmodelle durch Einzelfälle falsifizierbar/verifizierbar?
9. Wie löst man das Problem der Falsifizierbarkeit?
10. Zu welchen Aussagen ist man berechtigt, wenn es nicht gelingt, die Nullhypothese abzulehnen?
11. Woran hängt die Interpretation einer Beziehung zwischen Variablen als Kausalbeziehung?

12. Welchen Kriterien müssen Begriffe in den empirischen Wissenschaften genügen?
13. Welchem Hauptprinzip folgt der Kritische Rationalismus?
14. Was zeichnet sogenannte Allaussagen/nomologische Aussagen aus?
15. Welche Aspekte werden beim Werturteilsstreit unterschieden?
16. Welchen Charakter besitzen deduktiv-nomologische Erklärungen in den Humanwissenschaften?
17. Was ist eine Theorie?
18. Wie kann man die Allgemeingültigkeit einer Theorie überprüfen?
19. Was kennzeichnet das Korrespondenzproblem bei falsifizierenden Untersuchungsergebnissen?
20. Wie ‚rettet‘ man Theorien?

2 Forschungsprozess

Im folgenden Kapitel werden die wesentlichen Schritte der Planung und Vorbereitung eines Forschungsprozesses beginnend bei einer ersten Untersuchungsidee bis hin zu einem finalen Exposé oder Übersichtsplan beschrieben. Die Sorgfalt, die in diese Planungsschritte gelegt wird ist letztlich entscheidend für den Erfolg der späteren Durchführung und Auswertung einer Untersuchung. Eine Übersicht zeigt **Abb. 2.1**.

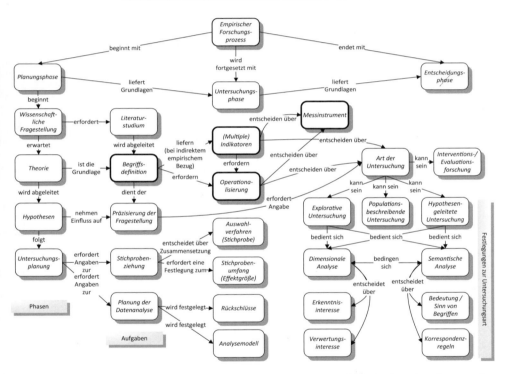

Abb. 2.1: Planungsphasen eines empirischen Forschungsprozesses und die damit verbundenen Aufgaben und Entscheidungen

2.1 Untersuchungsidee und Thema

Empirische Forschungsarbeiten sind durch planerische Entscheidungsprozesse charakterisiert, die bei allen Untersuchungsformen auftreten (Sarris, 1992). Ihnen kommt allerhöchste Bedeutung für das Gelingen einer Untersuchung zu, da hier entscheidende und zum Teil irreversible Weichenstellungen hinsichtlich der Untersuchungsart, der Operationalisierung, der Stichprobenerhebung sowie der Planung der statistischen Auswertung vorgenommen werden (müssen).

Die Generierung sinnvoller und origineller Forschungsideen, die sich empirisch umsetzen lassen, ist nicht leicht und führt (gezwungenermaßen) zu Redundanzen. Daher sollte zunächst (ausreichend) Zeit für das Überdenken einer Forschungsproblematik verwendet werden, bevor Untersuchungsinstrumente konstruiert, Geräte zur Datensammlung beschafft und Stichproben spezifiziert werden. **Forschungsproblem**

In der anfänglichen Planungsphase ist das Forschungsproblem anfangs noch unscharf und muss weiter präzisiert werden. Die Präzisierung läuft darauf hinaus zu klären, welche der Dimensionen der Realität abgebildet werden sollen. Dazu gehört auch die häufig unerfreuliche Situation, Forschungsfragen auf eine handhabbare und zeitlich angemessene Größenordnung zu reduzieren. Es sollte ausreichend Zeit für das Überdenken der Forschungsproblematik verwendet werden, bevor Untersuchungsinstrumente konstruiert, Geräte zur Datensammlung beschafft und Stichproben spezifiziert werden. Zudem sollte nicht vergessen werden, dass in dieser frühen Phase schöpferische und kreative Forschungsideen wichtiger sind, als eine Überformalisierung z. B. durch Formulierung statistischer Nullhypothesen. Andererseits darf empirische Forschung aber auch nicht dazu führen, Banalitäten mit einem perfektiven Instrumentarium zu untersuchen.

In der Planungsphase ist daher ein sorgfältiges Literaturstudium unumgänglich. Dabei sind folgende Leitfragen maßgeblich: **Literaturstudium**

- Wer hat welche einschlägigen empirischen oder theoretischen Arbeiten durchgeführt und mit welchen Ergebnissen?
- Inwieweit sind die bisherigen Arbeiten für die geplante Untersuchung von Nutzen?
- Was unterscheidet die geplante Untersuchung von den bisherigen?
- Welche neuen Erkenntnisse erbringt die Untersuchung?

Replikation Die empirische Überprüfung neuer Ideen ist dabei nicht der einzige Weg. Neben der Überprüfung theoretisch begründeter Hypothesen können auch *Replikationsstudien* zu bereits durchgeführten Untersuchungen den Kenntnisstand erweitern, z. B. wenn Untersuchungen zu unerwarteten Ergebnissen führen oder wenn die zeitliche Stabilität von empirischen Effekten überprüft werden muss. Bei Stichprobendesigns besteht ein grundsätzliches Bedürfnis nach *direkter Replikation*, um die Reliabilität von Effekten, die über statistische Verfahren identifiziert wurden, abzusichern und nach *systematischer Replikation* (z. B. durch geplante Bedingungsvariation in einer Folge von Experimenten), um die Generalisierbarkeit von Effekten nachweisen zu können.

Alternativ kann es sich anbieten, über eine empirische Untersuchung widersprüchliche Theorien oder Befunde aufzuklären, neue Methoden, Untersuchungsinstrumente oder Untersuchungstechniken zu überprüfen bzw. zu vergleichen sowie Hypothesen zu erkunden.

Weitere Strategien für die Themensuche können sein: die Mitarbeit an Forschungsprojekten (als studentische Hilfskraft, im Rahmen eines Berufspraktikum), die Ableitung von Fragestellungen aus der Beobachtung einzelner Fälle, Introspektion (Selbstbeobachtung), die Anwendung funktionaler Analogien (Anwendung bekannter Prinzipien, Mechanismen oder Paradigmen auf neuartige Probleme), Veränderungen von Alltagsgewohnheiten (Fragestellungen in Anwendungsbereichen entstehen häufig durch neue Trends, technische, kulturelle, gesellschaftliche Veränderungen etc.) oder widersprüchliche Theorien.

Bereits in der frühen Planungsphase ist daran zu denken, dass die verwendeten Begriffe definiert werden müssen. Damit wird die Untersuchungsidee gleichzeitig auf ihre empirische Untersuchbarkeit geprüft. Nur was definiert ist, lässt sich intersubjektiv nachvollziehen oder auch mit Resultaten anderer empirischer Arbeiten vergleichen. Bei Begriffen, die nur einen indirekten empirischen Bezug besitzen, müssen darüber hinaus die Indikatoren benannt werden, anhand derer die Begriffe festgemacht werden. Begriffe bzw. Indikatoren müssen operationalisiert (messbar gemacht) werden.

Stichprobe und Datenanalyse In diesem Stadium kann es auch bereits sinnvoll sein, Kriterien für die Stichprobenziehung zu bestimmen, um die Umsetzbarkeit einer Untersuchungsidee auch in dieser Hinsicht bewerten zu können. Dazu gehört auch, die (theoretischen und praktischen) Vor- und Nachteile des gewählten Auswahlverfahrens zu kennen, sowie zu wissen, welcher Stichprobenumfang adäquat ist. Schließlich ist die Datenanalyse zu planen:

- Welche Schlüsse auf die interessierenden Forschungsfragen können gezogen werden?
- Welche Datenanalysemodelle bzw. -verfahren kommen für die Daten in Frage?
- Welche Verfahren sind über welche Software realisiert?

Alle Planungsphasen sind abhängig voneinander: Entscheidungen auf einer vorherigen Ebene besitzen Konsequenzen für die Alternativen der nachfolgenden Ebene. Im günstigen Fall sind daher bei der Planung die Entscheidungen der einzelnen Stufen **simultan** zu betrachten. Dies gelingt allerdings nur, wenn sie rechtzeitig in die Planung mit einbezogen werden.

2.2 Wissenschaftliche und ethische Kriterien

Eine Untersuchungsidee bleibt unbrauchbar, wenn der Untersuchungsgegenstand nicht ausreichend präzisiert wurde. Es besteht dann die Gefahr, empirische Daten zur Beantwortung von Fragen zu erheben, die zuvor nie gestellt wurden. Zu undifferenziert bleibt eine Fragestellung auch dann, wenn sie unklare, mehrdeutige oder unzureichend definierte Begriffe beinhaltet. Es besteht dann die Gefahr, dass den empirischen Variablen partiell andere Konstrukte mit abweichenden Bedeutungen messen und damit u. U. zur Beantwortung der Forschungsfrage nicht geeignet sind. Auch kann die empirische Untersuchbarkeit generell nicht gegeben sein, wenn sich die Thematik inhaltlich einem empirischen Zugang entzieht, da sie z. B. religiöse, metaphysische oder philosophische Inhalte betrifft. Schließlich können Fragestellungen auch den Zeitrahmen bzw. vorgesehenen Arbeitsaufwand sprengen, wenn sehr (zeit-, methodisch oder auch finanziell) aufwendige Erhebungen, hochgradig spezifische Probanden oder außergewöhnliche Situationen untersucht werden sollen.

Gerade humanwissenschaftliche Themen setzen zudem eine hohe Sensitivität gegenüber ethischen Grundsätzen und Kriterien voraus, die frühzeitig in die Planung einbezogen werden sollten. Dabei sind Aspekte, welche die Privatsphäre von Menschen betreffen, durch das Grundgesetz geschützt. Hierbei sind auch z. B. für die Psychologie entsprechende berufsethische Verpflichtungen zu beachten (z. B. des Berufsverbands Deutscher Psychologen), die allerdings eher für praktizierende Psychologen geeignet sind. Zur Beratung und Beurteilung ethischer und rechtlicher Aspekte von psychologischen und medizinischen Forschungen am Menschen sind Ethikkommissionen (z. B. der

ethische Grundsätze

Deutschen Gesellschaft für Psychologie) zuständig. Hierzu fordert i. d. R. ein Forschungsträger (z. B. die Deutsche Forschungsgemeinschaft) auf. Eine solche Aufforderung ist vor allem für Untersuchungen zu erwarten, die untersuchten Personen Risiken zumuten, oder für Studien, in denen die Untersuchten nicht restlos über Ziele und Verfahren der Studien aufgeklärt werden. Daneben gibt es weitere Aspekte, die im Kontext einer humanwissenschaftlichen Untersuchung zu klären sind:

- *Nutzen vs. Schaden.* Es gibt Erhebungen am Menschen, bei denen der wissenschaftliche Fortschritt gegen die Menschenwürde abzuwägen ist. Dies betrifft insbesondere Situationen, die für die untersuchten Personen physisch oder psychisch unangenehm sind. Bei psychischen und körperlichen Beeinträchtigungen ist grundsätzlich zu prüfen, ob diese ggf. vermeidbar, unbeabsichtigt auftreten können oder beabsichtigt sind.

- *Durchführende Stelle/Person vs. verantwortliche Stelle/Person.* Ferner ist die persönliche Verantwortung bei einer Untersuchung zu klären, wenn sich nicht geplante Vorkommnisse ereignen. Auch muss der Untersuchungsleiter immer auf mögliche Gefährdungen und das Recht einer Verweigerung aufmerksam machen.

- *Informationspflicht vs. Verschleierung der Forschungsabsicht.* Auf Wunsch sollte immer Auskunft über die Untersuchungsergebnisse gegeben werden. Demgegenüber sind aber auch Untersuchungssituationen denkbar, in denen der eigentliche Zweck einer Untersuchung anfänglich verschwiegen oder sogar durch eine erfundene Instruktion verschleiert werden muss, um das Verhalten der Probanden nicht zu beeinflussen.

- *Freiwilligkeit vs. Verpflichtung der Teilnahme.* Es gibt grundsätzlich keinen Zwang zur Untersuchungsteilnahme und ein Recht auf Abbruch einer Untersuchung. Werden Personen zu einer Teilnahme verpflichtet, sind mögliche Auswirkungen auf die Ergebnisse zu kontrollieren. Auch eine erkaufte Freiwilligkeit durch Bezahlung ist ethisch nicht unbedenklich, wenn Personen z. B. finanziell davon abhängig sind. Ebenso kann eine Bezahlung das Verhalten der Probanden dahingehend verändern, sich als gute Versuchspersonen besonders im Sinne der Untersuchung zu verhalten. Die Option einer Bezahlung ist daher immer zu rechtfertigen, z. B. bei zeitlich aufwändigen (Längsschnitt-) Untersuchungen oder wenn sich Probanden nicht anders anwerben lassen.

- *Anonymität vs. Verwendung der Ergebnisse.* Untersuchungsteilnehmern ist die Anonymität und Vertraulichkeit ihrer Angaben – gemäß von Richtlinien zum Datenschutz – zuzusichern. Ist eine personenbezogene Rückmeldung vorgesehen, sollten entsprechende Kodierungen verwendet werden.

2.3 Problempräzisierung

Geplante Untersuchungen sind nach Maßgabe vorhandener Untersuchungsresultate und Theorien einzugrenzen. Lexika, Wörterbücher und Handbücher können über zentrale Begriffe informieren und einführende Literatur (Monographien oder Primärliteratur) nennen. Sammelreferate (*Reviews*) bieten sich dabei besonders an (z. B. *Annual Review of Psychology, Psychological Review, Advances-* und *Progress-*Serien für Teilgebiete der Psychologie). Eine Vertiefung ist durch die Suche nach speziellen Beiträgen, nach Kurzfassungen von Untersuchungen und Literaturangaben (typisches Zeitfenster sind die letzten 5 Jahre) sowie Kongressberichten (z. B. *Psychological Abstracts*, Datenbank *ISI Web of Knowledge*, *SSG Psychologie*) möglich.

Dimensionale Analyse

Bei einer Deskription und Exploration muss eine Problempräzisierung zunächst einmal in der Weise erfolgen, dass man sich klarmacht, welche Aspekte (oder Dimensionen) der Wirklichkeit überhaupt untersucht werden sollen. Da ihre Anzahl nahezu beliebig groß ist, muss eine Selektion vorgenommen werden. Mit Hilfe einer dimensionalen Analyse sind diejenigen Einzelheiten der Realität herauszuarbeiten, die untersucht werden sollen. Begleitend dabei sind vor allem das Erkenntnisinteresse (was interessiert den Wissenschaftler) und/oder das Verwertungsinteresse (wozu sollen die Untersuchungsresultate genutzt werden).

Eine explorative empirische Untersuchung kann mit einem Scheinwerfer verglichen werden, der in das ‚Dunkel der Realität' hineinleuchtet. Nur was im (relativ engen) Fokus der Lichtquelle erscheint – als Resultat der dimensionalen Analyse – steht im Zentrum der Untersuchung, anderes nur am Rande.

Statt des Begriffs der dimensionalen Analyse wird häufig der Begriff Konzeptualisierung oder Konzeptspezifikation verwendet. Dabei wird

Konzeptualisierung

der Begriff „Konzept" allerdings weniger als vorläufiger Entwurf, sondern eher als strategischer und inhaltlicher Plan verstanden.

Dass dimensionale Analysen unumgänglich sind, weil die meisten Begriffe hochdimensional sind, kann man sich am zunächst vielleicht einfach erscheinenden Begriff der „Arbeitszufriedenheit" klarmachen.

Indikatoren für Arbeitszufriedenheit können sein: Höhe des Lohnes bzw. Gehaltes, Sicherheit des Arbeitsplatzes, Dauer der Arbeitszeit, Gestaltung der Arbeitszeit (z. B. fixe oder gleitende, Wochenend-/Nachtarbeit), Dauer des Urlaubs, Aufstiegsmöglichkeiten/Karriere, Weiter-/Fortbildung, Entfernung zum Arbeitsplatz, Erreichbarkeit des Arbeitsplatzes, Verhältnis zu den Arbeitskollegen, soziale Einrichtungen, usw.

Bei einer empirischen Arbeit ist es aus zwei Gründen in der Regel nicht möglich, alle denkbaren Dimensionen eines Begriffes zu berücksichtigen:

1. Zum einen gibt es kaum Arbeiten, bei denen nur *ein* hochdimensionaler Begriff eine Rolle spielt und

2. zum anderen sind die einzelnen Dimensionen oft selbst wieder mehrdimensional, zum Beispiel die obige Dimension „Verhältnis zu den Arbeitskollegen", bei der sich wiederum viele Subdimensionen denken lassen (dagegen ist die Dimension „Dauer der Arbeitszeit" eindimensional: z. B. „Anzahl der Arbeitsstunden/Woche").

Wie man sich leicht vorstellen kann, würde die Anzahl der zu berücksichtigenden Dimensionen bei mehreren hochdimensionalen Begriffen (samt ihren Subdimensionen) rasch ins Uferlose wachsen. Es ist bei empirischen Untersuchungen stets daran zu denken, dass die Berücksichtigung einer Dimension nur dann sinnvoll ist, wenn dafür Daten erhoben werden bzw. werden können, d. h. praktisch, je mehr Dimensionen berücksichtigt werden sollen, umso aufwändiger wird die Datenerhebung sein. Dass für eine Dimension Daten erhoben werden können, ist durchaus nicht selbstverständlich. Nicht selten stehen dem – heute im zunehmenden Ausmaß – rechtliche Hindernisse entgegen (Datenschutz), dann aber auch faktische – z. B. Auskunftsverweigerung, Genehmigungsverfahren in einem Betrieb oder in einem Krankenhaus. Folge kann daher sein, dass man auf eine oder mehrere an sich interessante Dimensionen oder Subdimensionen aus diesen Gründen verzichten muss.

Generell gelten zwei Prinzipien bei der Entscheidung der Dimensionalität: **Parsimonität und Begründung**

- Das *Parsimonitätsprinzip*. Es legt nahe, dass eine einfachere Konzeptualisierung langfristig für die Forschungsplanung günstiger ist. Unklarheiten in der Forschungsplanung und/oder unzureichende Planungsentscheidungen verleiten häufig zu unnötig komplizierten Versuchsanordnungen und/oder überflüssigen Datenerhebungen.

- Das *Begründungsprinzip*. Jede einzelne Messung ist hinsichtlich ihrer Notwendigkeit und Relevanz zu begründen. Für jede zusätzliche Dimension muss der zusätzliche Erhebungsaufwand berücksichtigt werden und gerechtfertigt sein. Dies gilt für abhängige Variablen und Kontrollvariablen gleichermaßen.

Das *Erkenntnis- bzw. Verwertungsinteresse* lenkt weitgehend die Selektion der für eine Untersuchung als relevant anzusehenden Dimensionen.

Wer sich beispielsweise für eine vorwiegend materiell verstandene Arbeitszufriedenheit interessiert, der wird sich vor allem auf die Dimensionen „Höhe des Lohnes bzw. Gehaltes", „Dauer der Arbeitszeit", „Gestaltung der Arbeitszeit" usw. konzentrieren.

Ein Psychologe würde vielleicht eher die Dimension „Verhältnis zu den Arbeitskollegen" mit ihren Subdimensionen zum Gegenstand seiner Untersuchung machen.

Für einen Verkehrsplaner dagegen wäre eher die Dimensionen „Entfernung zum Arbeitsplatz" bzw. „Erreichbarkeit des Arbeitsplatzes" von Interesse usw.

Semantische Analyse

Neben einer dimensionalen Analyse ist bei empirischen Untersuchungen in der Stufe der Problempräzisierung häufig eine semantische Analyse zu leisten, insbesondere dann, wenn mehr oder weniger ausformulierte Theorien oder Hypothesen überprüft werden sollen: Allgemein ist Semantik die Wissenschaft der Bedeutung sprachlicher Ausdrücke.

Im vorliegenden Kontext geht es bei der semantischen Analyse um die Bedeutung von Begriffen (Wortstamm, Ableitung, Genese, Bedeutungsvarianten, Bedeutungswandel, ggf. Explikation eines Begriffes), die in Theorien und/oder Hypothesen verwendet werden und die zunächst nichts anderes als sprachliche Zeichen sind. Eine der zentra- **Bedeutung von Begriffen** len Unterscheidungen dabei ist diejenige zwischen dem Sinn eines Ausdrucks und dem Objekt, von dem wir reden, wenn wir ihn verwenden. Bei einer (wohl) ausformulierten Theorie sollte sich der Sinn eines theoretischen Begriffes aus dem Kontext der Theorie ergeben, d. h. es sollte klar sein, welchen Sinn der Theoriekonstrukteur einem Begriff zugeschrieben hat. Ist das nicht der Fall, so muss versucht werden, diesen Sinn aus dem Gesamtzusammenhang der Theorie (eventuell auch aus der dazu zu erschienenen Literatur) zu erschließen, was allerdings zu durchaus verschiedenen Interpretationen führen kann. Besonders Begriffe der Psychologie (wie Lebenszufriedenheit, Persönlichkeit oder Intelligenz) wechseln ihre Bedeutung in der jeweiligen Theorie, in der sie eingesetzt werden.

Korrespondenzregel Die Ermittlung des Sinns eines theoretischen Begriffes im Kontext einer Theorie stellt aber nur eine Seite der Problempräzisierung dar. Eine zweite ist seine Verknüpfung mit realen Sachverhalten mit Hilfe von sogenannten Korrespondenzregeln, damit entschieden werden kann, ob der Sachverhalt, der mit dem theoretischen Begriff angesprochen wird, auch tatsächlich vorliegt. Einfacher ausgedrückt stellt sich hier die Frage: Welche Gegebenheiten der realen Welt entsprechen einem theoretischen Begriff bzw. sollen einem theoretischen Begriff entsprechen? Mit „sollen" wird angedeutet, dass jede Korrespondenz zwischen theoretischem Begriff und realen Sachverhalten im Prinzip hypothetischen Charakter hat (**Abb. 2.2**).

Wie eine derartige Korrespondenz faktisch aussieht bzw. aussehen kann, hängt nicht zuletzt vom Sinn ab, den ein Begriff hat (im Kontext einer Theorie) oder der ihm (via Interpretation) zugeschrieben wird. Je nachdem, was unter den Begriffen verstanden wird, ist von einer unterschiedlichen Korrespondenz zwischen diesen Begriffen und den realen Sachverhalten auszugehen.

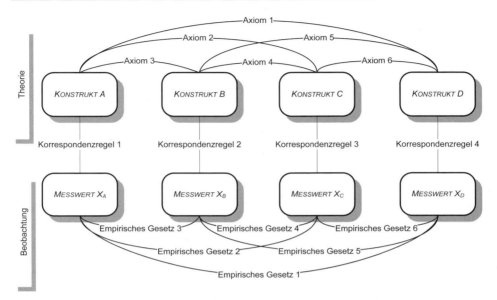

Abb. 2.2: Nomologisches Netzwerk mit den Bestandteilen theoretischer Konstrukte und beobachtbarer Variablen. Über Axiome werden die theoretischen Beziehungen zwischen den Konstrukten definiert. Sie erhalten ihre Semantik durch Verbindungen zwischen den Konstrukten und den beobachteten Variablen. Durch Beobachtung der Messwerte können aus Axiomen abgeleitete Zusammenhänge als empirisches Gesetz vorhergesagt werden (rep. nach Pospeschill, 2010; verändert).

Der Begriff „Entfremdung" kann z. B. an objektive Sachverhalte wie Rechtsordnung, Einkommens- und Vermögensverteilung, an subjektive Sachverhalte wie emotionale Befindlichkeiten oder auch an verschiedene Verhaltensstile geknüpft sein. Je nachdem, was unter Entfremdung verstanden wird, ist von einer unterschiedlichen Korrespondenz zwischen diesem Begriff und realen Sachverhalten auszugehen.

> **Zusammenfassung:**
> Fassen wir zusammen:
>
> Präzisierung der Fragestellung, dimensionale bzw. semantische Analyse sind (wie die gesamte Konzeptualisierung des Forschungsvorhabens) wichtige und für den erfolgreichen Verlauf eines Forschungsprojektes kritische Punkte.
>
> Festlegungen auf dieser Stufe der Problempräzisierung können in einer späteren Untersuchungsphase nicht mehr zurückgenommen, Unterlassungen nicht mehr korrigiert werden.

2.4 Definition von Begriffen

Durch Festlegung des Themas und der Untersuchungsart werden die Variablen (in ihrer Funktion als AV und UV) spezifiziert. Um die Variablen in die empirische Untersuchung einführen zu können, sind diese vorab eindeutig zu definieren. Mit diesen Definitionen muss schließlich auch entschieden werden, wie die spezifizierten Begriffe in Beobachtungs- oder Messvorschriften umgesetzt werden können. Ihre exakte Definition ist daher entscheidend für die spätere Operationalisierung.

Nominaldefinition

Die Bedeutung von Begriffen kann durch zwei Arten von Definitionen festgelegt werden, Nominal- und Realdefinitionen (**Abb. 2.3**).

Nominaldefinitionen weisen zwei Bestandteile auf, das Definiendum, d. h. der zu definierende Begriff, und das Definiens, d. h. die Begriffe, die das Definiendum inhaltlich festlegen. Formal kann eine Nominaldefinition z. B. folgendermaßen dargestellt werden:

$A := df \{ B, C, D, E \}$

d. h. der zu definierende Begriff **A** (= Definiendum) ist bedeutungsgleich mit den Begriffen **B, C, D** und **E**, die zusammen das Definiens bilden. Dabei ist vorausgesetzt, dass die Bedeutung des (undefinierten) Definiens (d. h. die Bedeutung der Begriffe **B, C, D, E**) bekannt ist.

Definition von Begriffen 45

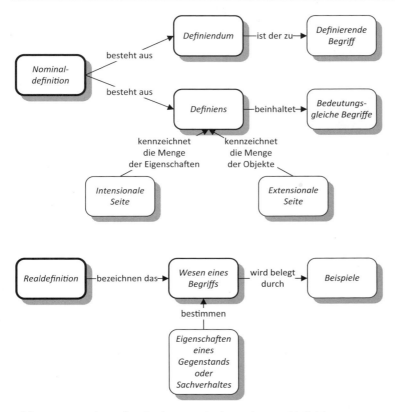

Abb. 2.3: Zentrale Merkmale einer Nominal- vs. einer Realdefinition

Nominaldefinitionen sind demnach nichts anderes als tautologische Umformungen, d. h. die beiden Seiten einer Nominaldefinition sind bedeutungsgleich. Sie erfolgen auf der Ebene der Sprache. Es werden also lediglich sprachliche Zeichen miteinander verknüpft, die prinzipiell beliebig sind. Somit weisen Nominaldefinitionen keinen empirischen Informationsgehalt auf. Ein Vorteil von Nominaldefinitionen ist aber ihre Präzision: Ihre Bedeutung ist explizit, präzise und erschöpfend festgelegt, was die Kommunikation erleichtert und intersubjektive Nachprüfbarkeit ermöglicht.

tautologische Umformung

Für die praktische, empirische Arbeit ist bei Nominaldefinitionen dabei sowohl eine intensionale als auch eine extensionale Seite zu berücksichtigen, deren Ausgestaltungen vom Erkenntnis- und/oder

Intension und Extension

Verwertungsinteresse abhängen: Unter der Intension eines nominal definierten Begriffes ist die Menge der Eigenschaften zu verstehen, welche die Bedeutung des Begriffes konstituieren. Im vorigen Beispiel sind das die Eigenschaften **B, C, D, E**. Dagegen bezieht sich die Extension einer Nominaldefinition auf die Menge der Objekte, die unter die Definition fallen.

Man könnte nun eine Nominaldefinition so vornehmen, dass man den Vorwurf erheben könnte, das Wichtigste oder Wesentliche des mit dem Begriff Gemeinten außer Acht gelassen („wegdefiniert") zu haben und/oder die Objekte ausgeschlossen zu haben, auf die es ankomme. Selbst wenn dieser Vorwurf zu Recht bestünde, könnte nicht davon gesprochen werden, dass die Definition falsch sei: Eine Nominaldefinition ist weder richtig noch falsch, wohl aber kann sie zweckmäßig oder unzweckmäßig sein. Im Extremfall kann sie so gestaltet sein, dass ihre Extension gleich der leeren Menge ist, d. h. es existiert kein Objekt, auf das diese Definition zuträfe. Eine solche Definition wäre zwar nicht als falsch, wohl aber für die praktische Arbeit völlig unbrauchbar. Aus diesem Grund sind bei der Gestaltung von Nominaldefinitionen stets sowohl die intensionalen als auch die extensionalen Implikationen im Auge zu behalten.

Die Extension einer Nominaldefinition hängt von ihrer Intension ab. Nehmen wir beispielsweise an, es sei im Rahmen einer empirischen psychologischen Untersuchung der Begriff „Psychologischer Psychotherapeut" zu definieren und die folgenden beiden Definitionen stünden zur Auswahl:

PP1 := df {**S, A, B, K, G**}

PP2 := df {**S, A, P, G**}

S sei eine selbständig handelnde Person, **A** bezeichne eine erfolgreich absolvierte Therapieausbildung (Approbation), **B** bezeichne einen abhängig Beschäftigten, **K** stehe für ein Krankenhaus, **P** für die eigene Praxis, **G** für Gesundheitssystem.

Beide Definitionen führen zu grundsätzlich anderen Merkmalsträgern, unter PP1 also Therapeuten in einem abhängigen Arbeitsverhältnis in einer Klinik, unter PP2 zu selbstständig arbeitenden Therapeuten in eigener Praxis.

Realdefinition

Im Gegensatz zu Nominaldefinitionen sind Realdefinitionen solche Definitionen, die nicht in das Belieben des Definierenden gestellt sind, da sie eine Aussage über Eigenschaften eines Gegenstandes oder Sachverhaltes machen:

Realdefinitionen sind z. B. in Lexika anzutreffen und sollen damit ein kommunikationsfähiges, ökonomisches Vokabular schaffen. Sie sollen das Wesen eines Begriffes zum Ausdruck bringen, d. h. sie sind Behauptungen über die Beschaffenheit oder über das Wesen eines Phänomens und haben damit den gleichen Status wie empirische Hypothesen.

Realdefinitionen müssen sich an der Realität des bezeichneten Phänomens bewähren und können entsprechend mit der Realität übereinstimmen oder nicht übereinstimmen; daher ist für Realdefinitionen die Benennung geeigneter Beispiele (Objekte, Eigenschaften, Vorgänge, Tätigkeiten) typisch. Nominaldefinitionen können auf solchen Realdefinitionen aufbauen.

Bewährung an der Realität

Es empfiehlt sich auch von der sprachlichen Formulierung her, Real- von Nominaldefinitionen zu unterscheiden. Z. B. würde man eine Nominaldefinition von „Psychologischer Psychotherapeut" verbal etwa so umschreiben: „Unter einem Psychologischen Psychotherapeut *soll verstanden werden* ..." oder: „Für diese Untersuchung soll der Begriff „Psychologischer Psychotherapeut" *wie folgt definiert werden* ..." oder „wird *wie folgt verwendet* ..." Dagegen würde man eine Realdefinition folgendermaßen formulieren: „Ein Psychologischer Psychotherapeut *ist* ..." oder: „*Wesentlich* für einen Psychologischen Psychotherapeuten *ist* ...". Problematisch sind Realdefinitionen insofern, als niemals mit letzter Sicherheit entschieden werden kann, was nun das Wesen eines Gegenstandes oder Sachverhaltes ist, der Begriff „Wesen" ist selbst wenig präzise und deshalb sind auch Realdefinitionen im Allgemeinen als vage zu bezeichnen. Realdefinitionen sind – streng genommen – für wissenschaftliches Arbeiten untauglich, da keine Kriterien angegeben werden können, inwieweit das Wesen einer Sache durch die Definition erfasst wird. Dennoch sind sie beispielsweise für psychologische Konstrukte eher typisch (im Sinne einer akzeptierten Übereinkunft).

Für die Praxis der empirischen Forschung scheint der offensichtliche Unterschied zwischen Nominal- und Realdefinition allerdings weniger stark ausgeprägt zu sein: Definitionen sind im Allgemeinen nicht vorgegeben, sie müssen in der Regel in der Phase der Problempräzisierung erst entwickelt werden. Um sich nicht dem Vorwurf des Wegdefinierens auszusetzen, wird man dabei – bei aller prinzipiellen Beliebigkeit von Nominaldefinitionen – doch die wesentlichen Eigenschaften eines Gegenstandes oder Sachverhaltes herausarbeiten und durch Aufnahme in das Definiens berücksichtigen. Das heißt aber nichts anderes, als eine erarbeitete und schließlich für das weitere Vorgehen akzeptierte Nominaldefinition unter Berücksichtigung realdefinitorischer Aspekte zustande kommt.

Definitionsentwicklung dokumentieren

Wichtiger ist, dass der Entwicklungsprozess von Definitionen grundsätzlich offenzulegen ist. Der Leser einer empirischen Arbeit ist also darüber zu informieren, weshalb gerade diese und keine andere Definitionen verwendet wurden. Gegebenenfalls ist auch ein sprachlicher Wandel, eine spezielle Bedeutung oder eine sprachliche Neuschöpfung zu dokumentieren. Diese Entscheidung ist dann auch durch eine geeignete sprachliche Formulierung unmissverständlich festzuschreiben (*Explikation*): Etwa: „Unter X wird in dieser Studie verstanden …" oder „In den weiteren Ausführungen soll unter X Folgendes verstanden werden: …".

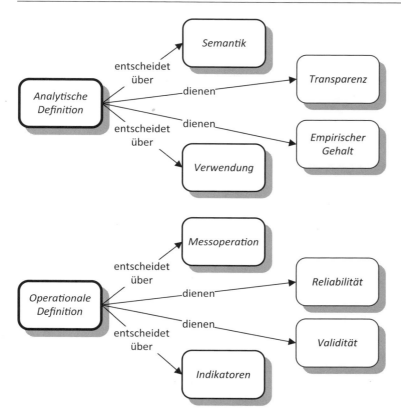

Abb. 2.4: Charakteristika der insbesondere im wissenschaftlichen Kontext wichtigen analytischen und operationalen Definition von Begriffen

Zusammenfassung:
Zusammengefasst zielt die Bestimmung der verwendeten Begriffe auf zwei Arten von Definitionen (**Abb. 2.4**):

1. Die wissenschaftliche Verwendung von Begriffen erfordert grundsätzlich eine analytische Definition, in der Semantik und Verwendung (z. B. im Rahmen einer Bedeutungsanalyse) expliziert werden. Ziel dabei ist es, den Untersuchungsgegenstand nachvollziehbar transparent und empirisch zugänglich zu machen. Analytische Definitionen müssen sich letztendlich in der Forschungspraxis bewähren.

analytische vs. operationale Definition

2. Daran kann eine operationale Definition angeschlossen werden, mit der die Operationen angegeben werden, die zur Erfassung des durch den Begriff bezeichneten Sachverhaltes notwendig ist oder die messbaren Ereignisse (Indikatoren) angegeben werden, die das Vorliegen dieses Sachverhaltes anzeigen.

Die Aussage, „Intelligenz ist, was der Intelligenztest misst" deckt sich zwar mit einer operationalen Merkmalsdefinition (sofern der Test die zur Messung notwendigen Operationen festlegt), allerdings sagt diese Definition alleine nicht aus, was gemessen wird; eine analytische Definition (semantische bzw. Bedeutungsanalyse) ist also immer vorauszusetzen.

2.5 Indikatoren und Operationalisierung

Zunächst ein kurzer Rückblick: Alle Aussagen einer empirischen Wissenschaft müssen an der Erfahrung überprüfbar sein, was u. a. impliziert, dass alle in Aussagen (Theorien und Hypothesen) verwendeten Begriffe einen empirischen Bezug aufweisen müssen, der entweder direkt oder indirekt sein kann (**Kap. 1**).

Indikatoren

Für nur indirekt empirisch bezogene Begriffe sind *Indikatoren* (aus dem Lateinischen „indicare" = anzeigen, kennzeichnen) notwendig, die besser (oder überhaupt) beobachtbar sein sollten als das *Indikandum*, d. h. als der anzuzeigende Begriff. Ähnlich wie in der Medizin der Begriff des „Symptoms" oder in der Rechtsprechung der Begriff „Indiz" wird in den Humanwissenschaften der Begriff „Indikator" verwendet. Eine nützliche Klassifikation von Indikatoren erfolgt nach definitorischen, korrelativen und schlussfolgernden Indikatoren. Bei den korrelativen Indikatoren lassen sich noch interne und externe korrelative Indikatoren unterscheiden (**Abb. 2.5**).

Indikatoren und Operationalisierung 51

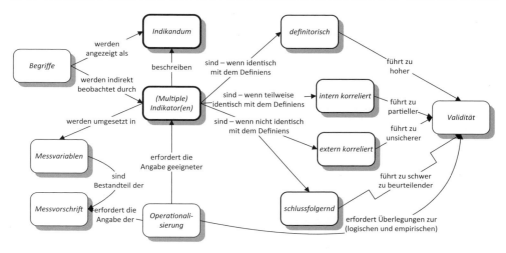

Abb. 2.5: Arten von Indikatoren und ihr Ausmaß an Validität

Sind bei einer Nominaldefinition die bekannten Begriffe des Definiens direkt beobachtbar und werden sie als Indikatoren verwendet, dann sind das definitorische Indikatoren. Ist z. B. der Begriff **A** definiert durch die beiden Begriffe **B** und **C**, also **A**:= df {**B**, **C**}, und sind sowohl **B** als auch **C** beobachtbar, dann bilden **B** und **C** zusammen definitorische Indikatoren.

definitorischer Indikator

Während definitorische Indikatoren den gesamten Bedeutungsgehalt eines Begriffes abdecken bzw. mit ihm identisch sind, trifft das nicht mehr auf die korrelativen Indikatoren zu: Ein *intern korrelativer Indikator* ist dabei ein solcher, der eine Komponente des Definiens ist und der mit den übrigen Komponenten des Definiens (positiv) korreliert. Sei z. B. „sozialer Status" definiert als die „Position einer Person in der gesellschaftlichen Hierarchie, wie sie sich aufgrund ihrer Bildung, ihres Berufs und ihres Einkommens ergibt". Wenn Bildung, Beruf und Einkommen positiv miteinander korrelieren, dann ist jedes dieser im Definiens stehenden Merkmale ein intern korrelativer Indikator für den Sozialstatus einer Person. Dagegen ist ein *extern korrelativer Indikator* nicht Bestandteil des Definiens, korreliert aber mit dem zu indizierenden Begriff. Wenn etwa „sozialer Status" und „Automarke" positiv miteinander korrelieren („Je höher der soziale Status, desto nobler ist der gefahrene Wagen."), dann ist die Automarke ein Indikator für den sozialen Status einer Person, der aber deswegen als

korrelierter Indikator

extern bezeichnet wird, weil in der Definition von „sozialer Status" diese nicht im Definiens erscheint.

schlussfolgernder Indikator

Schlussfolgernde Indikatoren sind solche, die bei der Ermittlung von Einstellungen, Meinungen, Werturteilen, Persönlichkeitsmerkmalen usw. eine Rolle spielen. Welche Einstellung jemand zu einem bestimmten Problem oder zu einer bestimmten Frage hat, kann man (manchmal) an seinem Verhalten in gewissen Situationen ablesen, d. h. von gewissen Verhaltens- oder Reaktionsweisen wird auf seine Einstellung geschlossen. Oder man stellt einer Person im Rahmen einer Befragung bestimmte Einstellungsfragen. Ihre Antworten interpretiert man als Indikatoren für die interessierende Einstellung. Die Grenze zwischen schlussfolgernden und extern korrelativen Indikatoren ist somit fließend.

Validität eines Indikators

Die aufgezeigte Klassifikation von Indikatoren ist insofern von Bedeutung, als damit auch etwas über ihre *Validität* gesagt werden kann. Valide ist ein Indikator dann, wenn er wirklich das anzeigt, was er anzeigen soll, also das anzeigt, was mit dem definierten Begriff gemeint ist: Offensichtlich sind definitorische Indikatoren 100 % valide, da Indikatoren und Definiens identisch sind. Ein intern korrelativer Indikator ist mindestens teilweise valide, da er ja mindestens *eine* Dimension des Bedeutungsgehaltes des Begriffes abdeckt. Im Beispiel wäre das Einkommen ein Indikator, der partiell den Bedeutungsgehalt des sozialen Status umfasst. Im Allgemeinen ist die Validität von extern korrelativen Indikatoren wesentlich unsicherer, da die Korrelation zwischen Indikator und Begriff hypothetisch ist, wenn sich dafür keine theoretische Begründung finden lässt, und möglicherweise auch wenig stabil im Zeitablauf. Im Beispiel könnte es etwa für Personen mit hohem sozialen Status durchaus schick sein – wenn vielleicht auch nur für eine gewisse Zeit – mit bescheidenen Fahrzeugen (Kult, Mode) durch die Gegend zu fahren. Bei schlussfolgernden Indikatoren schließlich ist die Validität noch schwieriger zu beurteilen. Ob etwa die Antworten auf Einstellungsfragen die wirkliche Einstellung einer Person widerspiegeln – also valide Indikatoren sind – lässt sich oft nur schwer sagen. Dieses Problem wird noch konkreter, wenn über Frage(böge)n auf Verhalten geschlossen wird (z. B. Gesundheits- oder Umweltverhalten). Gelegentlich ist dies aber nachprüfbar, z. B. wenn sich jemand auf Einstellungsfragen bezüglich des Umweltschutzes als sehr umweltbewusst ausgibt (im Sinne sozialer Erwünschtheit), aber beobachtet werden konnte, dass diese Person auch für kleinste Entfernungen ständig das Auto benutzt, dann müsste man wohl die Validität dieser Indikatoren als sehr gering einschätzen.

Bei der Auswahl von Indikatoren empfiehlt es sich häufig, für einen Begriff nicht nur einen einzigen Indikator zu verwenden. Zum einen kann bei der Verwendung *multipler Indikatoren* der Bedeutungsgehalt eines Begriffes meistens besser erfasst werden als wenn nur ein Indikator herangezogen wird. Zum anderen ist daran zu denken, dass Messungen immer mit Fehlern behaftet sind. Handelt es sich dabei um zufällige Fehler, dann kann durch eine *Aggregation* mehrerer (voneinander unabhängiger) Messungen, etwa durch Bildung eines Mittelwertes, ein Ausgleich der Messfehler erwartet werden, wodurch die Genauigkeit der Messung erhöht wird.

multiple Indikatoren

Operationalisierung

Unter der *Operationalisierung* eines Begriffes ist die Angabe derjenigen Vorgehensweisen bzw. Forschungsoperationen zu verstehen, mit deren Hilfe entscheidbar wird, ob und in welchem Ausmaß der mit dem Begriff bezeichnete Sachverhalt in der Realität vorliegt: Dazu gehört die Angabe des Datenerhebungsinstrumentes und bei nur indirekt empirischen Begriffen auch die Auswahl geeigneter Indikatoren. Im letzteren Fall ist die Operationalisierung ein zweistufiger Prozess, d. h. in einem ersten Schritt müssen die Indikatoren bestimmt werden und im zweiten Schritt sind diese zu operationalisieren (**Abb. 2.4**).

Bei der Operationalisierung geht es um genaue (technische) Anweisungen, wie im konkreten Fall vorzugehen ist, um die gewünschten Informationen aus der Realität zu erhalten: Dazu gehören z. B. Bestimmungen, wie ein Messinstrument (z. B. ein Fragebogen oder eine experimentelle Anordnung) zu gestalten und vor Ort (d. h. beim Befragten/Probanden) zu handhaben ist. Daher gehören Fragen dazu wie: Welche Fragen sollen in welcher Reihenfolge und in welchen Formulierungen gestellt werden? Soll man standardisierte Interviews oder unstandardisierte Befragungsformen wählen? Soll eine schriftliche oder eine telefonische Befragung vorgenommen werden? Welche Instruktion ist zu geben?

Fragen zum Messinstrument

Operationalisierung bedeutet: Wissenschaftliche Begriffe müssen so formuliert sein, dass jederzeit darüber entschieden werden kann, ob dieser Begriff zutrifft oder nicht. Mit dem Begriff muss eine Anweisung für bestimmte Operationen – Experimente, Beobachtungen etc. – verbunden sein, aufgrund derer über das Vorliegen resp. Nichtvorliegen des Begriffes entschieden werden kann. Anders formuliert: Aussagen können nur dann als wissenschaftlich sinnvoll akzeptiert werden, wenn die in ihnen enthaltenen relevanten Begriffe operationalisierbar sind, da nur dann festgestellt werden kann, ob diese Aussage zutrifft.

Soll etwa die Körpergröße, ein Begriff mit direktem empirischen Bezug, an einer Anzahl von Personen festgestellt werden, dann muss dieser Begriff operationalisiert werden, d. h. es sind genaue Handlungsanweisungen (Messvorschriften) zu erlassen, welche es erlauben, diese konkret festzustellen. Solche sind z. B.: „Die Personen haben sich barfuß und aufrecht an eine Wand zu stellen, an der eine Messlatte mit cm-Einteilung angebracht ist. Die Körpergröße wird vom Versuchsleiter mit Hilfe eines Stabes an der Messlatte abgelesen, der waagerecht auf dem Kopf der zu messenden Person aufliegt. Das Messergebnis ist auf ganze cm abzurunden und in ein Protokoll neben dem Namen der zu messenden Person einzutragen". Die Gesamtheit dieser Vorschriften stellt in diesem Fall eine (nicht die) Operationalisierung des Begriffes „Körpergröße" dar.

Variation einer Messvorschrift Es ist leicht zu ersehen, dass geringfügige Variationen dieser Messvorschriften u. U. einen erheblichen Einfluss auf die Messresultate haben. Würde man etwa auf die explizite Vorschrift, sich barfuß an die Messlatte zu stellen, verzichten, dann wäre damit zu rechnen, dass sich manche Personen mit Schuhen, andere aber barfuß anstellen würden. Das hätte aber zur Folge, dass unterschiedliche Messwerte nicht nur unterschiedliche Körpergrößen repräsentierten, sondern auch unterschiedlich hohe Schuhabsätze, d. h. die Messwerte bezögen sich auf verschiedene Sachverhalte und wären prinzipiell nicht miteinander vergleichbar. Würde man aufrunden anstelle von abrunden, dann käme man zu einer (leicht) höheren durchschnittlichen Körpergröße dieser Personen.

Die oben beschriebene Operationalisierung ist jedoch nicht die einzige mögliche für den Begriff „Körpergröße". Eine andere könnte folgendermaßen aussehen: „Die Personen stellen sich (wie die Orgelpfeifen) in einer Reihe auf, der Größte an die erste Stelle, der Zweitgrößte an die zweite usw., und schließlich der Kleinste an die letzte Stelle. Dem Größten wird im Protokoll die Zahl 1 zugeordnet, dem Zweitgrößten die Zahl 2 usw." Diese Operationalisierung führt offensichtlich zu Messwerten, die lediglich eine Rangordnung zum Ausdruck bringen, d. h. sie liegen nur auf Ordinalskalenniveau vor, während die vorige zu einer Ratioskala führt.

Das Beispiel zeigt, dass a) trotz präziser begrifflicher Definitionen verschiedene Operationalisierungen möglich sind und b) dass verschiedene Operationalisierungen zu verschiedenen Skalenniveaus der Messwerte (AV) führen können. Die Bedeutungsanalyse eines Begriffes schreibt deren Operationalisierung zumeist nicht vor. Dieser Umstand kann genutzt werden, um über verschiedene Operationalisierungen desselben Begriffes zu einer weiteren Präzisierung der Bedeutung eines Begriffes zu gelangen. Somit tragen analytische und operationale Definitionen wechselseitig zu ihrer Präzisierung bei.

Die verschiedenen Skalenniveaus gehen einher mit Varianten von Operationalisierungen, die sich auf die AV beziehen (Bortz & Döring, 2006):

Varianten von Operationalisierungen

- *Häufigkeit* (z. B. Anzahl richtig gelöster Aufgaben vs. falsch gelöster Aufgaben, Häufigkeit des Blickkontaktes);

- Reaktionszeit (z. B. Drücken einer Taste nach Präsentation eines Stimulus);

- *Reaktionsdauer* (z. B. Lösungszeit bei einer Problemlöseaufgabe; Fixationsdauer bei einem visuellen Stimulus);

- *Reaktionsstärke* (z. B. Muskeltonus, Hautleitfähigkeit, Rating-Skalen);

- *Wahlreaktionen* (z. B. Paarvergleich, *Multiple-Choice*-Aufgabe, Präferenzurteile).

Auch bei der Operationalisierung sind Validitätsüberlegungen anzustellen. Dazu werden zwei Validitätskonzepte unterschieden, die logische Validität und die empirische Validität einer Operationalisierung:

logische vs. empirische Validität

- Bei der *logischen Validität* geht es darum, ob die operationalen Vorschriften den gleichen Bedeutungsumfang aufweisen wie die Begriffsdefinition.

- Die *empirische Validität* bezieht sich dagegen darauf, ob mit Hilfe dieser Vorschriften tatsächlich auch das erfasst wird oder werden kann, was mit dem Begriff gemeint ist.

Nehmen wir an, es gehe darum, das Jahreseinkommen (des vergangenen Jahres) einer bestimmten Anzahl von Personen festzustellen, wobei der Begriff „Jahreseinkommen" genau definiert sei, z. B. sei damit das zu versteuernde Einkommen gemeint, das aufgrund der steuerlichen Gesetze exakt definiert ist. Man kann sich nun verschiedene Operationalisierungen dieses Begriffes vorstellen. So könnte man diesen Personen im Rahmen eines Interviews die Frage stellen: „Wie hoch war im letzten Jahr Ihr versteuerbares Einkommen?" und die Antwort protokollieren. Zweifellos wäre diese Operationalisierung logisch 100 % valide, denn der Bedeutungsumfang der operationalen Vorschrift ist identisch mit demjenigen des Begriffes „Jahreseinkommen".

Während die logische Validität dieser Operationalisierung offensichtlich unproblematisch ist, kann kaum davon ausgegangen werden, dass auch die empirische denselben Validitätsgrad aufweist: Es könnte z. B. passieren, dass gewisse Personen eine Auskunft auf eine so direkt gestellte Frage verweigern, dass sie sich im Moment der Befragung an diese Einkommensgröße nur ungenau erinnern oder dass sie bewusst unter- oder übertreiben usw. Denkbar wäre aber auch eine andere Operationalisierung, etwa, dass man die obige Frage in schriftlicher Form an diese Personen richtet, was allerdings kaum zu einer höheren empirischen Validität führen dürfte. Das Gleiche dürfte auch für eine telefonische Befragung anzunehmen sein. Dagegen wäre eine Einsichtnahme in die Steuerakten (bei den Steuerbehörden) die Operationalisierung mit dem höchsten empirischen Validitätsgrad, die allerdings aus Gründen des Datenschutzes verwehrt sein könnte. Dieses Beispiel zeigt deutlich, dass auch bei auf den ersten Blick relativ einfach erscheinenden und nahe liegenden Operationalisierungen Überlegungen bezüglich ihrer logischen und empirischen Gültigkeit anzustellen sind. Bei den meisten in der Praxis der empirischen Forschung vorzunehmenden Operationalisierungen beträgt der Grad der logischen und/oder empirischen Validität weder 0 % noch 100 %, vielmehr ist davon auszugehen, dass sie mehr oder weniger valide sind.

Auch in diesem Zusammenhang zeigt sich, dass es bei nur indirekt empirisch bezogenen Begriffen sinnvoll sein kann, mit *multiplen Indikatoren* zu arbeiten: Wenn bei der Operationalisierung jedes Indikators nur eine graduelle logische und/oder empirische Validität erzielt werden kann, so darf im Allgemeinen angenommen werden, dass durch das Zusammenwirken mehrerer (operationalisierter) Indikatoren die gesamte Validität der Operationalisierung höher ist als wenn nur ein Indikator verwendet würde.

2.6 Messen und Skalieren

Aus der Operationalisierung leitet sich ein weiterer Aspekt der Planungsphase ab: Es muss entschieden werden, wie die Merkmale quantifiziert bzw. gemessen werden sollen. Für die Auswahl geeigneter statistischer Verfahren sind dabei messtheoretische Kenntnisse unentbehrlich (Orth, 1974; Steyer & Eid, 2001).

Messen

Physikalisches Messen setzt eine Einheit voraus, die entweder vorgegeben (z. B. Ladung eines Elektrons als elektrische Ladung) oder festgelegt wird (z. B. Metermaß). Üblicherweise wird dabei eine Maßzahl als das Vielfache einer Einheit bestimmt *(fundamentale Messung)*. Das Ziel der Messung besteht darin, festzustellen, wie oft die gewählte Einheit in dem zu messenden Objekt enthalten ist.

Derartige Einheiten existieren in den Human- und Sozialwissenschaften in dieser Form nicht. Messen ist hier lediglich die Zuordnung von Zahlen zu Objekten oder Ereignissen gemäß bestimmter Regeln. Oder anders ausgedrückt: Messen ist die Zuordnung von Zahlen zu Objekten, so dass bestimmten Relationen zwischen den Zahlen analoge Relationen zwischen den Objekten entsprechen. Beide Definitionen haben gemeinsam, dass nicht die Objekte selbst gemessen werden, sondern lediglich eine Zuordnung von Zahlen auf die Merkmale oder Eigenschaften von Objekten stattfindet. Beim Messen sind dabei drei Problembereiche zu betrachten:

Zuordnung von Zahlen zu Objekten

- *Repräsentationsproblem.* Liegen empirische Objekte vor und sind die Relationen ebenfalls empirisch, dann wird von einem *empirischen Relativ* gesprochen. Liegen mathematische Objekte (z. B. Zahlen) vor und sind die Relationen ebenfalls mathematisch, dann wird von einem *numerischen Relativ* gesprochen. Unter Messen kann somit die Abbildung eines empirischen Relativs in ein numerisches Relativ verstanden werden, wobei die Abbildung *strukturverträglich (homomorph)* sein muss. Die Bedingungen (zumeist in Form von Axiomen formuliert), die im empirischen Relativ erfüllt sein müssen, werden in einem Repräsentationstheorem zusammengefasst. Sind die Bedingungen (zumeist in Form einer homomorphen Abbildungsfunktion) erfüllt, resultiert daraus eine *Skala*.

  Problembereiche des Messens

- *Eindeutigkeitsproblem.* Die Eigenschaften einer Skala müssen erhalten bleiben, wenn eine Abbildungsfunktion in eine andere Abbildungsfunktion übertragen wird. Es resultieren Transformationsregeln, gegenüber denen die Skaleneigenschaften invariant sind (z. B. eine monotone Transformation).

- *Bedeutsamkeitsproblem.* Hier geht es um die Frage, welche mathematischen Operationen bei bestimmten Messungen sinnvoll angewendet werden können; dieser Aspekt ist mit der Lösung des Eindeutigkeitsproblems verbunden. Eine numerische Aussage ist dabei dann bedeutsam, wenn sie sich unter den für die Skala zulässigen Transformationen nicht verändert.

manifeste vs. latente Variable Neben diesen messtheoretischen Problemen ist zudem eine weitere methodologische Frage des Messens zu klären: In den Human- und Sozialwissenschaften sind nur bedingt direkte Eigenschaftsmessungen möglich, die dann als *manifeste Variablen* deklariert werden. Häufig fungieren diese Messungen aber ‚nur' als Indikatoren für zugrunde liegende, übergeordnete Eigenschaften, die als *latente Variablen* oder hypothetische Konstrukte bezeichnet werden. Die Annahme latenter Variablen ist allerdings immer durch eine Theorie zu begründen, die u. a. festlegt, welche manifesten Variablen in welcher Art Indikatoren für eine latente Variable sein sollen. Dabei kann die (indirekte) Messung einer latenten Variable hinsichtlich der dafür erforderlichen Messoperationen erheblich variieren (als gewichteter/ungewichteter Skalen-, Index-, Test-, Faktorscore etc.; **Kap. 4.1**). Je umfangreicher mit Aussagen über latente Variablen gearbeitet wird, umso wichtiger wird die Frage, mit welchem Messfehler die darauf aufbauenden Messmodelle behaftet sind.

Skalieren

Skalentypen Für die hierarchische Klassifikation von Messoperationen werden vier typische Skalentypen angenommen (Pospeschill, 2006):

- *Nominalskala* (*Kategorialskala*). Die einzige Relation im empirischen Relativ ist die Äquivalenzrelation, im numerischen Relativ „=" (klassifikatorische Messstruktur). Die Klassen sind disjunkt, d. h. jedes Objekt gehört zu genau einer Klasse. Die Zuordnung von Zahlen bei einer Nominalskala ist arbiträr (z. B. Geschlecht). Zulässig sind Eindeutigkeitstransformationen (Häufigkeiten).

- *Ordinalskala* (*Rangskala*). Im empirischen Relativ existiert zusätzlich die (schwache) Ordnungsrelation, im numerischen Relativ zusätzlich „<, >" (kleiner als, größer als). Merkmale können stärker oder schwächer ausgeprägt sein (z. B. Zeugnis- oder Prüfungsprädikate). Zulässig sind monotone Transformationen (Ranginformationen).

- *Intervallskala*. Erst mit der Intervallskala ist es statthaft, beim Vergleich zweier Objekte zu sagen, um *wie viel* sich die Ausprägungen des Merkmals unterscheiden (schwache Ordnungsrelation der

Dominanzrelationen). Gleich große Merkmalsunterschiede werden durch äquidistante Zahlen abgebildet. Intervallskalen besitzen keinen natürlichen Nullpunkt und die Maßeinheit kann beliebig gewählt werden (z. B. Celsius-Skala). Zulässig sind lineare Transformationen.

- *Verhältnisskala (Ratioskala)*. Diese Skala besitzt einen natürlichen Nullpunkt. Neben Aussagen auf Gleichheit, Ordnung und Differenzen von Messwerten sind auch Aussagen über Quotienten von Messwerten (Verknüpfungsoperationen) sinnvoll (z. B. Länge, Gewicht, Alter, Mengen, Preise, Kelvin-Skala). Zulässig sind Ähnlichkeitstransformationen.

- *Kardinalskala*. Zusammenfassung von Intervall- und Verhältnisskala. Kardinalskalen sind *metrische Skalen*.

Die wesentlichen Unterscheidungen betreffen Nominal-, Ordinal- und Kardinalskala. Höhere Skalentypen besitzen eine höhere Messgenauigkeit. Wenn die Messbarkeit einer Eigenschaft diskutiert wird, sollte daher immer von *Messen auf einem bestimmten Skalenniveau* gesprochen werden, z. B. „Ist Intelligenz auf Intervallskalenniveau messbar?" Für die praktische Anwendung von Skalen spielt vor allem das Bedeutsamkeitsproblem eine entscheidende Rolle, bei dem es um die sinnvolle Weiterverarbeitung von Messwerten geht. Konkret gesprochen geht es darum, welche Rechenoperationen mit Messwerten eines bestimmten Skalenniveaus durchgeführt werden können, so dass empirisch sinnvolle Schlüsse und (numerische) Aussagen resultieren. Grundsätzlich ist erstrebenswert, bei einer Quantifizierung immer das *höchst mögliche Skalenniveau* zu wählen. Dabei können erhobene Daten immer auf ein niedrigeres Skalenniveau transformiert werden (aber nicht *vice versa*). Auch typische nominalskalierte Merkmale wie Hautfarbe oder Geschlecht sind dabei durchaus auf höheren Skalenniveaus messbar (z. B. als Wellenlänge oder mittels eines Androgynitätsmaßes).

Festlegung des Skalenniveaus

Das Bedeutsamkeitsproblem kommt z. B. dadurch zum Ausdruck, dass es bei einer Nominalskala *nicht* sinnvoll ist, Messwerte zu interpretieren (z. B. Zahlen für Geschlecht). Das gilt ebenso für Ordinalskalen, denen nur eine Ordnungsrelation zugrunde liegt (z. B. bei Prädikatsnoten macht die Berechnung eines arithmetischen Mittels keinen Sinn). Diese Eindeutigkeit ist aber nicht immer gegeben (z. B. bei Testwerten, Einstellungsmessungen, Ratingskalen) insbesondere, bei der Unterscheidung ordinal- vs. intervallskalierter Daten. Dennoch wird

per-fiat-Messung

auch hier stillschweigend angenommen, das Merkmal sei auf Intervallskalenniveau zu messen (*per-fiat-Messung* = Messung durch Vertrauen).

Was berechtigt zu dieser Auffassung? Nutzen bringt diese Auffassung dahingehend, dass bei der Annahme von Intervallskalen erheblich differenziertere Auswertungen mit größeren statistischen Alternativen zur Verfügung stehen. Für intervallskalierte Daten existiert das breiteste Angebot an inferenzstatistischen uni- und vor allem multivariaten Verfahren. Darüber hinaus wird die Bestätigung einer Hypothese durch die Annahme eines falschen Skalenniveaus eher erschwert. Die Bestätigung einer empirischen Hypothese legt die Richtigkeit der skalentheoretischen Annahmen nahe. Die Ablehnung einer empirischen Hypothese hingegen stellt auch die Art der Operationalisierung des Merkmals (und damit des Skalenniveaus der Daten) infrage. Problematisch kann diese Auffassung allerdings dann werden, wenn weitere falsche Annahmen hinzukommen (multiple Voraussetzungsverletzungen wie z. B. Annahme der Normalverteilung und der Varianzhomogenität, Annahme unabhängiger Messungen).

interpretatives Problem

Wichtig bleibt allerdings festzuhalten, dass die Festlegung des Skalenniveaus kein statistisches, sondern ein interpretatives (also inhaltliches) Problem darstellt. Sicherlich ist es wichtig zu prüfen, ob Daten den mathematisch-statistischen Voraussetzungen eines (parametrischen oder verteilungsfreien) Tests entsprechen (**Kap. 9.1**). Ebenso wichtig ist aber sicherzustellen, ob errechnete Statistiken einer sinn- bzw. bedeutungsvollen Ergebnisinterpretation zugänglich sind.

2.7 Festlegung von Untersuchungsart und -objekten

Sind die Art der Operationalisierung und Fragen des Messens bzw. der Skalierung geklärt, können Art und Anzahl der Untersuchungsobjekte festgelegt werden. Dabei entscheidet der Stand der Forschung, ob eher eine explorative, eine populationsbeschreibende oder eine hypothesenprüfende Untersuchung angestrebt wird (Bortz & Döring, 2006).

Untersuchungsarten

explorative Untersuchung

Explorativ ist eine Untersuchung dann, wenn es um die Beschreibung/ Erkundung von realen, aber weitgehend unerforschten Phänomenen geht (**Kap. 5**). Ziel ist es, neue Hypothesen zu formulieren bzw. die theoretischen und begrifflichen Voraussetzungen dafür zu schaffen (z. B. über narrative Interviews, Inhaltsanalysen, Expertenbefragung, Feldbeobachtung, Einzelfallanalysen etc.). Die Auswahl der Probanden aus der zugrunde liegenden Population kann hier als Kollektiv unterschiedlicher Größe erfolgen, für die sich interessante Ergebnisse erwarten lassen.

Populationsbeschreibend ist eine Untersuchung dann, wenn Erhebungen zur Schätzung von Populationsparametern anhand entsprechender Stichproben vorgenommen werden (**Kap. 6**) und *hypothesenprüfend* (**Kap. 7**) dann, wenn eine ausformulierte Theorie bzw. eine (oder auch mehrere) Hypothese(n) empirisch überprüft werden soll(en). Da in diesen Fällen generalisierbare Stichprobenkennwerte ermittelt werden sollen, sind die Anforderungen an die Auswahl der Probanden entsprechend höher.

populationsbeschreibende Untersuchung

Untersuchungsobjekte

Bei der Rekrutierung von Versuchspersonen sollte immer auf Freiwilligkeit gesetzt werden: Offensichtlich gelingt die Anwerbung bei Personen mit höherem sozialem Status dabei besser.

Die Verweigerung einer Teilnahme wird dann zum Problem, wenn sich diese Personen systematisch hinsichtlich untersuchungsrelevanter Merkmale von den Teilnehmern unterscheiden. In diesem Fall kann eine Verzerrung der Stichprobe und der Verlust an Repräsentativität nicht mehr ausgeschlossen werden. Daher kann es wichtig sein, die Variablen zu identifizieren, die Teilnehmer von Nicht-Teilnehmern unterscheiden und ihren Einfluss auf die Messvariablen (UV und AV) abzuschätzen. Dem Problem entgegenwirken können Bestrebungen, persönliches Interesse zu wecken und die Bedeutsamkeit der Untersuchung hervorzuheben. Eine willkürliche Rekrutierung von Probanden (Gelegenheitsstichprobe) kann zudem zu weiteren Artefakten in den Ergebnissen führen.

Teilnahmeverweigerung

Zusammenfassend sollte bei der Auswahl der zu untersuchenden Personen also höchste Sorgfalt herrschen. Flankierend sind bei der Anwerbung die folgenden Aspekte zu berücksichtigen:

Aspekte der Anwerbung

- *Freiwilligkeit.* Personen, die Interesse an einem Untersuchungsgegenstand besitzen, sind auch zur freiwilligen Teilnahme eher bereit. Gleiches gilt, wenn die Bedeutung einer Studie eingeschätzt wird. Ferner belegen Studien, dass persönliche Geschenke für die Entscheidung einer Teilnahme förderlicher sind als Geld. Schließlich können auch die Bekanntheit anwerbender Person und der Nachweis einer öffentlichen Unterstützung bzw. Förderung einer Studie die Teilnahmebereitschaft fördern.

- *Kontrastierende Variablen zwischen Teilnehmern und Verweigerern.* Freiwillige Teilnehmer verfügen zumeist über einen höheren Bildungsabschluss, ein höheres Intelligenzniveau sowie einen höheren sozialen Status als Verweigerer. Sie suchen zudem mehr nach sozialer Anerkennung, sind geselliger, zeigen eine geringere Tendenz zu konformem Verhalten und sind weniger autoritär.

- *Transparenz der Untersuchung.* Eine Diskussion möglicher Konsequenzen einer Untersuchung sollte selbstverständlich sein.

- *Kontrollfragen.* Am Ende einer Untersuchung können Angaben zur Untersuchungsatmosphäre, zu Erfahrungen mit der Untersuchungsteilnahme und den Motiven zur Teilnahme festgehalten werden.

- *Problematisierung externer Validität.* Basieren Untersuchungen auf varianzeingeschränkten Stichproben (z. B. Studenten) ist dies eingehend zu problematisieren und hinsichtlich der Auswirkung auf die Untersuchungsresultate zu diskutieren.

interne vs. externe Validität

Auch die Untersuchungsart entscheidet mit über die Gültigkeit bzw. Aussagekraft der erwarteten Untersuchungsergebnisse:

- *Die interne Validität* belegt, dass Veränderungen in der AV nur auf den Einfluss der UV zurückzuführen sind. Dazu gehört auch die *statistische Validität*, die durch kleine Stichproben, ungenaue Messinstrumente oder Fehler bei der Anwendung statistischer Verfahren eingeschränkt sein kann. Man könnte in diesem Zusammenhang die Auffassung vertreten, dass nicht bessere statistische Methoden das Ziel sein sollten, sondern eine verbesserte Kontrolle in Untersuchungssituationen. Dabei wird allerdings die Problematik interindividueller Varianz ausgeklammert.

- *Die externe Validität* belegt, dass sich die nachgewiesenen Effekte über den untersuchten Personenkreis hinaus generalisieren lassen. Dazu gehört auch die *Konstruktvalidität*, die durch unzureichende Explikationen der Konstrukte oder unangemessene Operationalisierungen eingeschränkt sein kann.

Ferner werden bei der Untersuchungsart experimentelle von quasi-experimentellen Untersuchungen unterschieden:

Experiment vs. Quasi-Experiment

- *Quasi-experimentelle* Untersuchungen vergleichen natürliche Gruppen (z. B. Schulklassen), gegebenenfalls unter Einsatz spezifischer Kontrolltechniken (z. B. Matching oder Parallelisierung). Die quasi-experimentellen Gruppen entstehen durch selektive *Personenvariablen* (z. B. Geschlecht, Nationalität etc.).

- *Experimentelle* Untersuchungen vergleichen zufällig zusammengestellte Gruppen. Dabei dient die Randomisierungstechnik dem statistischen Fehlerausgleich und der Erhöhung der internen Validität. Durch Manipulation der Untersuchungsbedingungen entstehen experimentelle Gruppen, deren Unterschiede durch *Treatmentvariablen* erzeugt werden. Der experimentelle Effekt wird durch Vergleich mit einer Kontrollgruppe (ohne Treatment) belegt.

Eine weitere Unterscheidung betrifft Feld- vs. Laboruntersuchungen:

Feld- vs. Laboruntersuchung

- *Felduntersuchungen* (Feldstudien) finden in natürlich belassenen Umgebungen statt (zugunsten der externen, allerdings zulasten der internen Validität).

- *Laboruntersuchungen* hingegen finden in kontrollierten, künstlichen Laborsettings statt (zur Kontrolle oder Eliminierung untersuchungsbedingter Störvariablen).

Liegen zu einem Forschungsgebiet vorwiegend Laboruntersuchungen vor, kann über Felduntersuchungen das Resultat auf externe Validität überprüft werden. Dominieren hingegen primär Feldstudien, kann mittels zusätzlicher Laboruntersuchungen die interne Validität gesteigert werden (**Abb. 2.6**).

Abb. 2.6: Verschiedene Untersuchungsarten weisen in ihren Standarddefinitionen verschiedene Stärken (+) und Schwächen (-) bei der internen und externen Validität auf (rep. nach Bortz & Döring, 2006).

	Experimentelle Untersuchung	*Quasi-experimentelle Untersuchung*
Felduntersuchung	FELDEXPERIMENT: Interne Validität + Externe Validität +	FELDQUASIEXPERIMENT: Interne Validität − Externe Validität +
Laboruntersuchung	LABOREXPERIMENT: Interne Validität + Externe Validität −	LABORQUASIEXPERIMENT: Interne Validität − Externe Validität −

Kollektiv vs. Stichprobe Während bei explorativen Studien Kollektive unterschiedlicher Größe und Zusammensetzung anfallen, sind bei hypothesengeleiteten Untersuchungen möglichst repräsentative Stichproben zu ziehen. In die Planungsphase gehören auch möglichst eindeutige Vorgaben zur angestrebten Stichprobengröße. Diese sind allerdings nur bei hypothesenprüfenden Untersuchungen möglich, denen eine Angabe zur Effektgröße vorliegt (generell steigt die Wahrscheinlichkeit einer Hypothesenbestätigung mit zunehmendem Stichprobenumfang).

2.8 Planung, Durchführung, Auswertung

Untersuchungsdurchführung Ist ein Arbeitstitel festgelegt, sind die Erhebungsinstrumente bekannt, die Untersuchungsart festgelegt und die Probanden in ihrer Zusammensetzung und in ihrem Umfang konkretisiert, kann die eigentliche Untersuchungsdurchführung spezifiziert werden. Da sich Untersuchungen dabei erheblich in ihren Rahmenbedingungen unterscheiden können, existieren keine generellen Regeln oder Anleitungen zur Durchführung empirischer Untersuchungen. Gegebenenfalls sind aber insbesondere bei standardisierten Untersuchungsinstrumenten (z. B. psychodiagnostischen Tests) entsprechende Instruktionen in den Manualen zu berücksichtigen. Die Untersuchungsdurchführung sollte nicht übermäßig rigide sein, damit auf Ausnahmesituationen angemessen reagiert werden kann. Festgelegt werden sollten:

- der zeitliche Ablauf,
- der Einsatz von Hilfspersonal,
- die Räumlichkeiten,

- notwendige Apparaturen und
- die Betreuung von Probanden und/oder möglicher Begleitpersonen.

Die planerische Vorbereitung impliziert dabei auch Fragen des Umgangs mit den antizipierten Daten und deren deskriptive und/oder inferenzstatistische Verarbeitung. Hierbei sind u. a. zu berücksichtigen: **statistische Analyse**

- *Aufbereitung der Rohdaten.* Eine statistische Auswertung setzt eine numerische Quantifizierung voraus. Gegebenenfalls sind dazu verbale (qualitative) Daten in numerische Größen zu kodieren. Zusätzlich können Filtervariablen notwendig sein, um Subgruppen aus der Stichprobe untersuchen zu können. Auch die Berechnung neuer Variablen, verrechneter Gesamt- oder Testwerte bzw. spezieller Indizes können für die spätere Datenauswertung notwendig sein.
- *Eingabe oder Importierung in ein PC-Statistikprogramm.* Für die elektronische Datenverarbeitung ist entweder die manuelle Dateneingabe (in einer Datenmaske) oder der Datenimport ausgehend von einem üblichen Datenformat aus zu planen.
- *Plausibilitätsanalyse.* Strategien sollten vorbereitet werden, wie mögliche Dateneingabefehler zu kontrollieren sind. Daneben sind Techniken wichtig, Anomalien in Daten zu erkennen, Daten hinsichtlich des Vorliegens fehlender Daten (*missing data*) zu überprüfen und eventuell die Imputation fehlender Werte vorzunehmen.
- *Explorative Datenanalyse.* Für den ersten Analyseschritt ist die Ermittlung relevanter deskriptiver Lage-, Streuungs- und Verteilungsmaße zu bestimmen. Gegebenenfalls müssen auch spezielle graphische Aufbereitungen geplant werden.
- *Statistische Hypothesenprüfung.* Schließlich sind inhaltlich angemessene Signifikanzniveaus festzulegen, erforderliche Voraussetzungsprüfungen für die notwendigen statistischen Verfahren zu berücksichtigen und möglicherweise a priori (Mindest-) Effektgrößen zu bestimmen.

Alle genannten Planungsschritte sind in einem Exposé festzuhalten. Dabei ist die Gliederung für die Untersuchungsplanung eventuell anzupassen. Je nach Art der Untersuchung wird man Aspekten der Untersuchungsart, der Untersuchungsobjekte oder der Operationalisierung mehr oder weniger Raum zugestehen. Ein gutes Exposé beginnt mit **Exposé** der wichtigsten Literatur und endet mit Bemerkungen über die statistische Auswertung und deren (möglicher) Interpretation.

Übersichtsplan Beigefügt werden sollte zudem ein Übersichtsplan, der die zeitliche, personelle, räumliche und gegebenenfalls finanzielle Gesamtplanung enthält. Für ein effektives Zeitmanagement muss die Entwicklung/Bereitstellung der Untersuchungsinstrumente, die Anwerbung/Auswahl der Untersuchungsteilnehmer, die Durchführung (auch mit Pufferzeiten für Pannen), die Datenanalyse, die Interpretation, die Erstellung des Untersuchungsberichts sowie möglicher notwendiger Anhänge festgelegt sein.

2.9 Empirischer Bericht, Gutachten

Für empirische Berichte gelten spezifische Regeln in Gliederung und Darstellung (z. B. Zitationsregeln und Vorgaben zur Manuskriptgestaltung der Deutschen Gesellschaft für Psychologie mit nationalem Bezug oder Regeln aus dem Publication Manual der American Psychological Association mit internationalem Bezug).

Empirischer Bericht

Grundschema Speziell für empirische Berichte bzw. experimentelle Arbeiten gilt ein einheitliches Grundschema (vgl. Esselborn-Krumbiegel, 2008; Höge, 2006; Kornmeier, 2012):

1. *Inhaltsverzeichnis.*
2. *Abkürzungs-, Tabellen-, Abbildungsverzeichnis.*
3. *Kurzzusammenfassung/Abstract.* Optional, häufig bei Evaluations- oder Kurzberichten.
4. *Theoretischer Hintergrund und Fragestellung.* Hier werden einleitend das empirische Forschungsproblem dargestellt, einschlägige Arbeiten bzw. die aktuelle Forschungslage wiedergegeben und kritisch diskutiert (z. B. bezüglich methodischer Mängel, widersprüchlicher Resultate oder bestehender Forschungslücken), die zentralen Begriffe (Konstrukte) der eigenen Fragestellung nominal oder real definiert und die inhaltlichen Untersuchungshypothesen begründet abgeleitet (einschließlich der Benennung von Indikatoren und deren Operationalisierung).

5. *Methode.* Hier werden in Form eines detaillierten Untersuchungsplans die in der Untersuchung verwendeten Methoden eingehend dargestellt, um sie sowohl theoretisch nachvollziehen als auch gegebenenfalls replizieren zu können. Dazu gehören eine genaue Stichprobenbeschreibung anhand relevanter Merkmale (auch der begründete Ausschluss bestimmter Personen), eine Beschreibung des Stimulusmaterials, die Beschreibung von besonderen Geräten zur Datenerhebung (zur Darbietung des Materials oder Verhaltensregistrierung) sowie der Ablauf der Versuchsdurchführung (räumliche, zeitliche Bedingungen etc.).

6. *Ergebnisse.* Hier wird zunächst das Datenmaterial beschrieben (verwendete Numerik bzw. Kodierungen bei quantitativen Daten, prototypische Beispiele bei qualitativen Daten). Es folgt (falls erforderlich) eine Beschreibung der Datenaufbereitung (Summenbildungen, Skalen- und Testwerte, Indizes) und der statistischen Auswertungsverfahren (allerdings ohne Formeln oder mathematische Herleitungen). Daran schließt sich die Darstellung von zusammenfassenden Tabellen und Graphiken (insbesondere bei Erkundungsstudien) und/oder die Ergebnisse durchgeführter Signifikanztests, einschließlich der Zusatzstatistiken (bei hypothesenprüfenden Untersuchungen), an. Numerische Angaben sind dabei auf eine bis maximal zwei Nachkommastellen zu runden, bei prozentualen Angaben kann auf ganze Zahlen gerundet werden. Die Ergebnisse werden interpretiert (ob sie für oder gegen die Hypothese sprechen), auf Einklang oder Widersprüche zur Theorie beschrieben der als ungewöhnlich bzw. überraschend einzustufen sind (möglicherweise auch bedingt durch nachträglich erkannte Untersuchungsfehler).

7. *Diskussion und Ausblick.* In diesem Abschnitt findet die weiterführende Ergebnisinterpretation statt. Hier geht es insbesondere um eine Einordnung und Bewertung der empirischen Befunde in die Forschungslandschaft, gegebenenfalls um die Ableitung von Konsequenzen für die Theorie und um eine Einschätzung der Auswirkung von Untersuchungsfehlern auf die Ergebnisse. Dem letzten Punkt ist besondere Aufmerksamkeit zu schenken, wenn sich die erhofften Ergebnisse nicht eingestellt haben. Im separaten Teil ‚Ausblick' werden Schlussfolgerungen für neue Hypothesen, weitere Forschungsprojekte und zusätzliche bzw. geänderte Methoden ausgeführt, die sich aus der aktuellen Arbeit ergeben.

8. *Zusammenfassung.* In der Zusammenfassung (*Abstract*) werden Fragestellung, Methode, Ergebnisse und theoretische Schlussfolgerungen in sehr kurzer Form mitgeteilt, sofern sie im Haupttext ausführlich dargestellt wurden.

9. *Literaturverzeichnis.*

10. *Anhang.*

Gutachten

Davon abweichend widmen sich psychologische Gutachten einer psychodiagnostischen Fragestellung, die einzelne Personen, Personengruppen, eine Institution oder auch einen Sachverhalt betreffen können. Ziel des Gutachtens ist es dabei, zu treffende Entscheidungen des Auftraggebers zu unterstützen.

Aufbau Für den Aufbau ergibt sich dazu folgende Gliederung (vgl. Amelang & Schmidt-Atzert, 2006; Pospeschill & Spinath, 2009; Schmidt, 1999):

1. *Titelseite.* Hier werden aufgeführt: Absender, Adressat, Auftraggeber, Aktenzeichen (sofern vorhanden), Überschrift mit Untertitel, Name und Anschrift zur begutachteten Person, Ort, Datum und Name des Gutachters.

2. *Inhaltsverzeichnis mit Seitenzahlen* (bei umfangreichen Gutachten).

3. *Zusammenfassung* (bei umfangreichen Gutachten).

4. *Untersuchungsanlass.*

5. *Fragestellung.* Die Fragestellung wird im Gutachten so wiedergegeben, wie sie vom Auftraggeber an den Psychologen herangetragen wurde. Zu nennen sind Fragestellung, Auftraggeber, Klient, Untersucher, Untersuchungstermine und das Untersuchungsverfahren. Grundsätzlich sollte die Fragestellung hinsichtlich ihrer ethischen und rechtlichen Vertretbarkeit und mit Blick auf die erforderliche Fachkompetenz vorab geprüft worden sein.

6. *Vorgeschichte.* Die Eingangsdaten beinhalten z. B. vorliegende Berichte, Vorgutachten, Zeugnisse, Protokolle und Gerichtsakten, die nachfolgend als Grundlage für die Annahmen dienen. Dazu sind die Vorinformationen gegebenenfalls hinsichtlich ihrer Quel-

len und Relevanz zu gewichten und in angemessener Weise bei der Formulierung erster Hypothesen zu berücksichtigen.

7. *Psychologische Fragen.* Da der diagnostische Prozess als Entscheidungshilfe dienen soll ist eventuell ein *Anforderungsprofil* anhand definierter Kriterien festzuschreiben, das den Verhaltensmerkmalen der zur beurteilenden Person gegenüberzustellen sind (z. B. besondere Anforderungskriterien hinsichtlich einer Berufseignung). Aus wissenschaftlicher Fragestellung und Eingangsdaten werden die *Hypothesen* (die psychologischen Fragen) abgeleitet, welche die weitere diagnostische Strategie bestimmen. Geklärt werden die Hypothesen durch Variablen, welche die relevanten Merkmale bzw. das Verhalten erklären bzw. vorhersagen können. Dabei beziehen sich die Hypothesen auf eine Beschreibung des Ausgangszustands des Klienten, den Ursachen des Zustands, auf die Definition eines Zielzustands, sowie des Weges zur Zielerreichung. Erlauben die Eingangsdaten keine präzise Hypothesengenerierung oder erweisen sich die aufgestellten Hypothesen als unzureichend, muss anhand erster Ergebnisdaten eine Hypothesenpräzisierung vorgenommen werden. Möglicherweise ist dieser Prozess als diagnostische Schleife mehrfach zu durchlaufen. Durch dieses Vorgehen erhält das Gutachten die geforderte Struktur und Transparenz, die es für die geforderte Nachvollziehbarkeit und prinzipielle Überprüfbarkeit benötigt.

8. *Untersuchungsmethoden.* In den *Untersuchungsplan* gehen die verwendeten Verfahren und anderen Informationsquellen ein. Ihre Auswahl wird begründet und beschrieben. Auch der Untersuchungsplan kann im Hinblick auf veränderte Hypothesen eine Anpassung erfahren. Daran schließt sich die *Untersuchungsdurchführung* an.

9. *Untersuchungsergebnisse.* Abschließend werden die Untersuchungsergebnisse dargestellt. Dazu gehören sämtliche Ergebnisse aus Tests, Fragebögen, Interviews, Verhaltensbeobachtungen und anderen Informationsquellen, die gegliedert nach den einzelnen Quellen dargestellt werden. Bei den Ergebnissen normierter Tests werden dabei Standardwerte (IQ, *T*-Werte oder sehr häufig Prozentränge) berichtet. Bei Informationen aus Gesprächen oder Interviews wird eine Unterteilung nach Themengebieten vorgenommen. Auch das Verhalten des Klienten während der Untersuchung kann Teil der Ergebnisdarstellung sein.

10. *Befund*. Der Befund integriert die erhobenen Informationen (aus Eingangsdaten und Untersuchungsmethoden) zu einer Aussage, welche die zuvor gestellten psychologischen Fragen beantwortet. Übereinstimmungen werden dabei ebenso erwähnt wie Widersprüche in den Daten. Treten Widersprüche auf, sollten diese hinsichtlich möglicher Ursachen (methodische Probleme oder besondere Durchführungsbedingungen) eingehend erörtert werden. Auf jeden Fall sollten die Interessen aller Beteiligten angemessen berücksichtigt werden. Das schließt ein, stark abwertende Urteile grundsätzlich zu vermeiden.

11. *Stellungnahme*. Alle Einzelbefunde münden schließlich in einer abschließenden Stellungnahme (Schlussfolgerung oder Entscheidung), in der eine abschließende Antwort auf die Fragestellung des Gutachtens geliefert wird. Damit wird die Ausgangsfrage auf dem Hintergrund der erhobenen Daten abschließend beantwortet.

12. *Empfehlungen*. Wenn weitere Empfehlungen vereinbart wurden, kann die Stellungnahme auch mit Vorschlägen möglicher Interventionen (z. B. therapeutische oder andere Maßnahmen) verknüpft sein.

13. *Unterschrift* (mit Ort und Datum).

14. *Literaturverzeichnis*.

15. *Anhang* (für Materialien, die nur auszugsweise verwendet wurden).

Bewertungs- und Qualitätskriterien bei empirischen Berichten

Über die Qualitätsbewertung empirischer Berichte (insbesondere bei Abschlussarbeiten wie Bachelor- und Masterarbeiten, Dissertationen etc.) lassen sich verschiedene Bewertungsdimensionen benennen, auf die entsprechend mit besonderer Sorgfalt geachtet werden sollte:

- *Theoretischer Teil*. Hinführung zum Thema der Arbeit, Angemessenheit der Darstellung, Verständlichkeit der Darstellung, Aktualität und Umfang der Quellen;
- *Fragestellung*. Herleitung bzw. Begründung, Originalität bzw. Kreativität;
- *Methodischer Teil*. Realisierung der unabhängigen Variablen bzw. des Untersuchungsdesigns, Realisierung der abhängigen Variablen

bzw. Operationalisierung, Klarheit der Hypothesen, Planung, Auswahl und Umfang der Stichprobe, Dokumentation der Datenerhebung;

- *Empirischer Teil.* Angemessenheit der Auswertung, Korrektheit der Ergebnisdarstellung, Verständlichkeit der Darstellung;
- *Diskussion.* Bewertung bezüglich der Fragestellung, Bewertung bezüglich der Befundlage, Methodenkritische Würdigung, Implikationen bzw. Ausblick;
- *Formale Kriterien.* Schriftliche Form, Sprache, Rechtschreibung, Orthographie, Verzeichnisse, Abbildungen, Tabellen, Einhalten von Zitationsregeln;
- *Anhang zur Arbeit.* Vollständigkeit des Datensatzes, Dokumentation des Datensatzes, Dokumentation von Materialien, Dokumentation von Verfahren;
- *Gesamteindruck.* Aufbau, Gliederung, Stringenz, Führung des Lesers (roter Faden), Problemverständnis, kritische Reflexion.

72 Forschungsprozess

Empirisches Arbeiten als Entscheidungsprozess

Untersuchungsidee, Thema
- Planungsphasen zeigen eine wechselseitige Abhängigkeit und sind daher simultan zu betrachten.
- In der Planung werden Entscheidungen getroffen, die später ggf. nicht mehr korrigiert werden können.

Wissenschaftliche und ethische Kriterien
- Grundgesetz und berufsethische Verpflichtungen schränken Untersuchungsvorhaben ein.
- Vor- und Nachteile wissenschaftlichen Fortschritts sind daher gründlich abzuwägen.

Problempräzisierung
- Dimensionale und semantische Analyse dienen der Problempräzisierung.
- Über Korrespondenzregeln wird entschieden, ob Sachverhalte dem theoretischen Begriff entsprechen.

Definition von Begriffen
- Es werden Nominal- und Realdefinitionen unterschieden.
- Daneben erfordert die wissenschaftliche Verwendung analytische und operationale Definitionen.

Indikatoren und Operationalisierung
- Es werden definitorische, (interne und externe) korrelative und schlussfolgernde Indikatoren unterschieden.
- Operationalisierungen führen zu Messwerten unterschiedlichen Skalenniveaus.
- Bei der Operationalisierung sind logische und empirische Validität zu betrachten.

Messen und Skalieren
- Messen in den Humanwissenschaften ist die homomorphe Zuordnung von Zahlen zu Objekten.
- Beim Messen werden das Repräsentations-, Eindeutigkeits- und Bedeutsamkeitsproblem unterschieden.

Festlegung von Untersuchungsart und -objekten
- Es werden explorative, populationsbeschreibende und hypothesenprüfende Untersuchungen unterschieden. Dabei sind Aspekte der internen und externen Validität zu berücksichtigen.
- Ferner werden quasiexperimentelle von experimentellen Untersuchungen unterschieden.
- Schließlich gibt es Feld- von Laboruntersuchungen zu differenzieren.

Planung, Durchführung, Auswertung, Dokumentation
- In der Planungsphase sind Aspekte der Durchführung, Auswertung und Interpretation zu berücksichtigen.
- Dazu werden vorbereitend ein Exposé und ein Übersichtsplan erstellt.

Abb. 2.7: Thesenhafte Zusammenfassung des 2. Kapitels

1. Wie wird mit dem Problem der Dimensionalität umgegangen?
2. Welche Funktion besitzt eine dimensionale Analyse?
3. Welche Funktion besitzt eine semantische Analyse?
4. Wozu dienen Korrespondenzregeln?
5. Wie lassen sich Begriffe definieren?
6. Warum müssen Begriffe im Kontext wissenschaftlicher Verwendung analytisch und operational definiert werden?
7. Welche Arten von Indikatoren gibt es?
8. Warum verwendet man häufig multiple Indikatoren?
9. Warum werden Messungen aggregiert?
10. Was ist das Ziel der Operationalisierung?

11. Welche Varianten von Operationalisierungen gibt es?
12. Was unterscheidet logische von empirischer Validität?
13. Was bedeutet Messen in der Psychologie?
14. Welche Problembereiche werden beim Messen unterschieden?
15. Welches Problem spielt vor allem bei der Wahl des Skalenniveaus eine entscheidende Rolle?
16. Was unterscheidet eine explorative von einer populationsbeschreibenden und hypothesenprüfenden Untersuchung?
17. Welche Untersuchungsart besitzt die höchste interne Validität, welche die höchste externe Validität?
18. Was unterscheidet Experimente von Quasi-Experimenten?
19. Welche Rolle spielt die Stichprobenwahl bei explorativen Studien?

3 Evaluation

> In diesem Kapitel wird die Evaluationsforschung (im Vergleich zur empirischen Grundlagenforschung) als ein Teilgebiet angewandter Forschung thematisiert und besondere Rahmenbedingungen, Planungsaspekte und Designs vorgestellt.

3.1 Arten systematischer Erfolgskontrollen

Bei der Evaluationsforschung handelt es sich um kein eigenständiges Teilgebiet der empirischen Forschung für eine spezielle Gruppe von Fragestellungen im Sinne einer bewertenden **Begleitforschung** von Programmen, Maßnahmen oder Interventionen sowie von Strategien ihrer Erfolgs- und Wirkungskontrolle (Gollwitzer & Jäger, 2009; Moosbrugger & Schweizer, 2002). Ganz allgemein könnte man behaupten, Evaluation sei die Festsetzung des Wertes einer ‚Sache' (Thierau & Wottawa, 2003).

Anwendungsbereiche

Die Anwendungsbereiche sind vielfältig und decken Forschungsbedürfnisse im Bildungs- oder Gesundheitswesen, in der Psychotherapie-/Psychiatrieforschung (Hager, Patry & Brezing, 2000) sowie in der Arbeits- und Organisationspsychologie ab. Sie stellt damit eine gesonderte Anwendung empirischer Forschungsmethoden zur Bewertung von Konzepten, Implementierungen und der Wirksamkeit entsprechender Maßnahmen dar. Prinzipiell evaluierbar sind einzelne Personen (z. B. Patienten, Therapeuten, Lehrer, Dozenten), Einrichtungen (z. B. Abteilungen, Fachrichtungen an einer Universität), Institutionen (z. B. Firmen, Unternehmen, Kliniken), Umweltfaktoren (z. B. Lärmeinflüsse, Stressfaktoren, Gesundheitsrisiken), Produkte (z. B. Lebensmittel, Luxusgüter, Medikamente), Techniken und Methoden (z. B. Fördermaßnahmen, Trainings-/Lehrmethoden, Lerntechniken, Behandlungsformen), Zielvorgaben und Zielvereinbarungen (z. B. Entwicklungspläne), Projekte und Programme (z. B. Aufklärungskampagnen), Systeme und Strukturen (z. B. Vergleich von Bildungssystemen, Studiengängen, Hochschulen) oder auch Forschungsvorhaben, Forschungsanträge und Forschungsgebiete. Für die Dokumentation von Evaluationsstudien gelten – bis auf wenige Ausnahmen – im Wesentlichen die Richtlinien der Gutachtenerstellung (**Kap. 2.9**).

Ebenso vielfältig wie die Anwendungsgebiete kann auch die Anzahl an Personen sein, die an Evaluationsprojekten beteiligt sind: Hier sind zunächst die Auftraggeber (*Projektträger*) zu nennen, die eine eingeleitete und finanzierte Maßnahme evaluieren lassen wollen und Hintergründe zu Ursache, Motivation und Erwartungen bezüglich der Maßnahme benennen können. Daneben sind die Fachvertreter (*Interventoren*), die die Maßnahme entwickelt und implementiert haben sowie für deren Umsetzung verantwortlich sind, zu befragen, ob Zwischenziele festgelegt wurden und welches (operationalisierbare) Gesamtziel angestrebt wird. Dann gibt es die Personengruppe, die von der Maßnahme direkt oder indirekt betroffen ist (*Zielpopulation*), die in Einzel- oder Gruppengesprächen zur (wahrgenommenen) Sinnhaftigkeit, Akzeptanz und Durchführbarkeit der Maßnahme interviewt werden sollten. Gegebenenfalls lassen sich dadurch auch Anpassungen hinsichtlich der Zielsetzung der Maßnahme einleiten. Darüber hinaus können Personen beteiligt sein, die die Maßnahme konkret umsetzen und/oder sich mit der empirischen Auswertung erhobener Daten beschäftigen.

Projektträger, Interventor, Zielgruppe

Auch Universitäten führen in jüngster Zeit Evaluierungen ihrer Fakultäten und Fächer durch. Dadurch sollen Qualität und Leistung in Lehre und Forschung verbessert werden. Diese Evaluierungen verlaufen zumeist mehrstufig, über eine interne Evaluierung (Selbstanalyse eines Faches, siehe das Beispiel „Lehrevaluation"), eine externe Evaluierung (Begutachtung durch ausgewiesene Experten oder Fachkollegen) sowie der Festlegung von Entwicklungszielen und weiterführenden Maßnahmen, die zwischen Fach, Fakultät und Universitätsleitung vereinbart werden.

Dazu bestimmen die Fakultäten einen Evaluierungsbeauftragten, dem die Durchführung der Fachevaluierung, insbesondere die Wahl geeigneter Evaluierungsinstrumente obliegt. Diese Arbeit wird zumeist durch weitere wissenschaftliche Mitarbeiter unterstützt. Die Ergebnisse der internen Bewertungen (von Professoren, Mitarbeitern, Studierenden und Absolventen des Faches) werden in einem internen Evaluierungsbericht gebündelt und der Fakultätssowie der Universitätsleitung vorgelegt. Insbesondere von den externen Gutachtern wird durch ein gesondertes Gutachten erwartet, dass sie die Stärken (bereits erreichte oder in Vorbereitung befindliche Entwicklungsziele) und Schwächen (Entwicklungslücken oder -rückstände) eines Faches aufzeigen. Daraus abgeleitete Verbesserungsvorschläge stellen schließlich die Grundlage für eine zusammenfassende Stellungnahme dar, die abschließend in einer Zielvereinbarung in konkrete (und in ihrer Umsetzung gegebenenfalls zeitlich befristete) Verbesserungsmaßnahmen umgesetzt werden. Nach Ablauf einer vereinbarten Frist kann sich daran eine erneute Evaluation anschließen, mittels derer die Zielerreichung überprüft wird.

Evaluator Dem *Evaluator* bzw. *Evaluierungsbeauftragten* kommt in diesem Kontext die besondere Ausgabe zu, die Bewertung einer Maßnahme fakten- und sachorientiert vorzunehmen und sicherzustellen, dass die erhobenen Auswirkungen und Veränderungen auch möglichst nur auf die zu evaluierende Maßnahme zurückzuführen sind (interne Validität). Ferner sollte sichergestellt werden, dass sich diese Befunde auf alle von der Maßnahme betroffenen Personen generalisieren lassen (externe Validität).

Evaluations- vs. Grundlagenforschung

Die Evaluationsforschung soll einerseits den gleichen wissenschaftlichen Kriterien genügen wie jedes empirische Forschungsprojekt, ist aber andererseits auch durch Besonderheiten gekennzeichnet (Bortz & Döring, 2006):

Auftragsforschung
- Sie stellt häufig eine *Auftragsforschung* (Drittmittelprojekt) dar. Dabei sind nicht selten die Auftraggeber auch die Geldgeber einer Evaluationsstudie.

- Zumeist handelt es sich dabei um einen komplexen Untersuchungsgegenstand, der nicht in allen Einzelheiten theoretisch aufgearbeitet ist. Damit erschwert sich hier auch die Kontrolle von Störbedingungen (z. B. durch Konstanthaltung oder Randomisierung).

- Um auch für ein nicht fachkundiges Publikum verstehbar zu sein, gelten dabei u. U. auch andere Regeln bei der Ergebnisdarstellung (insbesondere für statistische Fachausdrücke).

- Aus den Ergebnissen ist abzuleiten, welche Schlussfolgerungen und Entscheidungen daraus zu treffen sind (z. B. Maßnahme war erfolgreich/bedingt erfolgreich/nicht erfolgreich, sollte weitergeführt/verändert/abgebrochen werden). Im Idealfall sollte ein abschließender Projektbericht (solange die Evaluationsstudie nicht methodische Mängel aufweist) eine eindeutige Position beziehen (*Ratgeberpflicht* des Evaluators). Ist dies nicht möglich, sollten zumindest gefundene Schwächen und Stärken der Maßnahme eingehend geschildert, und möglichst mit den resultierenden Kosten und Nutzenaspekten in Zusammenhang gebracht werden.

- Entsprechend geht es um den Nachweis einer Effektivität, die sich nicht auf den (statistischen) Nachweis eines Treatmenteffekts beschränken kann, sondern weitere Nachweise der Relevanz und Auswirkungen des Effektes erfordert.

Das Erkenntnisinteresse bzw. die Evaluationsfrage ist somit auf den Erfolg oder Misserfolg einer Maßnahme beschränkt: Man würde daher von einem *gebundenen Forschungsziel* sprechen. Dabei wird die geplante oder durchgeführte Maßnahme (Intervention) begleitet. Die Verantwortlichen der Evaluation (*Evaluatoren*) legen Vorschläge vor, wie die Maßnahme bewertet werden soll (zumeist in einem zeitlich, finanziell, personell und institutionell beschränkten Rahmen). **gebundenes Forschungsziel**

Gelegentlich wird zusätzlich zwischen Evaluation und Evaluationsforschung unterschieden. Der Begriff Evaluation bezeichnet dann den eigentlichen Bewertungsprozess zum Wert einer Maßnahme, während mit Evaluationsforschung die Optimierung und empirische Überprüfung der Maßnahme bezeichnet wird.

Wertfreiheit vs. Parteilichkeit

Im Zuge dieser in Auftrag gegebenen Forschung stellt sich die Frage der *Wertfreiheit*. Damit verbunden ist der gelegentliche Vorwurf, Evaluationsforschung sei durch spezifische Interessen gesteuert, also auf gewünschte Ergebnisse angelegt. Damit ist gemeint, dass z. B. politisch-ideologische Positionen oder wirtschaftliche Interessen des Auftraggebers (oder auch des Evaluators) Einfluss auf das Ergebnis der Evaluation nehmen (können). Dieser Auffassung muss allerdings entgegengehalten werden, dass auch in der Evaluationsforschung wissenschaftliche Standards empirischer Forschung gelten und möglichen bestehenden Ergebnisinteressen von Auftraggebern nicht zu weichen haben (Deutsche Gesellschaft für Evaluation, 2008).

Ob demgegenüber die (reine) Grundlagenforschung von diesem Vorwurf allerdings wirklich befreit ist, sei dahingestellt. Grundlagenorientierte Forschung nimmt zwar für sich in Anspruch, nicht auf intendierte Forschungsziele fixiert zu sein (also eher ein *offenes Forschungsziel* zu verfolgen), allerdings bleibt auch Forschungsförderung trotz aller kreativen Ideen an den nachgewiesenen Erfolg (empirischer Evidenzen) und an eine Profilierung ihrer Beteiligten gebunden. Ein Unterschied zur angewandten Forschung besteht allerdings darin, dass der direkte Nutzen oder die Anwendungsmöglichkeiten der Erkenntnisse nicht direkt hinterfragt werden. Auch muss nach einer Grundla- **offenes Forschungsziel** genstudie nicht entschieden werden, wie mit einer empirisch geprüften Theorie umgegangen werden muss, wenn Teilbefunde für und andere gegen die Theorie sprechen. Dennoch können Erkenntnisse der Grundlagenforschung eine Basis für zu evaluierende Maßnahmen liefern. Hinsichtlich der ethischen Normen der Wissenschaft gelten daher die Ansprüche für Grundlagen- und Evaluationsforschung gleichermaßen.

Entscheidend kann in diesem Kontext daher nur die Nützlichkeit, Transparenz, Nachvollziehbarkeit und Kontrollierbarkeit der Untersuchungsberichte sein. Da Schlussfolgerungen aus Evaluationsstudien mit Entscheidungen und Konsequenzen verbunden sind, muss eine hohe interne Validität der Untersuchung gewährleistet sein. Während in der empirischen Grundlagenforschung Theorien und Modelle nicht mit einer einzigen Untersuchung als gültig angesehen werden, sondern nur in der metaanalytischen Gesamtschau vieler Einzelbefunde, muss in der Evaluationsforschung i. d. R. auf der Grundlage einer einzigen Untersuchung eine Entscheidung gefällt werden. Auf jeden Fall ist daher anzuraten, im Vorfeld eines Evaluationsprojektes nach Erkenntnissen aus der (Grundlagen-)Forschung zu recherchieren, die eine geplante Maßnahme als sinnvoll erscheinen lassen. Wie tragfähig Forschungs- oder Evaluationsergebnisse schließlich sind, kann aber letztlich nur die kritische Prüfung durch andere Forscher und Praktiker ergeben. Eine solche Ergebniskontrolle kann aber eingeschränkt sein, wenn Untersuchungsberichte (was bei Evaluationen nicht selten der Fall ist) vertraulich behandelt oder schlicht unter Verschluss gehalten werden.

Technologische vs. wissenschaftliche Theorien

Im Kontext von Evaluationsforschung werden gemäß unterschiedlicher, instrumenteller Funktionen wissenschaftliche von technologischen Theorien unterschieden (Hager, Patry & Brezing, 2000):

- Dabei stellen *wissenschaftliche Theorien* ein stringentes Gefüge von Annahmen (nomologische Aussagen) über Ursache und Wirkung eines Sachverhaltes oder Phänomens dar. Sie sollten widerspruchsfrei, präzise, sparsam und von möglichst großer Tragweite sein.

- Demgegenüber implizieren *technologische Theorien* Aussagen zur Gewinnung von praktisch anwendbaren, handlungsleitenden Regeln, die unter Verwendung von Resultaten wissenschaftlicher Theorien entstehen. Sie sollten praktisch, effizient, handlungsleitend und möglichst routinisiert sein.

Grundlagenforschung wäre demnach eher auf wissenschaftliche, Evaluationsforschung eher auf technologische Theorien ausgerichtet. Fördert die Grundlagenforschung gewisse Erkenntnisse zutage, können diese durch technologische Theorien aufgegriffen werden, um Maßnahmen zur Förderung oder auch Verhinderung eines Effektes zu evaluieren. Entsprechende theoretische Annahmen dieser technologischen Theorie zu verdichten, könnte dann Aufgabe der Interventionsforschung sein. Die damit verbundene Maßnahme und gegebenenfalls der Vergleich mit Alternativen würde über die Evaluationsforschung überprüft.

Die Psychologie liefert unterschiedliche theoretische Ansätze zum Begriff der Kompetenz und Instrumente zu deren Erfassung. Bei der Entwicklung von Kompetenz spielen dabei sowohl individuelle (z. B. Intelligenz, Persönlichkeit, Interesse, Leistungsmotivation) sowie strukturelle Variablen (z. B. zum Lernumfeld, Lehrkonzept, Art der Inhalte) eine wesentliche Rolle. Ein Anliegen könnte darin bestehen, die Entwicklung insbesondere wissenschaftlicher Kompetenz im Studium spezifisch zu fördern. Dazu werden entsprechende Fördermaßnahmen eingesetzt (die eigentliche Intervention) und hinsichtlich ihres Nutzens evaluiert.

Begleit- und Interventionsforschung

Die Evaluationsforschung ist typischerweise eine Form von *Begleitforschung*, mittels derer die Wirkung und Folgen einer Maßnahme oder Intervention überprüft wird. Dies schließt die Bewertung des Konzeptes, des Untersuchungsplans und die Implementierung der Maßnahme mit ein. Vorgeschaltet kann eine *Interventionsforschung* sein, die (auf der Basis einer technologischen Theorie) die Entwicklung einer Maßnahme oder Intervention zum Ziel hatte.

Die Grenzen zwischen beiden Bereichen sind zumeist fließend bzw. aufeinander aufbauend, da die Maßnahmenentwicklung und deren Implementation zumeist in einer Hand liegen. Dennoch sollten beide Phasen durch ihre Spezialisierung auf verschiedene Aufgaben und der damit verbundenen Expertise von Fachleuten klar differenziert bleiben.

Typisch für diese Art von Forschung ist, dass die Möglichkeit besteht, sich um ausgeschriebene Evaluationsprojekte zu bewerben, da häufig dafür öffentliche Mittel verwendet werden.

Therapieevaluation ist darauf ausgerichtet, die Vielzahl von Therapiearten unter Rückgriff auf psychologische Theorien und psychodiagnostische Messverfahren vergleichend gegeneinander abzugrenzen und hinsichtlich ihres Nutzens einzuschätzen. Im Vordergrund steht dabei der Versuch, unter Berücksichtigung klinisch relevanter Patientenmerkmale die Therapieform mit dem größten Nutzen und der höchsten Effektivität zu bestimmen. Dabei sind ebenso entstehende Kosten des jeweiligen Verfahrens zu berücksichtigen (**Kap. 8.1**).

3.2 Studienarten

Für Evaluationsstudien ist entscheidend, dass die mit einer Maßnahme zu erreichenden Ziele exakt beschrieben werden: Dies entspricht der Problempräzisierung bei wissenschaftlichen Studien. Die mit der Evaluation beauftragten Personen müssen zudem über ein für die Fragestellung angemessenes methodisches Wissen und Instrumentarium verfügen: Dies entspricht der empirischen Untersuchbarkeit bei wissenschaftlichen Studien. Eine Maßnahme rechtfertigt dann eine Evaluation, wenn die Konsequenzen von entsprechender gesellschaftlicher Tragweite sind: Dies entspricht der wissenschaftlichen Tragweite bzw. indirekt dem Geltungsanspruch bei wissenschaftlichen Studien. Ethische Kriterien gelten gleichermaßen auch für Evaluationsstudien. Diese können sogar schwerer wiegen, wenn zur Durchführung einer Evaluationsstudie ethisch bedenkliche Erfordernisse unvermeidbar scheinen: Diese können dann auch einen Ablehnungsgrund für die Übernahme bzw. Verantwortung der Evaluation darstellen.

Projektskizze Wird die Projektplanung fortgeführt, sollten die wichtigsten Bestandteile der Planung der Evaluationsstudie in einer Projektskizze niedergeschrieben werden. Daran orientiert sich auch die Recherche und Einarbeitung in einschlägige Forschungsergebnisse und die Suche nach Methoden (u. a. Erhebungstechniken, Messinstrumente, Stichprobenwahl, Untersuchungsdesign, Auswertungsverfahren), die sich eventuell schon in ähnlichen Evaluationsstudien bewährt haben. Nur mit Informationen zu den Erfordernissen, zur Art der Durchführung und den Zielen der Maßnahme kann es dem Evaluator gelingen, Aufbau und Ablauf des Unterfangens zu überprüfen und gegebenenfalls notwendige Korrekturen oder Anpassungen anzusprechen.

Summative oder formative Evaluation

Hypothesengenerierung vs. -prüfung Evaluationsstudien können (in seltenen Fällen) explorativ sein, sofern sie bezüglich unbekannter Untersuchungsgebiete erste Hypothesen generieren, zumeist sind sie aber hypothesenprüfend, da sie mit der

Prüfung von *Wirkhypothesen* (bezüglich einer Maßnahme) verbunden sind:

- Bei einer *summativen Evaluation* setzt die Hypothesenprüfung zu einem Zeitpunkt ein, nachdem die Maßnahme (Intervention) abgeschlossen wurde. Die Wirksamkeit der Maßnahme wird zusammenfassend bewertet. Die Evaluation kann sich dabei auf die Konzeption, auf die Durchführung, die Wirksamkeit oder die Effizienz der Maßnahme beziehen.

- Bei einer *formativen Evaluation* hingegen wird die Abwicklung (Implementation) und Wirkung der Maßnahme begleitend kontrolliert. Die Wirksamkeit der Maßnahme wird in regelmäßigen Abständen mit Zwischenresultaten festgestellt, u. a. auch mit dem Ziel, die laufende Maßnahme anzupassen bzw. zu optimieren. Die Auswirkungen der (neuen) Maßnahme werden dabei erkundet und analysiert. Begleitend können bei einer formativen Evaluation zusätzlich auch Interview- oder Beobachtungstechniken eingesetzt werden, um individuelle Eindrücke von Betroffenen über eine Maßnahme oder konkrete Auswirkungen für Betroffene zu verfolgen.

- Evaluationen müssen sich dabei nicht grundsätzlich auf Stichprobendaten beziehen, sondern können auch Einzelfälle betrachten, z. B. wenn sehr komplexe Wirkungen oder außergewöhnliche individuelle Nebeneffekte erwartet werden. Allerdings gilt bei solchen Fallstudien die interne und externe Validität als stark eingeschränkt bzw. schwer abschätzbar.

Prävalenz- und Inzidenzrate

Für *formative* Evaluationen können auf Stichproben basierende Populationsbeschreibungen notwendig sein, um die Notwendigkeit einer Maßnahme zu begründen. Über eine ermittelte *Prävalenz(rate)* wird angegeben, in welchem Ausmaß ein Sachverhalt (z. B. ein Problem oder Mangel) verbreitet ist. Über eine *Inzidenz(rate)* wird angegeben, wie sich Prävalenzen in einem zeitlich und örtlich begrenzten Raum verändern. Ziel dabei ist, die Verbreitung eines Phänomens abzuschätzen und die Definition der Zielpopulation zu erleichtern.

Für *summative* Evaluationen gelten hingegen die Regeln hypothesenprüfender Untersuchungen. Dies erfordert, dass die Themen ausreichend elaboriert sind, um spezifische Hypothesen (möglichst) mit Effektgrößen angeben zu können. Effektgrößen kommt in Evaluationsstudien insofern eine besondere Bedeutung zu, da nicht allein der statistische Nachweis, sondern ein Effekt in einer praktisch bedeutsamen Größenordnung das Zielkriterium darstellen muss. Gegebenenfalls muss deshalb zusammen mit Auftraggeber(n) und/oder Interventoren eine entsprechende (Mindest-)Zielgröße erarbeitet werden. Bei univariaten Wirkhypothesen dürfte dies bedingt durch ein singuläres Wirkkriterium einfacher sein als bei multivariaten Wirkhypothesen, bei denen ein Zusammenspiel verschiedener Wirkkriterien berücksichtigt werden muss.

Eine Sonderform im Kontext der Qualitätssicherung von Lehre stellt dabei die inzwischen an Universitäten häufig praktizierte Lehrevaluation dar. Bei dieser ‚Selbstanalyse' fehlt es für gewöhnlich an einer Kontrollgruppe, der Evaluationsaufwand ist vergleichsweise gering und betrifft zumeist nur einzelne Dozenten. In den meisten Fällen bestehen Lehrevaluationen allerdings aus Beurteilungen einzelner Lehrveranstaltungen durch Studierende. Dabei handelt es sich aber gerade um die Personengruppe, die selbst von der Maßnahme betroffen ist. Man unterstellt hier stillschweigend, dass Studierende über adäquate didaktische Maßstäbe, ausreichendes Wissen über Vermittlungstechniken, Kenntnisse zu den notwendigen Inhalten sowie den angestrebten Qualifikations- und Lernzielen (bzw. die Fähigkeit, einen erreichten Ist-Zustand mit den Zielvorgaben abzugleichen) besitzen. Gerade diese Expertise dürfte aber fehlen und gestaltet verwertbare Beurteilungen entsprechend schwierig. Daher kommt im Kontext solcher Beobachtungen von Lehrqualität (insbesondere didaktischer Maßnahmen und sozial-interaktiver Verhaltensweisen) theoretischen Modellen, daraus abgeleiteten Indikatoren mit entsprechenden Messinstrumenten und einem zusätzlichen Abgleich mit ergänzenden Determinanten (wie z. B. dem Studienerfolg) eine besondere Bedeutung zu (Souvignier & Gold, 2002, 2003).

Darüber hinaus können aber auch indirekte Indikatoren zur Beurteilung von Lehrqualität herangezogen werden: Nachfrage zum Lehrangebot seitens der Studierenden, der Teilnehmerschwund während eines Semesters, Umfang und Qualität bereitgestellter Lehr- und Lernmaterialien, Anzahl betreuter (Haus-/Projekt-/Abschluss-)Arbeiten. Schließlich können spezifische Kontextvariablen, wie Interesse am Thema, Motivation, Freiwilligkeit der Teilnahme, Zeitpunkt/Ort/Größe der Veranstaltung, oder die Notwendigkeit einer Prüfung am Ende der Veranstaltung Einfluss auf die Beurteilung nehmen bzw. mit dieser konfundiert sein.

Ein letzter kritischer Punkt bei Lehrevaluationen ist, dass sie häufig auf die Rückmeldung der Evaluationsergebnisse und damit auf die Feststellung eines Status quo beschränkt bleiben. Im Sinne einer qualitativen Verbesserung von Lehre sind allerdings Beratungs- und Weiterbildungsangebote sowie hochschuldidaktische Schulungsmaßnahmen eine wesentliche Konsequenz, um die Kompetenz von Dozenten zu verbessern. Sie sollten daher immer auch ein Ziel von Lehrevaluationen sein.

Untersuchungsdesigns

Für den Nachweis von durch Maßnahmen ausgelösten Effekten bedarf es einer (zufälligen oder natürlichen) Unterteilung der Teilnehmer in eine Experimental- und Kontrollgruppe. Kritische Versuchspläne entstehen, wenn sie als *Posttest-Eingruppen-Design* definiert sind. Da hier der Effekt der Maßnahme lediglich durch einmaliges Messen an der betroffenen Personengruppe festgestellt wird, ist die interne Validität eines solchen Designs stark eingeschränkt. Es kann nicht sichergestellt werden, dass die festgestellten Effekte zwingend auf die Maßnahme zurückzuführen sind. Auch über *Pretest-Posttest-Eingruppen-Designs* kann nicht ausgeschlossen werden, dass weitere zwischenzeitlich auftretende oder Retest-Effekte zu unkontrollierten Einflüssen auf die Maßnahme führen. Nur in einem Pretest-Posttest-Kontrollgruppen-Design (mit zusätzlicher Kontrollgruppe ohne Einfluss durch die Maßnahme) kann die interne Validität einer Evaluationsstudie gewährleistet werden. Darüber hinaus kann auch eine weitere, mit zeitlichem Abstand erfolgende dritte Erhebung (Follow-up) wünschenswert sein, um auch zeitlich verzögert eintretende Effekte überprüfen zu können. Damit resultiert dann ein *Pretest-Posttest-Follow-up-Kontrollgruppen-Design* (**Abb. 3.1**). Bei Merkmalen mit hoher Prävalenz (z. B. wenn alle Mitarbeiter eines Unternehmens von einer Maßnahme betroffen sind) oder auch resultierenden ethischen Problemen (z. B. bei einer neuen medizinischen Behandlungstechnik) kann die Realisierung eines solchen Designs aber problematisch bis unmöglich sein.

Experimental- vs. Kontrollgruppen

84 Evaluation

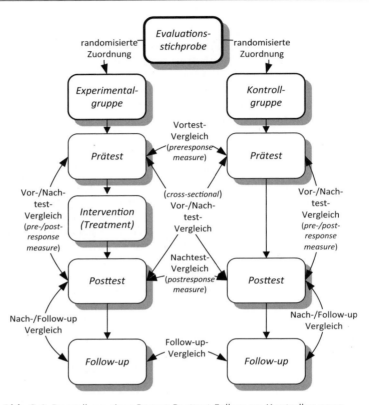

Abb. 3.1: Darstellung eines Pretest-Posttest-Follow-up-Kontrollgruppen-Designs und den Möglichkeiten statistischer Vergleiche zu den drei Messzeitpunkten

randomisierte Teilnehmerverteilung Idealerweise erfolgt die Verteilung der Untersuchungsteilnehmer auf Experimental- und Kontrollgruppe zudem randomisiert. Unterliegt die Zuweisung einem besonderen Selektionsprozess, sind alle potenziellen Variablen, die möglicherweise mit der Maßnahme als unabhängige Variable konfundiert und/oder mit der abhängigen Variablen korreliert sein können, mit zu erheben, um ihre Effekte später statistisch kontrollieren zu können. Diese zusätzliche Kontrolle von personenbezogenen Störvariablen ist vor allem bei quasi-experimentellen Evaluationsstudien geboten, bei denen vorgegebene (natürliche) Gruppen als Experimental- und Kontrollgruppe untersucht werden.

Da die Wirkung einer Maßnahme zumeist unter realen Bedingungen bzw. in echten Umwelten untersucht werden soll, sind experimentelle Laboruntersuchungen (trotz ihrer höheren internen Validität) bei Evaluationen eher selten die gewählte Untersuchungsform. Typischerweise sind Evaluationsstudien *quasi-experimentelle Feldstudien*, bei denen die geringere interne Validität zugunsten der höheren externen Validität in Kauf genommen wird.

Operationalisierung

Vorbereitend für eine Evaluationsstudie können explorative Methoden angemessen eingesetzt werden. Hierdurch kann eine Maßnahme oder ein Interventionsprozess erkundet und in seiner Wirkung eingeschätzt werden. Ziel dabei ist es, Wirkhypothesen zu formulieren, die relevanten Variablen zu identifizieren und diese zu operationalisieren. Eine Operationalisierung von Maßnahmewirkungen erfolgt analog zu einem Experiment, bei der zwischen AV (hier: die Wirkungsmessung einer Maßnahme) und UV (hier: die Maßnahme selbst) unterschieden wird.

Wie oben bereits erwähnt, gilt für die UV, dass sie nicht ausschließlich aus der zu evaluierenden Maßnahme (Experimentalgruppe) bestehen sollte, da so die in der AV festgestellte Merkmalsausprägung nicht kausal auf die Maßnahme zurückgeführt werden kann. Es bedarf daher einer *Kontroll- oder Vergleichsbedingung*. Auch muss über einen sogenannten *Manipulation Check* sichergestellt werden, dass die UV überhaupt in der dafür vorgesehenen Stichprobe realisiert ist, d.h. ob die Betroffenen überhaupt von der Maßnahme wissen. Neben dem (klassischen) Vergleich von Experimental- und Kontrollgruppe sind allerdings auch andere Designvarianten denkbar:

Manipulation Check

- eine mehrfache Anwendung der gleichen Maßnahme im Sinne einer Messwiederholung,
- eine künstliche oder natürliche Variation der Maßnahme (in Ausmaß, Intensität oder spezifischen Aspekten angepasste Variante),
- der Vergleich mehrerer Maßnahmen (vergleichende Evaluation) sowie
- der Vergleich mit einer statistischen Norm.

Durch die Operationalisierung der AV wird festgelegt, welche Wirkungsart in der Maßnahme erfasst werden soll. Die Maßnahmewirkung muss dabei auch für eine Kontrollgruppe sinnvoll überprüfbar sein. Auch hier muss in der Planungsphase final festgelegt werden, über welche Indikatoren die (relative) Maßnahmewirkung (Effektivität) erfasst wird.

Die Operationalisierung muss häufig erst über den Evaluator entwickelt werden, da die Auftraggeber zumeist nur (empirisch) diffuse Zielsetzungen formulieren, z. B. wissen zu wollen, ob die Maßnahme greift, den Erwartungen entspricht oder schlicht ‚machbar' ist.

3.3 Kosten-Nutzen-Analyse

Unabhängig von der relativen Effektivität einer Maßnahme ist für eine Evaluationsstudie entscheidend, dass der *Nutzen* im Vergleich zu den entstehenden *Kosten* analysiert und bewertet wird. Neben der Effektivität und dem Nutzen können zudem besondere Wertsetzungen (materieller oder ideeller Natur) durch die Auftraggeber eine Rolle spielen. Eine Verquickung dieser Beurteilungsdimensionen kann den Evaluator allerdings vor eine schwierige Aufgabe stellen, wenn sich dadurch die Beziehung zwischen Kriterium und Nutzen auf unbekannte Weise verschiebt. Ohne eine konkrete Nutzenfunktion bleibt nur, eine praktisch bedeutsame Effektgröße abzuschätzen und damit über den Erfolg oder Misserfolg der Maßnahme zu entscheiden. Nutzenfunktionen bleiben demgegenüber aber unerlässlich, wenn sich die Wirkung der Maßnahme nur multiattributiv (mit positiv und negativ wirkenden Kriterien, die jeweils eine eigene Nutzenfunktion definieren) beschreiben lässt. Lassen sich Einheiten einzelner Wirkkriterien in Einheiten der Nutzenskala transformieren, so können diese bei Vorgabe eines Mindestnutzens in eine Effektgröße des Wirkkriteriums umgesetzt werden.

Alternativ kann versucht werden, vor und während der Maßnahme Erfolgskriterien zu erheben, einschätzen zu lassen und schließlich daraus zu einer Wertsetzung zu gelangen. Dies kann dadurch geschehen, in dem von der Maßnahme betroffene Personen vor Durchführung der Maßnahme um die Angabe (subjektiv) wichtiger Ziele gebeten werden, die sie dann während oder nach der Maßnahme auf einer Ratingskala hinsichtlich ihrer Erreichung einschätzen. Aus einem Abgleich und der Aggregation formulierter Zielkriterien kann dann versucht werden, Indikatoren für den Nutzen der Maßnahme zu gewinnen.

Ausschöpfungsqualität Die exakte Definition der Zielpopulation, sowie die kontrollierte Ziehung einer Interventionsstichprobe daraus sind entscheidend für die Aussagekraft einer Evaluation. Die Praktikabilität einer Zielgruppendefinition kann gegebenenfalls vorab durch eine begrenzte *Machbarkeitsstudie (feasability study)* überprüft werden. Die Stichprobe muss dabei alle betroffenen Personen oder Objekte einer Maßnahme umfassen, die daran tatsächlich partizipieren. Durch die *Ausschöpfungsqualität (coverage efficiency)* kann abgeschätzt werden, wie gut eine Maßnahme die Zielpopulation erreicht (*min. A* = −100; *max. A* = 100):

$$A = 100 \cdot \left[\frac{n \text{ der erreichten Zielobjekte}}{n \text{ aller Zielobjekte}} - \frac{n \text{ der „unbefugten" Teilnehmer}}{n \text{ aller Teilnehmer}} \right]$$

Optimal ist die Ausschöpfungsqualität dann, wenn der Wert 100 erreicht wird. In diesem Fall werden alle Zielobjekte der Zielpopulation von der Intervention erreicht. Der Wert unterschreitet diese Marke, wenn nicht alle Zielobjekte erreicht werden und/oder wenn Personen an der Intervention teilnehmen, die eigentlich nicht vorgesehen sind. Ein Verlust an Ausschöpfungsqualität schränkt die externe Validität der Studie ein. Daher ist für den Erfolg einer Evaluationsstudie entscheidend, dass die Definition der Zielgruppe nicht nur praktikabel, sondern auch trennscharf (mit klaren Ein- und Ausschlusskriterien) vorgenommen wird.

Die Kinderserie „Sesamstraße" ist ein Beispiel schlechter Ausschöpfungsqualität, allerdings ohne negative Konsequenzen. Eigentlich für sozial und geistig retardierte Kinder entwickelt, wurde sie überwiegend von (unbefugten) normal entwickelten Kindern geschaut. Dies wirkte sich allerdings nicht verändernd auf die Programmgestaltung aus.

3.4 Stichprobenauswahl

Entscheidend für die Aussagekraft einer Evaluationsstudie ist die Stichprobenauswahl bzw. die Bestimmung der Zielobjekte. Dabei können die Zielobjekte, für die die geplante Maßnahme vorgesehen ist und die erhobene (Interventions-)Stichprobe, auch zusammenfallen. Die eigentliche Zielpopulation zu bestimmen gehört dabei nicht zu den Kernaufgaben der Evaluatoren, sondern sollte durch die Auftraggeber im Zuge der Intervention festgestellt werden. Dennoch muss sichergestellt werden, dass unter Verwendung von Ein-und Ausschlusskriterien die spezifizierten Zielpersonen auch (in ausreichender Zahl) zur Verfügung stehen; der Umfang der Erhebung kann dabei durch die entstehenden Kosten limitiert sein. Entscheidend ist aber, dass insbesondere heterogene Zielpopulationen größere Stichproben erfordern als homogene Zielpopulationen. Auch hier kann die Vorgabe von Effektgrößen die Festsetzung eines adäquaten Stichprobenumfangs erleichtern.

Evaluationsstichprobe Für eine summative Evaluation ist sicherzustellen, dass es sich um eine repräsentative Stichprobe handelt. Bei kleineren, abzählbaren Stichproben kann dies eine Vollerhebung bedeuten. Die *Evaluationsstichprobe* umfasst dabei alle Personen oder Objekte einer Maßnahme, die sowohl an der Intervention, als auch an der Evaluation teilnehmen. Liegt zudem eine Kontrollgruppe vor, ist diese zwar Teil der Zielpopulation, aber nicht der Interventionsstichprobe. (Natürliche) Kontrollgruppen können durch Teilnahme an einem Pre- und Posttest entstehen, aber nicht an der eigentlichen Intervention. Erstreckt sich die Intervention über einen längeren Zeitraum, ist ein (systematischer) Drop Out (*Panelmortalität*) in der Posttestphase zu kontrollieren. Ein Bias in den Resultaten ist dann nicht auszuschließen und muss gegebenenfalls kontrolliert werden.

3.5 Durchführung und Auswertung

Planungsschritte Für die Dokumentation fasst ein *Exposé* die Ergebnisse der Planung zusammen: Fragestellung, Untersuchungsart, Design, Wirkkriterien bzw. Indikatoren, Operationalisierung, Stichprobentechnik, Angaben zur Effektgröße, statistische Verfahren und die relevante Literatur. Abweichend von anderen empirischen Untersuchungen wird zudem häufig ein *Personalplan* benötigt, der die notwendigen Evaluatoren und gegebenenfalls weiteren Mitarbeiter auf die zu leistenden Teilaufgaben (auch entsprechend dafür erforderlicher Qualifikationen) verteilt. Auch ein *Arbeits(ablauf)-* bzw. *Zeitplan* sollte erstellt werden, um die notwendigen Arbeitsschritte und Teilabschnitte (auch Zwischenberichte bzw. Vorlage von Zwischenergebnissen) zeitlich zu fixieren. Schließlich muss für die Kalkulation des Aufwands ein *Finanzplan* vorgelegt werden, der die anfallenden Sach- und Personalkosten (auch Reisekosten oder andere Aufwendungen) zusammenstellt. Bei öffentlichen Ausschreibungen stellen diese Pläne – neben einer Kurzfassung – die Grundlage einer Antragstellung dar, die dann Ausgangspunkt einer persönlichen Präsentation sein können.

plangemäße Umsetzung Der Erfolg einer Evaluation hängt aber wesentlich davon ab, ob die Umsetzung der Maßnahme den planerischen Vorgaben auch folgt.

Konkrete Probleme entstehen, wenn die Interventionsziele verändert werden, die Maßnahme in der Zielpopulation keine Akzeptanz oder eine nur unbefriedigende Verbreitung findet, sich Teile die Zielpopulation während der Maßnahme erneuern oder ausgetauscht werden, sich finanzielle Engpässe einstellen oder hohe Ausfallraten zu beklagen sind. Auch sind Auswirkungen auf die Datengüte nicht auszuschließen, wenn Umgebungsbedingungen entstehen, die zu verfälschten Daten führen (soziale Erwünschtheit, Akquieszenz) oder sich Reaktanz (bis hin zur Untersuchungssabotage) einstellt. Diesen Störungen rechtzeitig entgegenzuwirken, liegt im Geschick der Evaluatoren.

Die Berichterstattung folgt im Wesentlichen den Vorgaben in Kapitel 2.9. Lediglich die fachwissenschaftlichen Formulierungen (z. B. statistische Fachausdrücke) sind gegebenenfalls der Zielgruppe anzupassen. Auch erwartet der Leser – im Gegensatz zu einem Bericht aus der empirischen Grundlagenforschung – eine möglichst eindeutige Stellungnahme zur Wirksamkeit der Maßnahme oder Intervention. Insbesondere bei dieser Art von Berichterstattung sollte eine Kurzfassung der wichtigsten Ergebnisse vorangestellt werden.

Berichterstattung

Zusammenfassung:
Zusammenfassend kann der wissenschaftliche Status von Evaluationsforschung nur gewährleistet werden durch: Konzeptualisierung der zentralen Merkmale der Maßnahme, Entwicklung technologischer Fragestellungen und Hypothesen, eine effektive Kontrolle der Implementation, Untersuchung des Transfers von Ergebnissen auf andere Stichproben, Analyse von Kausalinterpretationen der Effekte, entsprechende Kontrollgruppendesigns, statistische Kontrolle von Drittvariablen, Bestimmung von Effektgrößen, soziale Sensibilität in Bezug auf die Betroffenen, Transparenz und Nachvollziehbarkeit sowie Einhaltung ethischer Normen.

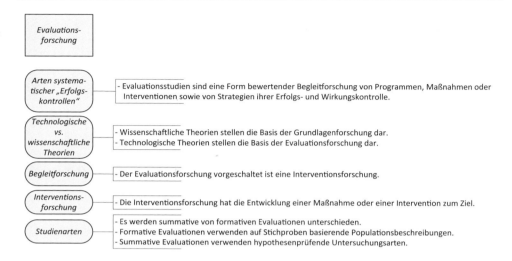

Abb. 3.2: Thesenhafte Zusammenfassung des 3. Kapitels

1. Was versteht man unter Evaluationsforschung?
2. Was unterscheidet technologische von wissenschaftlichen Theorien?
3. Was ist einer Evaluationsforschung vorgeschaltet?
4. Was unterscheidet summative von formativer Evaluation?
5. Was unterscheidet bei formativen Evaluationen die Prävalenz- von der Inzidenzrate?
6. Um welche Untersuchungsart handelt es sich bei Evaluationsstudien?
7. Was versteht man unter der Ausschöpfungsqualität?

4 Methoden der Datenerhebung

> Im Fokus dieses Kapitels stehen vornehmlich quantitative Methoden bzw. die Frage, auf welche Weise sich zu erhebende Merkmale operationalisieren und quantifizieren lassen. Zu diesen Methoden gehören das Zählen, das Beobachten, das Befragen, das Schätzen, das Testen oder allgemein das Messen.

4.1 Auszählen und Bilden von Indizes

Bei den sogenannten quantitativen Methoden stehen Aspekte der Operationalsierung und Quantifizierung erhobener Merkmale im Vordergrund. Dabei werden im Kontext einer empirischen Untersuchung häufig Kombinationen von Erhebungsarten verwendet (Bortz & Döring, 2006).

Auszählen

Als einfachste Form der Erhebung erscheint dabei das Zählen, bei der die Gleichheit von Ausprägungen bei Merkmalen vorausgesetzt wird, um sie als Häufigkeiten auszuzählen. Im Falle *qualitativer Merkmale* sind dabei *dichotome* von *polytomen* bzw. *kategorialen* Merkmalen zu unterscheiden. Die Merkmalsabstufungen können dabei entweder vorgegeben (natürlich) oder müssen erzeugt (künstlich) werden.

Entscheidend bei der Bildung von (Merkmals-)Kategorien sind dabei drei Kriterien: **Merkmalskategorien**

- *Genauigkeitskriterium.* Dabei wird vorausgesetzt, dass eine exakte Definition durch präzise Indikatoren vorliegt. Nur so kann entschieden werden, ob ein Merkmal vorhanden ist oder nicht und welcher Kategorie es demnach zuzuordnen ist.
- *Exklusivitätskriterium.* Ein Objekt darf nicht gleichzeitig mehreren Kategorien zugeordnet werden. Dies setzt voraus, dass sich Kategorien gegenseitig ausschließen.
- *Exhaustivitätskriterium.* Jedes Objekt sollte einer Kategorie zugeordnet werden können, damit die Beschreibung aller Merkmalsaus-

prägungen erschöpfend ist. Dabei kann es gelegentlich notwendig sein, eine Restkategorie „Sonstiges" oder „Anderes" einzuführen, die für sich genommen allerdings unbrauchbar ist, da hier unterschiedliche Merkmale zusammengefasst sein können; entsprechend sollte sie nur wenige Objekte umfassen.

Kategoriensystem Aus qualitativen Merkmalen können *Kategoriensysteme* zur Merkmalsbeschreibung entstehen (z. B. im Rahmen quantitativer Inhaltsanalysen). Dabei werden ausgezählte Merkmalskombinationen in Häufigkeits- oder Kontingenztafeln abgetragen, die darüber informieren, welche Merkmalskategorien oder auch Kombinationen besonders häufig auftreten. Mit Chi-Quadrat–Verfahren können statistische Hypothesen über ein- und mehrdimensionale Kontingenztafeln entschieden werden.

Im Falle *quantitativer* Merkmale werden *kardinalskalierte* Merkmale erwartet. Die Merkmalsausprägungen werden von einer *Urliste* (Auflistung aller individuellen Ausprägungen) in eine *Rohdaten-Datei* übertragen. Zur Betrachtung der Verteilungsform ist das Merkmal in Kategorien zu untergliedern, für die dann jeweils deren Häufigkeit ausgezählt wird. (Übliche Statistik-Software verwendet als Voreinstellung nicht immer die optimale Kategorienbreite, so dass besondere Eigenschaften der Verteilung auch verdeckt oder verzerrt werden können.) Bei Ausreißer- oder Extremwerten sollten zudem offene Randkategorien verwendet werden.

Indizes

Items und Scores Werden die Messwerte mehrerer Indikatorvariablen zusammengefasst, entsteht ein *Index*. Alternativ werden (im testdiagnostischen Kontext) Indikatorvariablen auch als *Items* bezeichnet (im experimentalpsychologischen Kontext würde man von *Stimulus* sprechen), deren Itemwerte zu *Skalenwerten* (*Score*) verrechnet werden. Aus der Menge von Items resultiert dann eine *Skala*.

Indizes werden im Unterschied zu Skalenwerten aber auch aus unterschiedlichen Merkmalen errechnet (z. B. soziale Schicht aus Ausbildung, Beruf und Einkommen oder sozio-ökonomischer Status, wobei die jeweiligen Indikatoren gewichtet sein können). Dabei ist deren Zeitabhängigkeit (Art der Indikatoren und deren Gewichtung) zu berücksichtigen. Von einem Index wird zudem auch im Zusammenhang mit standardisierten Werten (wie z. B. beim Body-Maß-Index, der sich aus dem Körpergewicht in kg, dividiert durch das Quadrat der

Körpergröße in m² ergibt und altersabhängig – nach Untergewicht, Normalgewicht, Übergewicht sowie Adipositas/Fettleibigkeit Grad I, II und III – klassifiziert ist) gesprochen.

Indizes können als Messwert unterschiedlich zusammengesetzt sein:

ungewichteter vs. gewichteter Index

- *Ungewichteter additiver Index/Skalenwert.* Nur bei Annahme gleicher Präzision, gleichem Gewicht und gleicher Bedeutung können Indikatorwerte addiert werden (*Summenscore*). Dies erlaubt Kompensationen, d. h. ein geringer Indikatorwert kann durch einen anderen hohen Indikatorwert kompensiert werden. Gleiches ergibt sich auch, wenn beispielsweise ein ungewichteter Mittelwert gebildet wird.

- *Multiplikativer Index.* Ist keine wechselseitige Kompensation von Indikatorwerten vorgesehen und müssen alle Indikatoren eine Mindestausprägung besitzen, sollten die Werte multiplikativ verknüpft werden. Dies erlaubt keine Kompensationen, d. h. ist einer der Indikatoren Null, ist auch der Index Null.

- *Gewichteter additiver Index.* Einzelne Indikatoren werden hier differenziert gewichtet. Dabei kann die Gewichtsbestimmung durch ein Experten-Rating entstehen (normativer Index) oder empirisch-analytisch bestimmt werden (empirischer Index).

Bei Gewichtungen gilt es, die relative Bedeutung einzelner Indikatoren festzustellen. Normative Indizes werden z. B. auch bei Durchschnittswerten ermittelt, wenn einzelne benotete Prüfungsleistungen mit dem Studienaufwand – z. B. angegeben in Leistungspunkten (*Credit Points*) – (multiplikativ) gewichtet und zu einer Gesamtnote addiert werden (ob die Vergabe der CPs dabei immer gerechtfertigt ist, sei dahingestellt). Eine Prüfungsleistung mit höherem Studienaufwand geht demnach stärker in die Gesamtnote ein, als eine Prüfungsleistung mit einem niedrigeren Studienaufwand. Bei multiplikativen Indizes muss zudem bestimmt werden, warum einzelne Komponenten der Berechnungen nicht kompensierbar sein dürfen. Ist z. B. eine Prüfung nicht bestanden (Benotung „nicht ausreichend"), wird auch kein Studienaufwand für diese Leistung verbucht, d. h. der Index ist dann Null.

normative Indexbildung

Bei der statistischen Indexbildung können Faktorladungen im Rahmen einer exploratorischen Faktorenanalyse Aufschluss über die Enge des Zusammenhangs von Indikatorvariablen und einem Faktor und damit ihres Gewichts geben. Die empirische Gewichtung entsteht,

statistische Indexbildung

wenn einzelne Indikatorvariablen faktorenanalytisch zu Faktoren zusammengefasst werden. Jede Variable besitzt danach eine Faktorladung (−1 bis +1), die als Gewichtungsfaktor dienen kann. Resultieren dabei mehrere substanzielle Faktoren, spricht dies für die Annahme eines mehrdimensionalen Merkmals. Gegebenenfalls müsste dann das Merkmal über zusätzliche gewichtete Indizes erfasst werden. Dabei entspricht jedes Gewicht der Ladungen der Indikatorvariablen auf dem jeweiligen Faktor.

Schließlich lassen sich alternativ über konfirmatorische Faktorenanalysen Gewichtungsfaktoren auf ihre Gültigkeit (Zusammenhänge zwischen manifesten Indikatorvariablen und latenten Variablen) prüfen. Empirische Gewichte können auch durch multiple Regression (Bedeutung von Indikatorvariablen für ein Kriterium) ermittelt werden. In diesem Kontext bieten sich auch β-Gewichte bei der multiplen Regression an, um die Relevanz verschiedener Indikatoren (Prädiktoren) für ein Kriterium zu bestimmen.

4.2 Rangbildung und Paarvergleich

Viele Untersuchungsgegenstände in den Human- und Sozialwissenschaften entziehen sich dem sogenannten M-K-S-System (Meter-Kilogramm-Sekunden), insbesondere wenn *Urteilsfähigkeiten* vorausgesetzt werden. Obwohl die Urteilsfähigkeit durchaus als eine Art ‚Messinstrument' gesehen werden kann, so stellt sich doch hier besonders das Problem der Störanfälligkeit. Diese Unsicherheiten beim menschlichen Urteilen gilt es – so gut wie möglich – zu kontrollieren (Bortz & Döring, 2006).

subjekt- vs. objektorientierte Schätzverfahren

Generell werden *subjektzentrierte Schätzverfahren* (Selbsturteile zu Einstellungen, Überzeugungen oder Persönlichkeit) von *objektzentrierten Schätzverfahren* (Fremdurteile in Form von Rangordnungen oder Paarvergleichen von Beobachtungsobjekten) unterschieden. Allerdings ist die Erfassung von Merkmalen auf der Grundlage persönlicher Urteile besonders anfällig für Störungen, Fehler und Verzerrungen. Andererseits hat jede Erhebungstechnik ihre Stärken und Schwächen, die von Art und Anzahl der Beobachtungsobjekte, der Dimensionen des Merkmals und der Differenzierungsfähigkeit der urteilenden Personen abhängt. Da jede Erhebungstechnik zudem spezifische Daten liefert, schränken sich damit auch die weiteren Verarbeitungsmöglichkeiten auf bestimmte statistische Verfahren ein. Die Wahl des Skalierungsmodells ist dabei immer inhaltlich zu begründen.

Rangordnung

Bei den Rangordnungsverfahren werden direkte Rangordnungen, von der Methode der sukzessiven Intervalle und der Skalierung nach dem *Law of Categorial Judgement* unterschieden.

Direkte Rangordnungen ordnen Objekte nach der (subjektiven) Stärke eines Merkmals unter Vergabe von Rangplätzen. Dabei bilden die ermittelten Rangwerte eine Ordinalskala. Neben diesen *einfachen* Rängen können Rang-Werte aber auch rechnerisch ermittelt werden, z. B. über *Savage*-Werte (auf der Basis der exponentiellen Verteilung, wobei der kleinste Rangfolgenwert in Abhängigkeit von der Gesamtanzahl etwas größer als 1 ist), *relative Rangfolgen* (ein Rangwert geteilt durch die Summe der Gewichtungen nichtfehlender Fälle) und *Prozentränge* (jeder Rangwert wird durch die Anzahl der Fälle mit gültigen Werten dividiert und mit 100 multipliziert). Auch die Bildung einer Rangfolge durch *Normrangwerte* (z-Werte, welche dem geschätzten kumulativen Anteil entsprechen) ist dabei möglich (vgl. Pospeschill, 2012).

direkte Rangordnung

Zur Behandlung verbundener Verbände (*ties*) – bei Objekten mit gleicher Merkmalsausprägung – existieren verschiedene Möglichkeiten. Hier kann entweder der *mittlere* Rang (z. B. in der Sequenz 10, 15, 15, 15, 16 erhalten alle Fälle mit dem Wert 15 den Rang 3), der *minimale* Rang (z. B. in der gleichen Sequenz erhalten alle Fälle mit dem Wert 15 den Rang 2) oder der *maximale* Rang (z. B. in der gleichen Sequenz erhalten alle Fälle mit dem Wert 15 den Rang 4) den gebundenen Werten zugewiesen wird (vgl. Pospeschill, 2012).

verbundene Ränge

Q-Sort-Verfahren

Bei der *Methode der sukzessiven Intervalle (Q-Sort-Verfahren)* sollen Objekte in Untergruppen sortiert und dann als Stapel in ihrem Ausprägungsgrad zugeordnet werden. Es entsteht eine Rangreihe (Häufigkeitsverteilung über geordnete Intervalle) bezüglich des untersuchten Merkmals. Die Merkmalsbeschreibungen können dabei vorgegeben sein, ebenso wie viele Objekte, die pro Stapel zugeordnet werden dürfen. Bei der Durchführung werden dem Probanden eine Reihe von Objekten vorgelegt, z. B. Bilder, Aussagen, die auf Karten geschrieben sind. Diese Karten sollen nun von ihm in mehrere Stapel sortiert werden und zwar so, dass diese möglichst gut ein Kontinuum approximieren, das z. B. von „völlige Zustimmung" bis „völlige Ablehnung" reicht. Außerdem wird vorher festgelegt, wie viele Karten pro Stapel zugeordnet werden dürfen. Meistens wird eine eingipflige, symmetrische Verteilung angestrebt, gelegentlich auch eine Rechteckverteilung, d. h. gleich viele Karten auf jedem Stapel. Zwischen den Objekten innerhalb einer Klasse, d. h. innerhalb eines Stapels, wird nicht mehr unterschieden. Beim Q-Sort-Verfahren können sehr viele Objekte skaliert (d. h. in eine Rangordnung gebracht) werden. Dabei sollten zwischen 60 bis maximal 140 Objekte verwendet werden, als Faustregel gelten zwischen 60 und 90 Objekte.

Dominanz-Paarvergleich

Der *Paarvergleich* gehört ebenfalls zu den *Rangordnungsverfahren*. Bei diesen sind die Versuchspersonen gehalten, eine vorliegende Anzahl von Objekten nach einem bestimmten Kriterium (oder Merkmal) zu ordnen, d. h. in eine Rangreihe zu bringen. Beim Paarvergleich wird jeder Stimulus mit jedem anderen Stimulus verglichen und entschieden, welcher der beiden das Merkmal in einem höheren Ausmaß besitzt (*Dominanz-Paarvergleich*). Bei n Stimuli müssen $n \times (n-1) / 2$ Urteile abgegeben werden (z. B. bei n = 10 insgesamt 45 Paarvergleiche).

indirekte Rangordnung   *Indirekte Rangordnungen* entstehen, wenn n Objekte paarweise verglichen werden. Wird den Häufigkeiten nach ihrer Größe eine Rangzahl zugeordnet, entsteht eine Rangordnung. Bei mehreren Urteilern entsteht eine gemeinsame Rangreihe durch Summation der individuellen Präferenzen. Eine Angabe, wie viele Urteiler ein Objekt einem anderen vorziehen, sollte dabei ebenfalls vorhanden sein. Problematisch können Paarvergleiche allerdings dann werden, wenn inkonsistente Rangordnungen, sogenannte *zirkuläre Triaden* oder *intransitive Urteile* entstehen.

Wird beispielsweise ein Objekt A einem Objekt B vorgezogen und dieses Objekt B einem Objekt C, dann sollte auch Objekt A gegenüber C vorgezogen werden. Ist dies nicht der Fall – Objekt C wird gegenüber A vorgezogen – resultiert ein intransitives Urteil.

zirkuläre Triade   Zirkuläre Triaden können dabei verschiedene Ursachen haben, z. B. wenn die Objekte nicht nur bezüglich eines Merkmals verglichen werden (mehrdimensionale Beurteilung), die Merkmalsdifferenzen sehr klein sind oder als sehr klein beurteilt werden (mangelnde Differenzierbarkeit), ein Unvermögen der Probanden im Hinblick auf eine konsistente Urteilsbildung vorliegt (unzureichende Beurteilungsfähigkeit) oder die Rangordnung mit mangelnder Sorgfalt (wechselnde Beurteilungsdimensionen) durchgeführt wird.

Die Frage, ob der Grad an Konsistenz oder der Anteil inkonsistenter Urteile möglicherweise rein zufällig entstanden sein könnte, kann auch inferenzstatistisch (gegen eine Zufallsbedingung) abgesichert werden (Bortz, Lienert & Boehnke, 2008). Gegebenenfalls lassen sich zirkuläre Triaden aber auch vermeiden, in dem die Ordnung aller Objekte in eine Rangreihe simultan vorgenommen wird, um daraus schließlich mittlere Ränge zu berechnen.

Konsistenz und Konkordanz

Konsistenz meint in diesem Zusammenhang die Widerspruchsfreiheit der Einzelurteile, die eine Person über ein Objekt abgibt. **Konkordanz** hingegen bezieht sich auf die Übereinstimmung von zwei oder mehreren Urteilern im Sinne einer Gesamtbeurteilung.

Law of Comparative Judgement

Besondere Datenerhebungsverfahren erlauben die Umrechnung ordinaler Werte in Intervalldaten nach dem *Law of Categorial Judgement* und dem *Law of Comparative Judgement* (Thurstone, 1927): Dabei werden ordinale Kategorien in relative Häufigkeiten umgerechnet (durch Division durch die Zahl der Beurteiler) und dann in z-Werte aus der Standardnormalverteilung umgewandelt. Durch die Bildung von Summen- und Mittelwerten stehen damit Werte für Empfindungsstärken zur Verfügung.

Umrechnung ordinaler in Intervalldaten

Ausgangspunkt des *Law of Categorial Judgement* ist die Auffassung von Thurstone, dass Einschätzungen von Personen zu Merkmalsausprägungen von Objekten einem Diskriminationsprozess unterliegen, der durch organismische Fluktuationen variiert. Die dadurch entstehende Verteilung von Empfindungsstärken folgt einer Normalverteilung. Diese Annahme soll auch gelten, wenn mehrere Personen ein Objekt beurteilen. Aus dieser Auffassung werden verschiedene Annahmen abgeleitet:

- Das Merkmalskontinuum lässt sich durch den Urteiler in ordinale Kategorien aufteilen.

- Die Grenzen zwischen den Kategorien schwanken um bestimmte Mittelwerte. Ebenso gibt es eine Zufallsschwankung bei der Beurteilung der Merkmalsausprägung eines Objekts.

- Die Wahrscheinlichkeit für die Realisierung einer bestimmten Kategoriengrenze und die Wahrscheinlichkeit für die Realisierung eines bestimmten Urteils folgen einer Normalverteilung.
- Werden Objekte durch mehrere Urteiler geordnet, entsteht für jede Rangkategorie eine Häufigkeit, die in relative Häufigkeiten transformiert werden können.
- Für die (kumulierten) relativen Häufigkeiten wird ein z-Wert ermittelt, daraus Spalten-/Zeilensummen und Spalten-/Zeilenmittelwerte ermittelt.
- Durch Addition des Betrags des größten negativen Wertes wird ein künstlicher Nullpunkt geschaffen und es entstehen (intervallskalierte) Skalenwerte.

$n=50$	\multicolumn{5}{c	}{URTEILSKATEGORIEN}	kum. Häufigkeit	\multicolumn{5}{c	}{URTEILSKATEGORIEN}
TRANSKRIPTE	1	2	3	4	5		1	2	3	4	5
A	2	8	10	13	17	A	0,04	0,20	0,40	0,66	1
B	5	10	15	18	2	B	0,10	0,30	0,60	0,96	1
C	10	12	20	5	3	C	0,20	0,44	0,84	0,94	1
D	15	20	10	3	2	D	0,30	0,70	0,90	0,96	1
E	22	18	7	2	1	E	0,44	0,80	0,94	0,98	1

rel. Häufigkeit	\multicolumn{5}{c	}{URTEILSKATEGORIEN}	z-Werte	1	2	3	4	\multicolumn{3}{c	}{AUSWERTUNG}
	1	2	3	4	5						SUMME	MITTELWERT	AUSPRÄGUNG
A	0,04	0,16	0,20	0,26	0,34	A	-1,75	-0,84	-0,25	0,41	-2,43	-0,61	0,94
B	0,10	0,20	0,30	0,36	0,04	B	-1,28	-0,52	0,25	1,75	0,20	0,05	0,28
C	0,20	0,24	0,40	0,10	0,06	C	-0,84	-0,15	0,99	1,55	1,55	0,39	-0,06
D	0,30	0,40	0,20	0,06	0,04	D	-0,52	0,52	1,28	1,75	3,03	0,76	-0,43
E	0,44	0,36	0,14	0,04	0,02	E	-0,15	0,84	1,55	2,05	4,29	1,07	-0,74
						SUMME	-4,54	-0,15	3,82	7,51			
						GRENZE	-0,91	-0,03	0,76	1,50		0,33	

Abb. 4.1: Emotionale Wärme von Therapeuten als Beispiel für das Law of Categorial Judgement. 5 Sitzungsprotokolle aus Therapien werden in 5 Rangkategorien von 1 „viel emotionale Wärme des Therapeuten" bis 5 „emotional sehr zurückhaltend" eingeschätzt. In der Tabelle links oben stehen die absoluten, links unten die relativen Häufigkeiten der 50 Beurteiler. Die Tabelle rechts oben zeigt die zeilenweise kumulierten relativen Häufigkeiten. In der Tabelle rechts unten wurden schließlich die z-Werte eingetragen, die die relativen Häufigkeiten (Flächenanteile) von der Standardnormalverteilung abschneiden. „Grenze" bezeichnet die Werte (Spaltenmittelwerte) für die Kategoriengrenzen, also –0,91 als Grenzwert der Kategorien 1 und 2, –0,03 als Grenzwert zwischen 2 und 3 usw. Die Merkmalsausprägungen ergeben sich aus der Differenz zwischen durchschnittlicher Kategoriengrenze (0,33) und Zeilenmittelwert. „Ausprägung" steht dabei für einen Skalenwert, als Differenz aus durchschnittlicher Kategoriengrenze (0,33) und jeweiligem Zeilenmittelwert. Wird der kleinste Skalenwert (–0,74) addiert, entsteht ein künstlicher Nullpunkt.

Diese Umrechnung ordinaler Informationen in intervallskalierte Daten setzt allerdings voraus, dass die Urteilsvorgänge in der Weise der Modellannahmen ablaufen (**Abb. 4.1**). Liegen Objekte mit extremen Merkmalsausprägungen (z. B. einer Verletzung der Normalverteilung) vor, werden hohe Ausprägungen eher unterschätzt, niedrige Ausprägungen eher überschätzt. Dennoch sind die Einflüsse durch nicht-normale Empfindungsstärkeverteilungen eher gering.

n=30	Deutsch	Mathematik	Englisch	Sport	Musik
Deutsch	-	10	12	24	22
Mathematik	20	-	24	26	23
Englisch	18	6	-	19	20
Sport	6	4	11	-	14
Musik	8	7	10	16	-

Objekt A (Spalten), Objekt B (Zeilen)

rel. Häufigkeit	Deutsch	Mathematik	Englisch	Sport	Musik
Deutsch	-	0,33	0,40	0,80	0,73
Mathematik	0,67	-	0,80	0,87	0,77
Englisch	0,60	0,20	-	0,63	0,67
Sport	0,20	0,13	0,37	-	0,47
Musik	0,27	0,23	0,33	0,53	-

z-Werte	Deutsch	Mathematik	Englisch	Sport	Musik
Deutsch	0	-0,44	-0,25	0,84	0,61
Mathematik	0,44	0	0,84	1,13	0,74
Englisch	0,25	-0,84	0	0,33	0,44
Sport	-0,84	-1,13	-0,33	0	-0,07
Musik	-0,61	-0,74	-0,44	0,07	0
Summe	-0,76	-3,15	-0,18	2,37	1,72
Mittelwert	-0,15	-0,63	-0,04	0,47	0,34
Skalenwert	0,48	0	0,59	1,10	0,97

Abb. 4.2: Präferenzen von Unterrichtsfächern als Beispiel für das Law of Comparative Judgement. 30 Personen geben in einem Paarvergleich Präferenzen für 5 Unterrichtsfächer an. Die Dominanzmatrix links oben zeigt an, wie häufig die in der Spalte benannten Fächer über die in der Zeile benannten Fächer dominieren. Die Tabelle links unten zeigt die relativen Häufigkeiten. In der rechten Tabelle wurden schließlich die z-Werte eingetragen, die sich für die relative Häufigkeiten (Flächenanteile) aus der Standardnormalverteilung ergeben. Die diagonalen Elemente werden Null gesetzt. Diese z-Werte werden addiert und gemittelt. Wird der kleinste Mittelwert (−0,63) auf alle Mittelwerte addiert, so entsteht eine Intervallskala mit (künstlichem) Nullpunkt.

Dem *Law of Comparative Judgement* liegt die gleiche Annahme einer Beurteilungsfluktuation bei wiederholter Beurteilung einer Merkmalsausprägung zugrunde. Auch hier wird eine Empfindungsstärkeverteilung angenommen, die um den wahren Wert normalverteilt ist. Jedes Urteil ist somit eine normalverteilte Zufallsvariable (**Abb. 4.2**).

Ähnlichkeits-Paarvergleich

Ähnlichkeits-Paarvergleiche erfordern unspezifische Ähnlichkeitsurteile zwischen zwei Objekten. Dabei werden keine bestimmten Merkmale vorgegeben. Allerdings fällt ein solches Urteil Probanden i. d. R. schwerer als ein Dominanz-Paarvergleich. Als Messskala kommen dabei entweder eine *gestufte Ratingskala* (sehr ähnlich – ähnlich – weder ähnlich noch unähnlich – unähnlich – sehr unähnlich) oder eine *Analogskala* (kontinuierliche Linie mit den Endpunkten ‚äußerst unähnlich' und ‚äußerst ähnlich') zur Anwendung.

Multidimensionale Skalierung

Zur Ermittlung von *Urteilsdimensionen* auf der Grundlage z. B. von Ähnlichkeits-Paarvergleichsdaten werden Verfahren der *Multidimensionalen Skalierung* (MDS) eingesetzt. Bei dem Verfahren werden Reaktionen (spezifische Wahrnehmungen oder Beurteilungen) von Probanden auf bestimmte vorgegebene Stimuli oder Objekte erhoben (Kruskal, 1964; Torgerson, 1958). Dabei stellt man sich den Wahrnehmungs- bzw. Beurteilungsprozess als eine Abbildung der Stimuli in einem mehrdimensionalen Raum vor. Mit dem Verfahren soll zum einen erkennbar werden, welche Stimuli von den Probanden als dicht beieinander liegend eingeschätzt werden, zum anderen soll versucht werden, Informationen über die Achsen dieses Raumes zu gewinnen. Die Achsen repräsentieren die Eigenschaften, welche die Probanden bei ihren Reaktionen auf die Stimuli zugrunde legen. Bewusst wird bei der MDS i. d. R. auf eine Vorgabe von Merkmalen der Stimuli verzichtet. Werden Merkmale vorgegeben, besteht die Gefahr, dass Probanden in einer Nichtbefragungssituation die Stimuli nach anderen Aspekten beurteilen als bei einer mehr oder weniger künstlich empfundenen Befragungssituation. Ähnliches trifft auch zu, wenn Probanden die Merkmale selber nennen sollen, nach denen sie vorgelegte Stimuli beurteilen. Deshalb werden bei der MDS von den Probanden lediglich *Ähnlichkeits- oder Unähnlichkeitsaussagen* (Distanzen) gefordert und es bleibt zunächst offen, nach welchen Merkmalen sie ihre Beurteilungen vorgenommen haben (Backhaus, Erichson & Plinke 2008; Wentura & Pospeschill, 2013).

metrische vs. nicht-metrische MDS Bei den verschiedenen Verfahren wird zwischen *metrischer* und *nicht-metrischer MDS* unterschieden, wobei der Unterschied im Skalenniveau der Daten liegt: Bei der metrischen MDS sind es *Distanzen* (Daten auf Intervallskalenniveau), bei der nicht-metrischen MDS *Ähn-*

lichkeiten (Daten auf Ordinalskalenniveau). Diese Unterscheidung ist allerdings nicht ganz korrekt, da auch bei der metrischen MDS Ähnlichkeitsmaße als Daten verwendet werden können. Der entscheidende Unterschied liegt darin, dass bei der metrischen MDS Ähnlichkeitsdaten in Distanzen transformiert werden, d. h. es wird explizit ein funktionaler (*linearer*) Zusammenhang zwischen Ähnlichkeiten und Distanzen festgelegt, während bei der nicht-metrischen MDS lediglich vorausgesetzt wird, dass zwischen der Ähnlichkeitsrangordnung von Stimuluspaaren und ihren Distanzen im Raum ein *monotoner* Zusammenhang besteht. Für eine MDS können *Individualdaten* verwendet werden, d. h. die zugrunde liegende Ähnlichkeitsmatrix bezieht sich auf das Urteil einer Person oder auf aggregierte Daten, die Durchschnittsurteile über mehrere Personen darstellen. Möglich ist auch ein Vergleich der Urteile verschiedener Personen.

Die Zielsetzung der nicht-metrischen MDS besteht zusammengefasst darin, eine *Objektkonfiguration* zu bestimmen, und zwar in einem Raum möglichst niedriger Dimension. Unter einer Objektkonfiguration sind dabei einfach die Koordinaten der Objekte (oder Stimuli) im gewählten Raum zu verstehen. Mit einer anschließenden Interpretation dieses Raumes kann versucht werden, Informationen über den Wahrnehmungs- und Beurteilungsraum der Probanden zu gewinnen. Das Ziel der nicht-metrischen MDS ist somit eine Punktekonfiguration, die so geartet ist, dass zwischen den Objektdistanzen und den empirisch ermittelten Unähnlichkeiten eine monotone Beziehung besteht.

Objektkonfiguration

Das Verfahren beginnt dazu mit einer beliebigen Startkonfiguration der untersuchten Objekte und verändert diese schrittweise solange, bis die Rangreihe der Distanzen zwischen den Punkten in der Punktekonfiguration mit der Rangreihe der empirisch gefundenen Unähnlichkeiten möglichst gut übereinstimmt. Zur Bestimmung der Güte gibt es entsprechende Maßzahlen (*Stresswerte*). Die Interpretation der gefundenen (intervallskalierten) Dimensionen erfolgt anhand von Kennwerten (Ladungen), welche die Bedeutsamkeit der Urteilsdimensionen für die untersuchten Objekte charakterisieren (Pospeschill, 2012). Fünf Probleme sind bei der multidimensionalen Skalierung kritisch:

1. *Lokale vs. globale Minima.* Dabei handelt es sich um ein algorithmisches Problem, das darin besteht, dass anstelle des absoluten Stressminimums nur ein lokales Minimum gefunden wird. Um lokale Minima zu vermeiden, kann z. B. mit verschiedenen zufälligen Startkonfigurationen gearbeitet und schließlich diejenige mit dem kleinsten Stress gewählt werden. Bei euklidischer Metrik

können dazu allerdings mindestens 20 Startkonfigurationen erforderlich sein, bei nicht-euklidischer sogar mehr. Als überlegen haben sich Startkonfiguration erwiesen, die aus der metrischen MDS bestimmt werden; allerdings sind diese bei nicht-euklidischer Metrik nicht unproblematisch.

2. *Degenerierte Objektkonfigurationen.* Als degeneriert werden Konfigurationen bezeichnet, bei denen die wahre Konfiguration Cluster von Objekten enthält, die so gestaltet sind, dass die MDS die Objekte innerhalb der Cluster praktisch nicht mehr unterscheiden kann. Das führt dann zu Stresswerten, die nahe Null liegen. Ein Symptom für degenerierte Lösungen ist eine geringe Anzahl verschieden großer Distanzen relativ zur Gesamtzahl der Distanzen. Als vorbeugende Maßnahme gegen degenerierte Lösungen wird vorgeschlagen, keine MDS durchzuführen bei Objekten, die in wenige kompakte Cluster fallen und deren Anzahl klein ist relativ zur gewählten Dimension.

3. *Interpretation der Stresswerte.* Die Bewertung von Stresswerten (0,1 – 0,2 ‚mäßig'; 0,05 – 0,1 ‚gut'; 0,02 – 0,05 ‚ausgezeichnet'; 0 ‚perfekt') ist nur eine grobe Faustregel. Eine inferenzstatistische Absicherung ist allerdings nicht möglich, da die Stichprobenverteilung der Stresswerte unter einer Nullhypothese nicht bekannt ist. Problematisch ist vor allem die Formulierung einer geeigneten Nullhypothese.

4. *Dimensionsproblem.* Beim Dimensionsproblem geht es um die Frage, wie viele Dimensionen für die Skalierung herangezogen werden sollen oder müssen. Aus Gründen der Anschaulichkeit beschränkt man sich in der Praxis bei den meisten Anwendungen auf maximal drei Dimensionen. Immerhin ist dabei noch eine Entscheidung zwischen zwei und drei Dimensionen zu fällen.

5. *Interpretationsproblem.* Statt einer phänomenologischen Deutung von Dimensionen durch den Forscher ist eine hypothesengeleitete bzw. hypothesentestende Interpretation zu empfehlen. Allerdings kann hierzu eine zusätzliche Datenerhebung bei den Probanden bezüglich jener Merkmale, auf die sich die Hypothesen beziehen, notwendig sein.

Individual Differences Scaling (INDSCAL)

Beim *Individual Differences Scaling* (Carroll & Chang, 1970) wird der Frage nachgegangen, wie stark ein Urteiler eine bestimmte Urteilsdimension im ‚psychologischen Raum' gewichtet. Dazu ermittelt das Verfahren neben der für alle Urteiler gültigen Reizkonfiguration (wie bei der MDS) einen individuellen Satz von Gewichten (pro Beurteiler) der die relative Gewichtung der Urteilsdimensionen wiedergibt. Damit lässt sich angeben, wie stark ein Beurteiler bestimmte Beurteilungsdimensionen berücksichtigt und damit zur Streckung (bei starker Berücksichtigung) oder Stauchung (bei schwacher Berücksichtigung) einzelner Dimensionen beiträgt. Bei Nichtbeachtung einer Dimension ist das Gewicht entsprechend Null (**Abb. 4.3**).

Ausgangsmaterial sind auch hier Ähnlichkeitsdaten aus Paarvergleichen, mittels derer bestimmte Objekte verglichen wurden. Dabei liegt die Annahme nahe, dass einzelne Beurteiler bestimmten Dimensionen eine größere Relevanz zuordnen als anderen Dimensionen. Gegebenenfalls sind aber auch Beurteiler zu ermitteln, die alle Dimensionen gleich oder keine der Dimensionen in die Beurteilung einfließen lassen. Diese unterschiedlichen Beurteilertypen können ermittelt werden.

104　Methoden der Datenerhebung

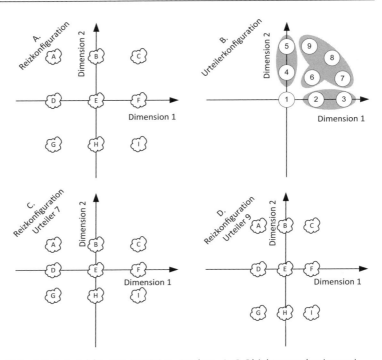

Abb. 4.3: Beispiel für eine INDSCAL-Analyse. A. 9 Objekte werden in zwei Dimensionen abgebildet. B. Die Urteilerkonfiguration zeigt, wie einzelne Urteiler die beiden Dimensionen gewichten. Bei Urteiler 2 und 3 wird nur die erste, bei Urteiler 4 und 5 nur die Dimension beachtet. Die Urteiler 7, 8 und 9 berücksichtigen hingegen beide Dimensionen. Für den Urteiler 1 schließlich spielen diese Dimensionen offensichtlich keine Rolle oder er hat zufällige Urteile abgegeben. C./D. Die Reizkonfigurationen der Urteiler 7 und 9 unterscheiden sich hinsichtlich der Dehnung bzw. Stauchung der beiden Dimensionen.

4.3 Ratingskalen

Bei Ratingskalen handelt es sich um Beurteilungsskalen, bei denen unter Bezug auf eine Aussage eine (subjektive) Einschätzung gegeben werden soll. Als Synonyme werden auch die Bezeichnungen Schätzskala, Einschätz(ungs)skala oder Einstufungsskala verwendet. Die Beurteilung wird dabei entweder auf einer gestuften Skala oder einer analogen Skala (ohne Abstufungen) vorgenommen (vgl. Pospeschill, 2010).

Ratingverfahren sind sowohl bei der *Selbsteinstufung* als auch bei der *Fremdeinstufung* verwendbar. Die Ratingtechnik wird u. a. bei der Einstellungs-, Meinungs- und Imagemessung, bei der Beurteilung von Personal, der Kooperationsfähigkeit, der Attraktivität oder bei der Persönlichkeitsmessung verwendet. Bei Verwendung einer Ratingskala werden Probanden gebeten, einen Stimulus gemäß ihrem subjektiven Urteil einer Anzahl fest vorgegebener Kategorien bzw. einem Kontinuum zuzuordnen. Die Kategorien müssen eindeutig geordnet sein, i. d. R. werden sie verbal beschrieben und/oder durch Zahlen charakterisiert. Typische Differenzierungen von Ratingskalen sind (s. **Abb. 4.4**):

Selbst- vs. Fremdeinstufung

- *Forcierte vs. unforcierte Skalen.* Unforcierte Ratingskalen besitzen eine ungerade Zahl von Kategorien (mit einen Mittelpunkt als mittlere Merkmalsausprägung), während forcierte Ratingskalen eine gerade Zahl von Kategorien (ohne Mittelpunkt) aufweisen.

- *Bipolare vs. unipolare Skalen.* Während bipolare Skalen zwei Pole (einen für die größte Zustimmung und einen für die größte Ablehnung) besitzen, weisen unipolare Skala zwei Bezugspunkte größter und geringster Intensität auf.

- *Balancierte vs. unbalancierte Skalen.* Bei balancierten Skalen handelt es sich um symmetrische Skalen mit gleicher Kategorienzahl für Zustimmung und Ablehnung, bei unbalancierten Skalen hingegen um asymmetrische Skalen, bei denen einer der Bereiche gegenüber dem anderen stärker ausdifferenziert wird.

- *Numerische, verbale* oder *grafische Skalen.* Numerische Skalen verwenden Zahlen zur Intensitätsabstufung, verbale Skalen Worte oder Sätze und grafische Skalen konkrete oder abstrakte Symbole. Eine Kombination der verschiedenen Darstellungsarten ist möglich. Verbale Skalen können zudem die Extrempositionen auch mit beispielhaften Formulierungen versehen (Skalenverankerung durch Fallbeispiele).

106 Methoden der Datenerhebung

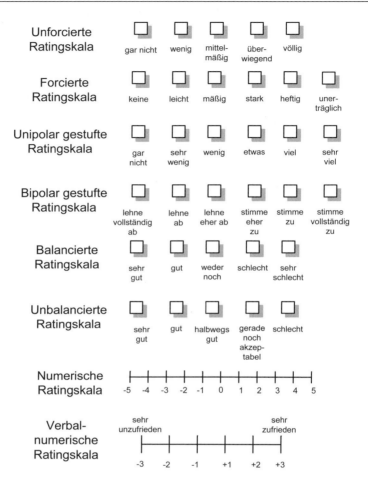

Abb. 4.4: Ausgewählte Beispiele für verschiedene Ratingskalen (Erklärung im Text)

Anzahl von Rating-stufen

Die Anzahl der Kategorienstufen bei Ratingskalen zeigt wesentliche Abhängigkeiten von der Diskriminationsfähigkeit der Probanden und der Differenzier- bzw. Messbarkeit des Sachverhaltes. Eine zu grobe Unterteilung kann daher zu einem Informationsverlust, eine zu feine Unterteilung zu einer Scheininformation führen. Als Empfehlung gelten sieben Abstufungen als guter Kompromiss. Dabei würde man bei statistischer Analyse einer einzelnen Ratingskala diese Empfehlung eher um zwei weitere Einheiten erweitern (9 ± 2 Skalenstufen), bei der Verrechnung von Items zu Skalenwerten hingegen ist es möglich, die Einheiten auch um zwei zu verringern (5 ± 2 Skalenstufen). Einen generellen Reliabilitäts- und Validitätsgewinn nur durch eine gesteigerte Zahl von Skalenstufen kann man nicht erwarten. Vielmehr sollte die Wahl der Stufen adäquat für die gewünschte Messung und die avisierten Beurteiler sein.

Eine ungerade Anzahl von Kategorien ergibt einen Mittelpunkt bei der Skala (unforciertes Rating), der als *neutrale Position* (‚weder noch', ‚unentschieden') aufzufassen ist, aber nicht Unwissenheit oder eine Art Rückzugsposition ausdrücken sollte. Eine gerade Anzahl von Kategorien (forciertes Rating) hingegen verzichtet auf einen solchen Mittelpunkt und erzwingt ein Urteil. Bei einer ungeraden Kategorienanzahl sollte eine Ausweichkategorie in Erwägung gezogen werden, die optisch von den übrigen Kategorien getrennt und verbal mit ‚weiß nicht', ‚nicht anwendbar' o. Ä. etikettiert wird. Nur so kann eine Unterscheidung zu echt neutralen Positionen hergestellt werden. **unforciertes vs. forciertes Rating**

Zur Frage des Skalenniveaus von Ratingskalen gibt es keine generalisierbare Aussage. Da es sich bei der Ratingtechnik um eine Einzelreizmethode handelt, lässt sich der Skalentyp nicht direkt bestimmen. Messtheoretisch betrachtet erfüllen Ratingskalen die Voraussetzung eines Intervallskalenniveaus nicht, dennoch werden sie praktisch häufig so behandelt, um entsprechende parametrische Testverfahren anwenden zu können. **Skalenniveau von Ratingskalen**

Setzen statistische Tests ein bestimmtes Skalenniveau voraus?

Die Behauptung, parametrische Tests (wie z. B. *t*-Test oder Varianzanalyse) setzten intervallskalierte Daten voraus, stimmt in dieser Formulierung *nicht*. Die Skaleneigenschaften werden durch die Tests nicht festgelegt, sondern es sind mathematisch-statistische Eigenschaften, wie die (Normal-)Verteilung, die Unabhängigkeit und Homogenität von Fehlerkomponenten. Die Frage, ob verschiedene Zahlenwerte auch unterschiedliche Ausprägungen des untersuchten Merkmals widerspiegeln, ist ein *mess*theoretisches Problem, kein *statistisches* Problem (vgl. Gaito, 1980; Townsend & Ashby, 1984). Die Skalenqualität von Daten wird erst dann bedeutsam, wenn sich statistische Maße (wie Mittelwerte und Varianzen) sinnvoll interpretieren lassen können (**Kap. 2.6**). Simulationsstudien haben gezeigt, dass parametrische Verfahren (relativ) robust gegenüber variierenden Intervallgrenzen sind, z. B. bei breiteren Extrem- vs. engeren Mittenbereichen (wie bei klassischen Intelligenztests häufig zu beobachten) oder nicht-balancierten Skalen (bei Beurteilungsskalen oder Einstellungsmessungen), bei denen häufig nur eine Seite der Skala intervallskaliert ist (Baker, Hardyck, & Petrinovich, 1966). Allerdings besitzen Simulationen dieser Art nur eine bedingte Aussagekraft, solange das Ausmaß der Skalendeformationen nicht klar definiert ist. Die Robustheit ändert auch nichts an dem Umstand, dass sich statistisch bedeutsame Mittelwertunterschiede nicht sinnvoll interpretieren lassen, wenn das Merkmal mit einer Skala gemessen wurde, deren Intervallgrößen beliebig variieren. In der Folge sind die Skalenqualität und die damit verbundene Interpretierbarkeit der Messung in jeder konkreten Untersuchungssituation neu zu begründen. Ein Hauptaspekt des Problems bei einer numerischen und/oder verbalen Verankerung von Rating-Skalen ist die Frage der Äquidistanz der Kategorien, da nicht ohne Weiteres sichergestellt ist, dass Probanden die einzelnen Kategorien als gleichabständig empfinden. Dass die zugeordneten Zahlen gleiche Abstände aufweisen, darf darüber nicht hinwegtäuschen. Äquidistante Skaleneinheiten sind jedoch eine Voraussetzung, um mit Rating-Skalen erzielte Messwerte als intervallskaliert betrachten zu können. Ein spezielles Problem taucht bei bipolaren Skalen auf, wie sie z. B. beim Semantischen Differential Verwendung finden. Die formulierten Gegensatzpaare müssen von den Probanden auch semantisch als solche empfunden werden, sonst liegen ungleiche Abstände zum (neutralen) Mittelpunkt der Skala vor, was zu nicht äquidistanten Skalenkategorien führt. Weitere Aspekte betreffen die Einheit und den Ursprung bei der Konstruktion einer Rating-Skala. Um auch extreme Merkmalsausprägungen (als Gegenmaßnahme zu *Ceiling- oder Floor-Effekten*) korrekt einstufen zu können, sollten im Idealfall sämtliche Untersuchungsobjekte bekannt sein. Schließlich spielt die Verteilung der untersuchten Objekte eine Rolle. Die Wahrscheinlichkeit intervallskalierter Urteile auf der Basis von Rating-Skalen wird erhöht, wenn die Objekthäufigkeiten auf beiden Seiten der Skala symmetrisch und im Mittenbereich gehäuft (möglichst mit zusammenfallendem Mittelwert und Median) sind.

Fehlerquellen Berücksichtigt werden sollten typische Fehlerquellen, welche die Reliabilität von Messungen mittels Ratingskalen einschränken können (**Kap. 4.5**):

- Beim *Halo-Effekt* werden positive oder negative Gesamturteile unbesehen oder unbemerkt auf die Bewertung einzelner Eigenschaften übertragen.

- Der *Milde-Effekt* ist durch ein Vermeiden von Extremantworten und eine *Tendenz* zur Mitte gekennzeichnet (↔ *Härte-Effekt* tritt seltener auf).

- Der *Normanpassungs-Effekt* (*soziale Erwünschtheit*) besteht darin, dass Eigenschaften oder Meinungen, die in der Gesellschaft als positiv eingestuft werden, beim Rating ebenfalls bevorzugt als positiv deklariert werden. Analoges gilt für negativ bewertete Eigenschaften oder Meinungen.

- Die *Rater-Ratee-Interaktion* beschreibt Urteilsverzerrungen bei Personenbeurteilungen, die in Abhängigkeit von der Position des Urteilers auf der zu beurteilenden Dimension entstehen. Man unterscheidet einen *Ähnlichkeitsfehler*, der auftritt, wenn Urteiler mit extremer Merkmalsausprägung die Ausprägungen anderer in Richtung der eigenen Ausprägung verschätzen und einen *Kontrastfehler*, bei dem Urteiler mit extremer Merkmalsausprägung die Merkmalsausprägung anderer in Richtung auf das gegensätzliche Extrem fehleinschätzen.

- Der *Primacy-Recency-Effekt* bezeichnet Urteilsverzerrungen, die mit der sequenziellen Position der zu beurteilenden Objekte zusammenhängen. Werden Objekte mit extremer Merkmalsausprägung zu Anfang beurteilt, können die nachfolgenden Beurteilungen von den ersten Beurteilungen abhängen.

- Der *John-Henry-Effekt* ist ein unerwünschter Effekt in Vergleichsgruppenuntersuchungen. Die Mitglieder einer Kontrollgruppe fühlen sich durch die Sonderstellung der Mitglieder der Experimentalgruppe herausgefordert und ändern ihr Verhalten (z. B. Produktivität), so dass der Unterschied zur Experimentalgruppe geringer wird oder ganz verschwindet. Zur Aufdeckung dieses Effekts ist es erforderlich, die Ausgangslage (*baseline*) vor Beginn des Experiments zu dokumentieren.

- Als *Rosenthal-Effekt* oder *Pygmalion-Effekt* (nach der mythologischen Figur) wird in der Sozialpsychologie das Resultat eines Versuchsleiter-Versuchspersonen-Verhältnisses bezeichnet, insbesondere des Lehrer-Schüler-Verhältnisses. Man spricht hierbei auch vom *Versuchsleiter(erwartungs)effekt* oder *Versuchsleiter-Artefakt*. Dem Effekt nach sollen sich positive Erwartungen, Einstellungen, Überzeugungen sowie positive Stereotype des Versuchsleiters nach Art der ‚selbsterfüllenden Prophezeiung' auswirken. In den klassischen Experimenten wurde der Effekt positiver Erwartungen auf die Leistungen bei Intelligenz-Tests untersucht. Unter Pygmalion-Effekt nach Shaw versteht man, wenn eine Person aus einer unteren Schicht für ein Mitglied der Oberschicht gehalten wird und entsprechend behandelt wird.

- Weitere sogenannte Übertragungseffekte sind der *Carry-over-Effekt*, der Sequenz-Effekt, der Interaktions-, Moderations-, Suppressionseffekt und schließlich der Konfundierungseffekt.

Nur durch mehrere, sich überlappende Kontrollstrategien können unkontrollierte Variablen oder Effekte eingedämmt werden. Welche Fehlerquellen überhaupt möglich sind, ist für den jeweiligen Untersuchungskontext zu klären. Insbesondere komplexe Beurteilungen bieten auch Angriffspunkte für simultan auftretende Urteilsfehler. Zudem sollten schlichte Irrtümer oder Fehler bei der Beurteilung auf der einen Seite und willkürliche oder stereotype Beurteilungen auf der anderen Seite auch in Erwägung gezogen werden.

Semantisches Differential

Beim *Semantischen Differential* (auch *Polaritätsprofil* oder *Eindrucksdifferential* genannt) handelt es sich um ein einfach zu handhabendes Skalierungsverfahren, das in der Praxis häufig verwendet wird. Das Semantische Differential besteht aus etwa 20 bis 30 bipolaren, grafischen Rating-Skalen mit je sieben Abstufungen. Die beiden Pole sind mit gegensätzlichen Adjektiven oder Substantiven besetzt (Abb. 4.5). Die Beurteiler werden gebeten, vorgelegte Beurteilungsobjekte (Gegenstände, Produkte, Ereignisse, Personen usw.) auf diesen Skalen sowohl in Richtung als auch in Intensität einzustufen.

Jedes Adjektiv-Gegensatzpaar wird dazu als ein Kontinuum betrachtet, das in sieben Abschnitte unterteilt ist. Um bestimmte Antwortstile zu vermeiden, werden Umpolungen der Adjektivpaare vorgenommen, so dass die positiven Adjektive nicht immer auf der linken Seite stehen. Mehrdimensional ist das Semantische Differential insofern, weil den Urteilen der Befragten im Allgemeinen drei unabhängige Dimensionen zugrunde liegen: *Bewertung (evaluation), Macht (potency), Aktivität (activity),* die als EPA-Struktur bezeichnet wird. Faktorenanalysen haben gezeigt, dass im Allgemeinen zwei bis vier Dimensionen angesprochen werden.

In der Praxis verwendet man häufig einen generellen Satz von polaren Adjektiven, was als Vorzug im Hinblick auf eine einfache Instrumentenentwicklung angesehen werden kann, d. h. man betrachtet das Semantische Differential als ein fertiges Instrument, das man auf beliebige Objekte, die Gegenstand einer Bewertung sein können, anwenden kann. Dies ist allerdings nicht unbedenklich, da bestimmte Skalen immer aus der EPA-Struktur herausfallen können. Auch sind interindividuelle Unterschiede bezüglich der Bedeutung der Adjektive nicht auszuschließen. Bei der Auswertung können einfache oder aggregierte (gemittelte) Profile und Profilstreuungen (Standardabweichung) erstellt werden. Bisherige Untersuchungen zeigen eine zufriedenstellende Test-Retest-Reliabilität und eine zufriedenstellende Kriteriums-Validität.

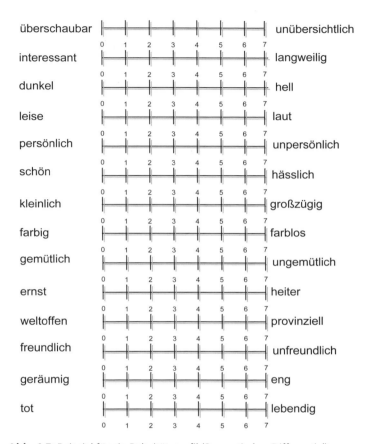

Abb. 4.5: Beispiel für ein Polaritätsprofil (Semantisches Differential)

4.4 Testskalen

Tests unterscheiden sich von anderen empirischen Untersuchungsformen (wie Experiment, Beobachtung oder Befragung) als wissenschaftliche *Routineverfahren*, deren Anwendungsbereich vorwiegend im Bereich der Messung von Leistungs- oder Persönlichkeitsmerkmalen liegt. Während der Begriff „Test" sämtliche Bestandteile eines solchen Verfahrens bezeichnet – Testitems und Antwortvorgaben sowie das Testmanual und auch zugehörige Materialien – wird als „Testskala" ein Set von Items bezeichnet, dass zur Erfassung eines Merkmals eingesetzt wird und nach spezifischen Skalierungseigenschaften zusammengestellt ist.

Testtheorien

An wissenschaftliche Tests wird die Anforderung gestellt, aufgrund der Testresultate (möglichst genau und zuverlässig) auf die faktische Ausprägung des untersuchten Merkmals schließen zu können. Wie dieser Rückschluss erfolgt, wird durch eine *Testtheorie* festgelegt (Bühner, 2006; Moosbrugger & Kelava, 2007; Pospeschill, 2010; Rost, 2004).

Klassische Testtheorie Nach der *Klassischen Testtheorie* spiegelt das Testergebnis den wahren Ausprägungsgrad des untersuchten Merkmals wider, allerdings überlagert durch einen (vergrößernden oder verkleinernden) Messfehler (z. B. entstehend aus mangelnder Konzentration, ungünstigen Untersuchungsbedingungen, nicht passenden Items o. Ä.). Das Hauptanliegen der Klassischen Testtheorie besteht darin, den wahren Wert vom Fehlerwert zu trennen. Da das Testergebnis (abzüglich eines Messfehlers) direkt der Merkmalsausprägung entspricht, ist die Klassische Testtheorie deterministisch (Lienert, 1989).

Probabilistische Testtheorie Im Gegensatz dazu wird nach der *Probabilistischen Testtheorie* bzw. *Item Response Theorie* angenommen, dass die Wahrscheinlichkeit für eine beobachtbare (manifeste) Reaktion auf ein Item von der Ausprägung einer nicht direkt beobachtbaren (latenten) Merkmalsdimension abhängt. Personen mit einer höheren Fähigkeit besitzen daher eine höhere Wahrscheinlichkeit, schwierigere Aufgaben zu lösen, als Personen mit einer geringeren Fähigkeit (Linden & Hambleton, 1996).

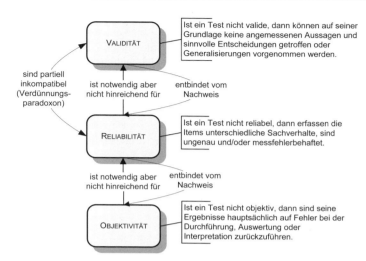

Abb. 4.6: Beziehungen zwischen den Hauptgütekriterien nach der Klassischen Testtheorie. Das Verdünnungsparadoxon (Reliabilitäts-Validitäts-Dilemma) benennt einen umgekehrt-U-förmigen Zusammenhang zwischen der Reliabilität und der Validität. Obwohl die Reliabilität eine Voraussetzung für Validität ist, wird eine perfekte Reliabilität nur auf Kosten der Validität erreicht.

Aus der Klassischen Testtheorie werden für Tests und psychometrische Fragebögen zudem drei zentrale Hauptgütekriterien abgeleitet (**Abb. 4.6**):

Hauptgütekriterien

- *Objektivität.* Diese besteht, wenn das Testergebnis unabhängig vom Untersuchungsleiter (im Sinne der Durchführungsobjektivität), vom Testauswerter (im Sinne der Auswertungsobjektivität) und der Ergebnisinterpretation (im Sinne der Interpretationsobjektivität) ist.
- *Reliabilität.* Diese ist ein Maß für die Genauigkeit (Freiheit von Messfehlern), mit der ein Test ein Merkmal misst.
- *Validität.* Dieses Kriterium gibt an, ob ein Test wirklich das Merkmal misst, was er messen soll bzw. zu messen vorgibt.

Die Gütekriterien lassen sich durch Korrelationskoeffizienten quantifizieren. So werden von einem akzeptablen Test Reliabilitätskoeffizienten von 0,8, von einem guten Test von 0,9 oder höher erwartet. Als akzeptable Validitäten gelten Werte von 0,4 bis 0,6, hohe Validitäten liegen über 0,6. Bei der Interpretation dieser Kennwerte sollte allerdings immer bedacht werden, dass sich der effektive Nutzen eines Tests immer aus seinem Beitrag ergibt, testgestützte Entscheidungsstrategien zu optimieren.

Testskalen

Eigenschaften von Testskalen

Testskalen sollten im Hinblick auf die verwendeten Items besondere Eigenschaften besitzen (Schelten, 1997):

- Homogenität (Eindimensionalität);
- Erfassung möglichst vieler Ausprägungsgrade des Merkmals (Streuung der Schwierigkeitsindizes);
- Differenzierung von Personen mit hoher von schwacher Merkmalsausprägung (hohe Trennschärfe);
- eindeutige Auswertbarkeit (hohe Testobjektivität);
- verlässliche und genaue Merkmalsmessung (hohe Testreliabilität);
- empirisch und theoretische Begründung, das Konstrukt auch tatsächlich zu messen (hohe Item- und Testvalidität).

Unabhängig von dem zu messenden Merkmal können verschiedene Testskalendefinitionen herangezogen werden, um Skalen zu konstruieren:

Thurstone-Skalierung

Grundlage einer Thurstone-Skala ist eine Sammlung von Items, die in Form von Behauptungen formuliert sind. Deren Bejahung soll auf unterschiedliche Merkmalsausprägungen schließen lassen. Vor der Anwendung der Items werden diese durch Experten dahingehend eingeschätzt, in welchem Maße die Items bei einer Bejahung auf die entsprechende Merkmalsausprägung schließen lassen. Diese Einschätzung dient der Itemselektion. Dabei werden Items mit zu hoher Varianz ersetzt. Als Kennwerteverteilung der selegierten Items dienen schließlich Mittelwert und Standardabweichung. Nach einer weiteren Überprüfung durch eine geeignete Stichprobe entsteht die Testskala. Als Testwert einer Person gilt dann die Summe der Skalenwerte zu den bejahten Items.

Guttman-Skalierung

Eine Guttman-Skala erwartet, dass eine Person mit höherer Merkmalsausprägung mindestens diejenigen Items bejaht (löst), die eine Person mit niedrigerer Merkmalsausprägung bejaht (löst). Dies würde für ein modellkonformes Verhalten sprechen. Allerdings gelingt eine Anwendung dieser Regel nur bei sehr präzise definierten Merkmalen perfekt. Die resultierenden Testwerte einer Person sind entsprechend ordinalskaliert.

Rasch-Skalierung

Bei der Rasch-Skalierung wird die Wahrscheinlichkeit für die Lösung einer Aufgabe von der Ausprägung eines latenten Merkmals abhängig gemacht. Dazu wird mittels dichotomer Items die Anzahl gelöster Items pro Person ermittelt. Geschätzt werden dann Personenparameter, die die Wahrscheinlichkeit für ein individuelles Lösungsergebnis maximieren. Diese Wahrscheinlichkeit wird auf die Fähigkeit der Person und der Schwierigkeit eines Items zurückgeführt. Ebenso werden Itemparameter geschätzt, als Produkt der Wahrscheinlichkeit, mit der einzelne Personen ein Item richtig beantworten. Auch hier werden entsprechende Itemparameter geschätzt.

Coombs-Skala

Die Anwendung einer Coombs-Skala erfordert es, Items nach Maßgabe ihres Zutreffens in eine Rangreihe zu bringen. Individuelle Rangreihen stehen dabei für die Merkmalsausprägung.

Likert-Skalierung

Bei der Likert-Skalierung handelt es sich um ein personen-orientiertes Skalierungsverfahren, das vor allem in der Einstellungsmessung verwendet wird. Unter dem Konstrukt „Einstellung" wird dabei allgemein die gefühlsmäßige, gedankliche und handlungsmäßige Disposition gegenüber bestimmten Aspekten der Umwelt verstanden. Diese wird bei Einstellungsskalen als latentes Kontinuum aufgefasst, welches von extrem negativ bis extrem positiv reicht, und von dem man annimmt, dass eine Person auf diesem einen bestimmten Platz einnimmt, der durch ein Skalierungsverfahren zu ermitteln ist. Dabei werden die einzelnen Positionen des Kontinuums durch bestimmte Aussagen charakterisiert, die man in diesem Zusammenhang allgemein als *Statements* bezeichnet. Diesen Statements kann eine Person zustimmen oder nicht, wobei der Grad der Zustimmung bzw. Ablehnung durch die Kategorien einer Ratingskala vorgegeben wird. Eine Einstellungsskala ist im Grunde nichts anderes als eine Kollektion von Statements (oder Items), die Personen zur Stellungnahme vorgelegt werden. Welche Statements in diese Kollektion aufgenommen werden, richtet sich nach allgemeinen Kriterien, die sich auf Art und Formulierung der Statements beziehen, und nach formalen Kriterien der Itemanalyse bzw. Itemselektion. Bei der Likert-Skala werden den Versuchspersonen i. d. R. Ratingskalen mit fünf Antwortkategorien vorgelegt (**Abb. 4.7**).

Abb. 4.7: Exemplarische Likert-Skala mit fünf Abstufungen

Jede Antwort wird durch einen Zahlenwert charakterisiert, wobei bei positiv formulierten Statements eine starke Zustimmung mit 5 Punkten und eine starke Ablehnung mit 1 Punkt bewertet werden. Bei negativ formulierten Statements muss die Zuordnung der Zahlenwerte in umgekehrter Reihenfolge vorgenommen werden. I. d. R. wird nicht-forciert skaliert, da für Einstellungen generell eine nicht-eindeutig entscheidbare Position angenommen wird. Die Gesamtpunktzahl (Gesamtscore) eines Probanden ergibt sich durch Addition der bei den einzelnen Statements erzielten Punktwerte. Deshalb wird die Likert-Skalierung auch als *Method of Summated Ratings* (Methode der summierten Einschätzungen oder Ratings) bezeichnet. Umfasst eine Skala z. B. 100 Statements, dann könnte eine Person maximal 500 Punkte erzielen, wenn sie eine extrem positive Einstellung hat und minimal 100 Punkte bei extrem negativer Einstellung. Entsprechend dürfen nur solche Statements Bestandteil der Skala sein, die sich ausschließlich auf die interessierende Dimension beziehen (Eindimensionalität). Entwickelt wird eine Likert-Skala durch folgende Schritte:

1. Ausgangspunkt ist die Formulierung einer größeren Anzahl von Statements (etwa 100–120), von denen vermutet wird, dass sie zum einen die interessierende Dimension ansprechen, zum anderen aber auch eine möglichst eindeutige positive oder negative Position auf dem latenten Kontinuum repräsentieren.

2. Diese Statements werden in Form von (meistens) fünf Antwortkategorien aufweisenden Ratingskalen einer Anzahl von Personen vorgelegt, die gebeten werden, zu jedem Statement ihre Einstellung kundzutun.

3. Für jede Person wird eine Gesamtpunktzahl durch Addition der Punktzahl der einzelnen Statements gebildet.

4. In der Phase der Itemanalyse werden ungeeignete Statements eliminiert. Für die endgültige Skala sollen nur jene Statements, die über die höchste Trenn- oder Diskriminationsfähigkeit verfügen, beibehalten werden und zwar so viele, dass die Anzahl der Items der endgültigen Skala zur derjenigen der Probeskala etwa im Verhältnis 1:4 steht, so dass die endgültige Skala etwa 25–30 Statements enthält. Die Selektion der besten Statements erfolgt anhand statistischer Kriterien (Schwierigkeitsindizes, Varianz, Trennschärfe, Reliabilität, Faktorenanalyse).

5. Die endgültige Skala wird denjenigen Personen präsentiert, deren Einstellung man eigentlich skalieren möchte. Die untersuchten Personen lassen sich dann gemäß ihrer Gesamtpunktzahl in eine Rangreihe bringen, d. h. gemäß der Intensität ihrer Einstellung ordnen.

6. Die Addition der Einzelurteile setzt voraus, dass ein Intervallskalenniveau vorliegt und dass das gesamte Verfahren eindimensional ist.

7. Die erzielbaren Reliabilitäten (im Bereich von 0,70 – 0,95) schwanken mit der Anzahl der Items und auch mit dem Untersuchungsgegenstand. Angaben zur Validität existieren nicht.

Gelegentlich werden eine beliebige Sammlung von Items oder sogar einzelne Rating-Skalen mit fünf Abstufungen bereits als Likert-Skala bezeichnet; dies ist unzulässig. Von einer Likert-Skala zu sprechen setzt voraus, dass die Skalenkonstruktion (von der Itemselektion bis zur Berechnung der Skalenwerte) entsprechend der vorgesehenen Prinzipien erfolgt ist.

Soziale Erwünschtheit

Hingewiesen werden soll ferner auf den Umstand, dass Äußerungen zu Meinungen und Einstellungen häufig unter der Annahme erfolgen, diese stünden in Übereinstimmung mit den gesellschaftlichen Werten und Normen; dieser Effekt wird als *soziale Erwünschtheit* oder auch als *Normanpassungseffekt* bezeichnet. Insbesondere Fragebogenverfahren, die eine Selbstbeschreibung der Probanden erfordern, sind von diesen Effekten betroffen. Da eine Kontrolle nur schwer möglich ist und selbst in Verfahren, die gesonderte Kontrollskalen verwenden, keine eindeutigen Verfahrensregeln einschließen, sind die Strategien im Umgang nicht eindeutig (Amelang & Schmidt-Atzert, 2006):

- *Verhindern*. Diese Strategie versucht, durch eine entsprechend formulierte Instruktion (ehrlich und gewissenhaft zu antworten oder durch den Hinweis, das Täuschungsversuche aufgedeckt werden können), durch ausbalancierte Antwortalternativen oder durch Verwendung objektiver Persönlichkeitstests das Problem zu beseitigen.

- *Kontrollieren*. Durch Verwendung von Kontroll- oder Validitätsskalen oder Abgleich zu einer *Fake-Good*-Instruktion können Tendenzen sozialer Erwünschtheit abgeschätzt werden.

- *Ignorieren*. Skalen zur sozialen Erwünschtheit erfassen verschiedene Aspekte von Persönlichkeit mit. So korreliert soziale Erwünschtheit positiv mit den Persönlichkeitskonstrukten „emotionale Stabilität" und „Gewissenhaftigkeit". Darüber hinaus zeigt sich, dass mit dem Grad sozial erwünschten Verhaltens der Ausbildungserfolg zunimmt. Da es zudem keine Norm für aufrichtiges Verhalten gibt, kann der Effekt sozialer Erwünschtheit unkontrolliert bleiben.

4.5 Schriftliche vs. mündliche Befragung

Interview vs. Fragebogen

Bei der Befragung werden zwei Erhebungsarten, die (mündliche) Interview- und die (schriftliche) Fragenbogentechnik unterschieden. Allgemein erwartet man bei einem Fragebogen mehr Vorwissen über den Gegenstandsbereich. Der Entwicklungsaufwand (sofern nicht auf vorgefertigte Instrumente zurückgegriffen wird) ist höher als bei einem Interviewleitfaden, dafür in der Durchführung aber ökonomischer.

Von einem guten Fragebogen wird erwartet, dass er einschließlich einer genauen Instruktion selbsterklärend ist (ein Umstand, der insbesondere bei ungeübten Probanden nicht immer gewährleistet sein kann). Darüber hinaus können aber auch spezifische Rahmenbedingungen (mit) darüber entscheiden, welcher Technik der Vorzug gegeben wird: Standardisierbarkeit und Besonderheiten der Inhalte, Merkmale der befragten Personen, angestrebter Geltungsbereich, finanzielle, zeitliche und räumliche Bedingungen usw. (Mayer, 2012; Raab-Steiner & Benesch, 2012).

Interviewtechnik

Mündliche Interviews lassen sich hinsichtlich zahlreicher Faktoren differenzieren:

- nach dem *Grad ihrer Standardisierung* (strukturiert – halb strukturiert – unstrukturiert);
- nach dem *Autoritätsanspruch des Interviewers* (weich – neutral – hart);
- nach der *Art des Kontaktes* (persönlich – telefonisch – schriftlich/online);
- nach der *Anzahl der befragten Personen* (Einzelinterview – Gruppeninterview – Survey);
- nach der *Anzahl der Interviewer* (Einzeln – Tandem – Hearing);
- nach der *Funktion* (z. B. ermittelnd – vermittelnd);
- nach dem *Einsatzbereich* (z. B. Betrieb, Strafvollzug, klinisch-therapeutischer Bereich etc.).

Im Zuge der *Makroplanung* eines Interviews ist es erforderlich, theoretische Vorarbeiten (Festlegung des Themenbereichs) und die thematische Abfolge der einzelnen Teilbereiche (Interviewstruktur) festzulegen. Die *Mikroplanung* spezifiziert dann die inhaltlichen Details, die erfragt werden sollen und präzisiert in angemessener Weise die Formulierungen der Fragen. Gegebenenfalls sind hier Antwortalternativen für *Multiple-Choice*-Aufgaben zu generieren und Gedächtnisstützen oder andere Hilfsmittel vorzubereiten. Alle ausgewählten Fragen sind auf Eindeutigkeit, Notwendigkeit, Einfachheit und Ausgewogenheit zu überprüfen. Ferner gehören auch Details der Interview-Eröffnung, Überleitungs- oder Vorbereitungsfragen (bei Themenwechsel), Ablenkungs- oder Pufferfragen (zur Vorbeugung von Sequenzeffekten) dazu.

Makro- und Mikroplanung

Interviewer-Effekte

Da es kein reliables Kriterium für ein ‚fehlerfreies' Interview gibt, können auch die ‚wahren' Antworten der Befragten nicht ermittelt werden. In einer komplexen Befragungssituation interagieren Merkmale des Interviewers mit Merkmalen des Befragten, der Befragungssituation und des Themas. Auch wenn der Interviewer nach bestimmten Eigenschaften ausgewählt werden kann, ist eine Selektion der Befragten zwecks Anhebung der Interviewqualität unmöglich. Minimal bleibt daher nur die Forderung nach einem angemessenen Auftreten des Interviewers, einer möglichst geeigneten Standardisierung der Befragungssituation und/oder einer randomisierten Aufteilung auf die zu befragenden Personen im Falle mehrerer Interviewer.

Effekte bei den Befragungspersonen

Demgegenüber kann auch die Erreichbarkeit der Befragungspersonen zum Problem werden, wenn die Art der Antworten systematisch mit Merkmalen, die leicht und schwer erreichbare Personen unterscheidet, kovariiert. Wie der Informationsgehalt dadurch aber beeinflusst wird, ist zumeist nicht zu klären. Die Verweigerung durch die Befragungsperson betrifft häufig die gleiche Personengruppe, denen eine gute Erreichbarkeit zugesprochen wird (u. a. ältere Menschen, Frauen, Arbeitslose). Die Ablehnung einzelner Fragen kann aus Verweigerung (z. B. bei zu intimen Fragen), Nichtinformiertheit, Meinungslosigkeit (z. B. mangelnde Kenntnisse) und Unentschlossenheit (z. B. aus Unsicherheit) resultieren.

Urteilsverzerrungen Zudem existieren vielfältige Quellen für Antwortverfälschungen und Urteilsverzerrungen, die hier nur beispielhaft genannt werden können (**Kap. 4.3**):

- Unter dem *Hawthorne-Effekt* werden Auswirkungen verstanden, die bedingt durch das Bewusstsein, an der wissenschaftlichen Untersuchung teilzunehmen, entstehen.
- Der *Sponsorship-Bias* bezeichnet Auswirkungen aus Vermutungen über den Auftraggeber bzw. dessen Untersuchungsziele.
- Als *Self-Disclosure* werden Auswirkungen durch die fehlende Bereitschaft zur Selbstenthüllung bezeichnet.
- *Antworttendenzen* entstehen durch Motive der Selbstdarstellung, dem Streben nach Konsistenz, dem Interviewer gefallen zu wollen,

durch Antizipation positiver vs. negativer Konsequenzen, durch Kontext- und Priming-Effekte oder durch Falschangaben.

Fragebogentechnik

Schriftliche Befragungen (Fragebogenuntersuchungen) eignen sich besonders bei homogenen Untersuchungsgruppen. Dazu bedarf es einer hohen Strukturiertheit der Befragungsinhalte. Die Erhebungssituation bleibt im Gegenzug weitgehend unkontrolliert (eventuell ist hier eine kontrollierte Gruppenbefragung zu bevorzugen). Fragebögen unterliegen den Konstruktionskriterien von Testskalen (**Kap. 4.4**), als auch den Regeln mündlicher Interviews. Dabei werden Fragebögen zur Erfassung von Merkmalsausprägungen (z. B. als Persönlichkeitstest) von Fragebögen zur Beschreibung und Bewertung von Sachverhalten (z. B. eine Meinungsumfrage) unterschieden. Quellen für bereits vorhandene Tests und Fragebögen sind die *Diagnostica* (Zeitschrift für psychologische Diagnostik und Differentielle Psychologie) und das *Journal of Personality Assessment*.

Ein kritischer Umgang ist allerdings bei Verfahren mit unklaren Konstruktionsprinzipien und Gütekriterien, unklarer Thematik und Zielpopulation sowie bei Übersetzungen aus Fremdsprachen geboten. Bei einer Eigenkonstruktion ist die sorgfältige und möglichst erschöpfende Auswahl geeigneter Fragen entscheidend. Dazu sollten alle Inhalte des Gegenstandsbereichs gelistet, in homogene Teilbereiche (Facetten) untergliedert und strukturiert werden.

Fragebogenitems können in *Frageform* oder als *Behauptung* (*Statement*) formuliert sein. Zur Erkundung von Positionen, Meinungen und Einstellungen eignen sich Behauptungen, deren Zutreffen lässt sich in Frageform formulieren. Fragen sind üblicherweise allgemeiner formuliert und insbesondere für konkrete Sachverhalte geeignet. Behauptungen sind direkter und veranlassen direktere Stellungnahmen. Generell sollten Formulierungen vermieden werden (Pospeschill, 2010): **Itemformulierung**

- die sich auf die Vergangenheit und nicht auf die Gegenwart beziehen;
- die Tatsachen darstellen oder so interpretiert werden könnten, als stellten sie Tatsachen dar;
- die mehrdeutig interpretiert werden können;

- die sich nicht auf den Sachverhalt beziehen, um den es geht;
- die wahrscheinlich von fast allen oder von niemandem bejaht werden.

Statements Fragebogenitems als Statement sollten stattdessen:

- einfach, klar und direkt formuliert sein;
- den gesamten affektiven Bereich der interessierenden Einstellung abdecken;
- kurz sein und nur ausnahmsweise 20 Wörter überschreiten;
- immer nur *einen* vollständigen Gedanken enthalten;
- keine Wörter wie „alle", „immer", „niemand", „niemals" enthalten;
- Wörter wie „nur", „gerade", „kaum" vorsichtig und nur ausnahmsweise verwenden;
- aus einfachen Sätzen und nicht aus Satzgefügen oder Satzverbindungen bestehen;
- keine Wörter enthalten, die den Befragten unverständlich sein könnten (wie z. B. Fremdwörter oder Fachausdrücke);
- keine doppelten Verneinungen enthalten.

Statements können dabei unterschiedlich formuliert sein:

- in *direkter* Formulierung („Leiden Sie unter Ängstlichkeit?") oder in *indirekter* Formulierung („Fühlen Sie sich unsicher, wenn Sie vor Menschen sprechen müssen?");
- auf eine *hypothetische* Situation bezogen („Stellen Sie sich vor, ...?") oder auf eine *tatsächliche* Situation bezogen („Wie haben Sie gehandelt, als ...?");
- mit *abstraktem* Bezug („Wie schätzen Sie es ein, ...?") oder mit *konkreten* Bezug („Wie verhalten Sie sich, ...?")
- als *personalisierte* Frage („Verwenden Sie ...?") oder als *depersonalisierte* Frage („Sollte man ...?") ;
- als *selbstbeschreibende* Aussage („Ich lache oft.") oder als *fremdbeschreibende* Aussage („Meine Kollegen halten mich für einen gewissenhaften Menschen.")

Des Weiteren lassen sich Items neben dem Erfragen von Einstellungen noch hinsichtlich des Erfragens von Eigenschaften, Wissensaspekten, Motivationen, Interessen, Wünschen und Meinungen differenzieren. Eine genaue Trennung gelingt dabei nicht immer (z. B. Persönlichkeit vs. Einstellung, Eigenschaften etc.).

Eindeutige Instruktionen sind bei schriftlichen Befragungen unverzichtbar und sollten an Sprachgebrauch und Verständnis der Zielgruppe angepasst sein.

Bei der Anordnung der Fragen ist eine inhaltlich gruppierte oder zufällige Anordnung gleichermaßen möglich, ohne Auswirkung auf die Reliabilität und Validität. Allerdings sollte auf eine Blockbildung inhaltlich homogener Items verzichtet werden. Der Abschluss eines Fragebogens sollte immer durch leicht zu beantwortende Fragen gekennzeichnet sein.

Postalische Befragungen sind inhärent abhängig von der Rücklaufquote, da diese mit über die Verwertbarkeit (Generalisierbarkeit) der Ergebnisse entscheidet; bedingt ist diese vor allem durch das Thema und den Personenkreis. Zur Analyse bzw. Kontrolle der Rücklaufquote kann ein Abgleich mit statistischen Daten der Zielpopulation vorgenommen werden. Zeigt sich eine mangelnde Stichprobenrepräsentativität (z. B. eine Über- oder Unterrepräsentation von Merkmalen in der Gruppe der Respondenten), kann diese gegebenenfalls durch eine geeignete Gewichtung korrigiert werden. Wann eine Gewichtung gerechtfertigt ist, hängt allerdings vom Umfang der Gesamtstichprobe, respektive des Umfangs von Teilgruppen, der Streuung der Antworten und der angestrebten Genauigkeit der Aussagen ab. Eventuell ist beim Rücklauf auch ein Vergleich der Sofort- und Spät-Respondenten vorzunehmen. Gibt es systematische Unterschiede hinsichtlich antwortrelevanter Variablen, kann auch ein Unterschied zwischen Respondenten und Verweigerern vermutet werden.

Rücklaufquote

Abschließend sei auf einige Sonderformen der schriftlichen Befragung hingewiesen:

Panel-Studie, Delphi-Methode

- *Panel-Studien*, die, als Längsschnitt geplant, Mehrfachbefragungen an der gleichen Stichprobe vornehmen. Auch hier ist ein unvollständiger Fragebogenrücklauf gegebenenfalls durch geeignete Gewichtungen zu korrigieren (Schnell, Hill & Esser, 2011).

- Bei der *Delphi-Methode* (*Delphi-Konferenz*) handelt es sich um eine Befragungsform, aus Einzelbeiträgen von Gruppenmitgliedern

(z. B. einer Expertengruppe) Lösungen für komplexe Probleme zu generieren. Dabei werden Ergebnisse einer Erstbefragung durch ein Gremium ausgewertet und zum Gegenstand weiterer Befragungsrunden. Dadurch, dass eigene Beiträge z. B. durch Kollegen kommentiert werden, besteht die Möglichkeit der Begründung, Präzisierung, Überarbeitung, Weiterentwicklung und Korrektur. Ziel ist, aus der resultierenden Information einen Lösungsvorschlag zu erarbeiten (Häder, 2009).

4.6 Formen wissenschaftlicher Beobachtung

Auch wenn jede empirische Methode auf Sinneserfahrungen beruht, bezeichnen wissenschaftliche Beobachtungsmethoden spezielle Techniken und Instrumente, die es erlauben, Prozesse systematisch und kontrolliert zu beobachten und zu protokollieren - und damit über das übliche menschliche Wahrnehmungsvermögen hinauszugehen. Dies erfordert eine Standardisierung und intersubjektive Überprüfbarkeit der Methode, um zu (quantitativen oder qualitativen) Beobachtungsdaten zu gelangen, die einer angemessenen Auswertung zugeführt werden können (Greve & Wentura, 1997).

Beobachtungsmethoden kommen dabei vor allem dann zum Tragen, wenn Verfälschungen von Selbstdarstellungen nicht auszuschließen sind, wenn eine künstliche oder fremde Untersuchungssituation das Verhalten verändern kann bzw. das Verhalten dort nicht zu beobachten ist, spezifische Interaktionen von Personen in natürlichen Umgebungen zum Untersuchungsgegenstand gehören oder Handlungen, Mimik oder Gestik gedeutet werden sollen.

Modellierungsregeln Bei einer *systematischen Beobachtung* werden sogenannte *Modellierungsregeln* unterschieden:

- *Kontext*. Es muss festgelegt werden, unter welchen (raum-zeitlichen) Bedingungen eine Beobachtung stattfindet.

- *Selektion*. Es muss festgelegt werden, was (welcher Beobachtungsgegenstand, welche Reize, welches Verhalten) beobachtet werden soll bzw. wird (und gegebenenfalls welche Aspekte unberücksichtigt bleiben).

- *Abstraktion*. Ebenso muss entschieden werden in welcher Weise das Beobachtete bewertet bzw. gedeutet werden darf.

- *Klassifikation.* Dazu muss auch festgelegt werden, wie (nach welchen Regeln) das Beobachtete kategorisiert wird (Zuordnung des Beobachteten zu Ereignis- oder Merkmalsklassen mit ähnlicher Bedeutung).
- *Systematisierung.* Ferner muss fixiert werden, wie (nach welchem Schema) das Beobachtete kodiert und protokolliert wird.
- *Relativierung.* Eine letzte Entscheidung legt fest, wie aus dem Untersuchungsmaterial bzw. dessen Integration Aussagen generiert werden.

Der Grad der Systematisierung ist dabei vom Untersuchungsanliegen abhängig.

Eine weitere Festlegung betrifft die Frage, in welcher Form beobachtet werden soll:

Beobachtungsformen

- *Teilnehmende, offene Beobachtung.* Der Beobachter ist aktiver Bestandteil des Geschehens und als Beobachter erkannt, zumeist unter Herabsetzung des Grades der Systematisierung und möglicherweise mit reaktiven Effekten (Erkundungsstudie).
- *Teilnehmende, verdeckte Beobachtung.* Der Beobachter ist zwar Bestandteil des Geschehens, bleibt aber als Beobachter unerkannt (Observation).
- *Nicht teilnehmende, offene Beobachtung.* Der Beobachter ist nicht Bestandteil des Geschehens, aber als Beobachter erkannt, zumeist unter Heraufsetzung des Grades der Systematisierung (Beobachtungsstudie).
- *Nicht teilnehmende, verdeckte Beobachtung.* Der Beobachter ist nicht Bestandteil des Geschehens und unbekannt, die Beobachtung ist nonreaktiv (Beobachtung durch Einwegscheiben).

Weitere Formen sind:

- *Apparative Beobachtung* (Videobeobachtung). Die Beobachtung durch den Einsatz technischer Hilfsmittel ist exakt, kann aber das Verhalten der Beobachteten beeinflussen. Diese Art der Protokollierung wird auch als *isomorphe Aufzeichnung* (gegenüber einer *reduktiven Aufzeichnung*) bezeichnet.
- *Selbstbeobachtung* (Introspektion). Phänomenologisch orientierte Methode.

Beobachtungsplan Das methodische Vorgehen ist in einem *Beobachtungsplan* festzuhalten. Dazu gehören u. a.:

- die Festlegung des Grades der *Standardisierung* (freie Beobachtung – halbstandardisierte Beobachtung – standardisierte Beobachtung);

- die Festlegung der *Beobachtungseinheiten* (*Ereignisstichprobe*: Protokollierung der Häufigkeit von Ereignissen, deren Kombinationen, ohne zeitliche Struktur; *Zeitstichprobe*: eine in zeitliche Intervalle unterteilte Beobachtung).

- die Festlegung der *technischen Hilfsmittel* (die Protokollierung unterstützender Geräte, Datalogger, Aufzeichnungsgeräte).

- die Festlegung des *Beobachtungstrainings* (exemplarische Charakterisierung der Beobachtungsindikatoren, Festlegung der Beobachtungskategorien) und gegebenenfalls Überprüfung der *Beobachter-/Urteilskonkordanz* bzw. *Interrater-Reliabilität* (Intra-Class-Korrelation für intervallskalierte Ratings, Cohen's Kappa für nominalskalierte Klassifikationen).

4.7 Psychophysiologische Messung

Biosignale und Biopotentiale Psychophysiologische Messungen gelten als objektiv bzw. (relativ) verfälschungssicher, da sie nicht (oder nur mittels enormen Trainings) in direkter Weise (bewusst) vom Probanden beeinflussbar sind. Klassische physiologische Indikatoren sind am Körper messbare Prozesse, sogenannte Biosignale (Hautleitfähigkeit, Blutdruck, Atmung, EKG) oder im Falle elektrischer Biosignale sogenannte Biopotentiale (z. B. EEG). Physiologische Messanordnungen gelten dennoch als besonders störempfindlich. Dabei werden Artefakte physiologischer Herkunft (denen man versucht durch optimierte Elektroden und Messwandler entgegenzuwirken), Bewegungsartefakte (kompensierbar durch optimale Platzierung der Elektroden) und Artefakte durch externe elektrische Einstreuungen (nur durch verbesserte elektronische Komponenten zu minimieren) unterschieden (Liang, Bronzino & Peterson, 2012; Nait-Ali, 2009).

Spezifitätsproblematik Neben der technischen Messproblematik sind bei psychophysiologischen Messungen auch andere methodische Grundprobleme zu berücksichtigen. Nach der *Spezifitätsproblematik* sind drei spezifische Reaktionsarten bei Individuen zu differenzieren:

- *Individualspezifische Reaktion.* Eine Reaktion, die relativ unabhängig von äußeren Umweltreizen bei einzelnen Personen autonom (typisch) gezeigt wird.
- *Stimulusspezifische Reaktion.* Eine Reaktion, die durch bestimmte Umweltbedingungen bei allen Personen in ähnlicher Weise (systematisch) hervorgerufen wird.
- *Motivationsspezifische Reaktion.* Eine Reaktion, die durch einen spezifischen Motivationszustand (induziert) hervorgerufen wird.

Ferner besteht eine besondere *Ausgangswertproblematik*: Veränderungsmessungen zeigen bei vegetativen Messungen eine negative Korrelation zwischen Ausgangswert und Veränderungswert (AWG – Ausgangswertgesetz; Wilder 1931): Je stärker vegetative Organe aktiviert sind, desto stärker ist ihre Ansprechbarkeit auf hemmende Reize und desto niedriger ihre Ansprechbarkeit auf aktivierende Reize.

Ausgangswertproblematik

Die Indikatoren psychophysiologischer Messungen finden sich im peripheren und zentralen Nervensystem sowie im endokrinen bzw. Immunsystem.

Peripheres Nervensystem

Physiologische Indikatoren sind hier:

- Kardiovaskuläre Aktivität (Herz-Kreislauf-System). Herzschlagfrequenz (EKG); Blutdruck (Manschettendruckverfahren);
- Elektrodermale Aktivität. Hautleitfähigkeit und Potentialveränderungen der Haut;
- Muskuläre Aktivität. Elektrische Muskelaktivität (EMG).

Psychologische Indikatoren sind hier:

- Aktivierung (aktive Reizaufnahme) führt zu phasischer Herzfrequenzerniedrigung und Blutdruckabfall; mentale Beanspruchung hingegen zu einem Anstieg; Einsatz auch bei kardiovaskulärem Biofeedbacktraining;
- Habituationsforschung (Gewöhnung durch sich wiederholende Reize), Emotionsforschung (negative emotionale Zustände);
- Emotionsforschung (spezifische Aktivität der Gesichtsmuskulatur als Indikator für emotionales Erleben).

Zentrales Nervensystem

Physiologische Indikatoren sind hier:

- Elektrophysiologische ZNS-Aktivität. Potentialschwankungen (EEG) im Spontan-EEG oder durch evozierte Potentiale (EP);
- Bildgebende Verfahren (Brain Mapping). U. a. zerebrale Stoffwechselaktivität (PET), bioanatomische Veränderungen (Kernspintomographie) etc.

Psychologische Indikatoren sind hier:

- Aktivierung/Wachheit im Spontan-EEG (Schlafforschung), EEG generell zur Diagnostik neurologischer Störungen und in der Pharmakopsychologie eingesetzt, EP zur Differenzierung verschiedener Verarbeitungsstadien, der Informationsverarbeitungskapazität, Aufmerksamkeit und bei Gedächtnisprozessen (Kognitionspsychologie); ergänzend auch neurochemische Indikatoren (Biopsychologie);
- Bildgebende Verfahren (Brain Mapping). U. a. zerebrale Stoffwechselaktivität (PET), bioanatomische Veränderungen (Kernspintomographie) etc.

Endokrines System/Immunsystem

Physiologische Indikatoren sind hier:

- Chemische Botenstoffe im endokrinen System wie Adrenalin, Noradrenalin, Cortisol und Aldosteron (spezielle Messverfahren für Blut-, Urin- oder Speichelproben);
- Aktivität des Immunsystems als angeborene vs. erworbene Immunität (biochemische Blutanalyse).

Psychologische Indikatoren sind hier:

- Stress- und Angstforschung (Leistungsangst);
- Abhängigkeit der Aktivität des Immunsystems gegenüber Belastung (Stressforschung) und Erholung, Schlaf etc. (Psychoneuroimmunologie), Konditionierung des Immunsystems.

4.8 Qualitative Interviews und Beobachtung

Daten werden dann qualitativ, wenn keine statistische Verarbeitung, sondern eine *interpretative Analyse* vorgesehen ist. Dies unterscheidet sie explizit von nominalen Daten (Kategorial- bzw. Häufigkeitsdaten), die gelegentlich auch als ‚qualitative' Daten bezeichnet werden. Verbale Daten können aber auch in quantitative Daten (quantitative Inhaltsanalyse) überführt werden. **Interpretative Analyse**

Grundlage ist zumeist verbales (nicht numerisches) Datenmaterial (Transkripte, Beobachtungsprotokolle, Akten oder auch Fotos, Zeichnungen, Filme) mit geringer Standardisierung, dafür u. U. mit viel Detailinformation. Der Aufwand bei der Datensammlung reduziert zumeist den Stichprobenumfang. Eine Aussage auf Aggregatebene wird entsprechend durch die Suche nach Strukturen und Mustern in den vorliegenden Informationen ersetzt (Lamnek, 2010).

Verschiedene Grundtechniken zur Erhebung qualitativer Daten werden unterschieden: **Grundtechniken der Erhebung**

1. Offene oder halbstandardisierte Befragung:

- *offene Fragen*, die mündlich beantwortet (Interview) oder schriftlich ausgearbeitet (Aufsätze, Tagebuchschreiben) werden;

- *subjektive Erfahrungen*, die sich in Realitätsbezug, zeitlicher Ausrichtung, biografischer Reichweite, Komplexität, Gewissheit und im Strukturiertheitsgrad unterscheiden können;

- *typische Erfahrungsgestalten*, wie Episoden (persönliche Erlebnisse, Lebensereignisse, z. B. Unfall, Partnerverlust), Konzeptstrukturen (Orientierungswissen in Form von Klassifikationen, z. B. Typen von Beziehungen, Freundschaften), Geschehenstypen (Verallgemeinerungen zu Ereignissen oder Situationen, z. B. über Freundschaft, Helfen), Verlaufsstrukturen (generalisierte Episoden, ‚Rezeptwissen', z. B. erfolgreiches Bewerben, Flirten) oder Alltagstheorien (‚naive' Erklärungen, z. B. über die eigene Krankheit);

- *Nondirektivität des Interviewers*, bei Episoden und Alltagstheorien hoch, bei den anderen Erfahrungsgestalten geringer.

Techniken der Einzelbefragung:

- *Leitfaden-Interview.* Hier dient ein flexibler Leitfaden zur Differenzierung von Haupt- und Detailfragen und sichert eine gewisse Vergleichbarkeit der Interviewergebnisse (z. B. problemzentrierte Interviews, als Teil einer Anamnese).

- *Fokussiertes Interview.* Hier stehen Hypothesen über einen Untersuchungsgegenstand (ein Objekt, ein Ereignis oder eine Situation) im Mittelpunkt (z. B. Film-, Buchbesprechung).

- *Narratives Interview.* Hier stellen persönliche Erlebnisse (Episoden) den Untersuchungsgegenstand dar, die als Geschichte erzählt werden (z. B. Biografieforschung).

Techniken der Gruppenbefragung:

- *Brainstorming.* Hier werden Ideen und Lösungsvorschläge für ein Problem gesammelt und anschließend sondiert.

- *Gruppendiskussion.* Hier wird unter Diskussionsleitung offen über ein vorgegebenes Thema diskutiert; dabei werden Meinungen und Einstellungen ausgetauscht.

- *Moderationsmethode.* Hier werden verschiedene Techniken (schriftliche Befragung, Gruppendiskussion, Brainstorming) integriert zu einem moderierten zielgerichteten Gruppenprozess. Mindestens zwei Moderatoren stellen den organisatorischen Rahmen bereit und unterstützen die Gruppe, Themen und Ziele zu ermitteln und umzusetzen.

2. Qualitative Beobachtung:

- *natürliches Lebensumfeld* (Alltagsbedingungen) unter Verzicht auf künstliche Laborbedingungen;

- *Betrachtung größerer Einheiten* des Erlebens von Verhalten (Verhaltenssequenzen oder Verhaltensmuster) anstatt der Messung separierter Variablen;

- *offene Beobachtungskategorien* anstatt eines standardisierten Beobachtungsplans;

- *aktive Teilnahme des Beobachters* (Aufhebung der Subjekt-Objekt-Trennung) unter Integration von Selbst- und Fremdbeobachtung.

Techniken der qualitativen Beobachtung:

- *Rollenspiel.* Hier werden Situationen anhand typischer Handlungs- oder Verhaltenssequenzen nachgestellt (inszeniert) und einem Publikum präsentiert (z. B. Verkäufertraining, Konfliktberatung, Psychotherapie).

- *Einzelfallbeobachtung.* Hier stehen Fragen über individuelle Prozesse und Verläufe im Fokus (z. B. Psychotherapie, klinische Beobachtungen).

- *Selbstbeobachtung.* Hier werden Personen aufgefordert, systematisch über einen festgelegten Zeitraum bestimmte Ereignisse zu protokollieren (z. B. Psychotherapie).

3. **Nonreaktive Verfahren:**
   - *kein Kontakt* zwischen Beobachter und untersuchter Person, d. h. die Datenerhebung wird entweder nicht bemerkt (verdeckte Beobachtung) oder es werden lediglich Verhaltensspuren betrachtet (indirekte Beobachtung);
   - Indikatoren können sein
     - Dokumente (Briefe, Akten, Tagebücher, Protokolle etc.);
     - Medien (Bücher, Zeitschriften, Filme etc.);
     - Symbole (Schilder, Hinweistafeln, Aufkleber, Abzeichen etc.);
     - Datensammlungen (Statistiken, Archive, Verzeichnisse etc.).
   - Prominentes Beispiel ist hier die *Lost-Letter-Technik* (Milgram, Mann & Harter, 1965), bei der frankierte Briefe (an unterschiedliche fiktive Organisationen oder Institutionen adressiert) ausgelegt werden, um deren Rücklaufquote (als Indikator für das Image der Adressaten) zu ermitteln.

Kann man mittels eines Einzelfalls generalisieren?

Die Repräsentativität eines Einzelfalls hängt ab von der Art des Einzelfalls (Normal-, Ausnahme-, Extremfall; seltener oder häufiger Fall; prototypischer oder extraordinärer Fall) und der Homogenität der Grundgesamtheit, aus der der Einzelfall stammt. Besteht die Annahme eines ‚repräsentativen Normalfalls' können Verallgemeinerungen auf eine Normalpopulation möglich sein (vgl. Gedächtnisexperimente von Ebbinghaus, Einzelbeobachtungen zur Wahrnehmung von Piaget). Demgegenüber sind aber gerade

> überraschende Ausnahmefälle für die Theorieentwicklung besonders wertvoll (z. B. Einzelfallstudien aus der klinischen Neuropsychologie). Im Rahmen qualitativer Studien würde man eher von *exemplarischen Verallgemeinerungen* als von Generalisierbarkeit sprechen. Eine Frage bleibt nur, wie erkennt man einen exemplarisch verallgemeinerbaren Fall (Theorie / Empirie / konsensuelle Einigung)?

Objektivität Die Klassische Testtheorie (**Kap. 4.**4) definiert drei Hauptgütekriterien, die mit abgewandelter Konnotation auch bei den qualitativen Forschungsmethoden Anwendung finden: *Objektivität* meint hier, interpersonalen Konsens – im Sinne der Auswertungsobjektivität – bezüglich des untersuchten Sachverhalts und im Hinblick auf die Resultate – im Sinne der Interpretationsobjektivität – herzustellen. Dazu bedarf es einer gewissen Transparenz beim methodischen Vorgehen. Während allerdings ein standardisiertes Interview jeden Respondenten mit identischen Fragen konfrontiert, wird die Untersuchungssituation bei einem qualitativen Interview flexibler gehandhabt, da hier eine Anpassung des Gesprächsverlaufs – im Sinne der Durchführungsobjektivität – zugunsten eines verbesserten Verständnisses des Probanden ein probates Mittel darstellen. Allerdings ist dies kein Garant dafür, den untersuchten Personen tatsächlich gerecht zu werden.

Reliabilität Der Aspekt der *Reliabilität* bei qualitativen Erhebungstechniken ist generell strittig, sollte aber implizit (z. B. durch mehrere Gesprächs- oder Beobachtungstermine) bestimmt werden. Allerdings wird im Kontext qualitativer Analysen die Bestimmung einer Test-Retest-Reliabilität aus methodologischen Gründen häufig abgelehnt und entsprechend sind dazu auch keine Methoden entwickelt. Die mögliche Einzigartigkeit einer (Untersuchungs-)Situation entbindet allerdings aber von der Zuverlässigkeitsprüfung einer Methode nicht.

Validität Die *Validität* wird bei qualitativen Methoden vorrangig behandelt, um sicherzustellen, dass die verbalen Daten auch das ausdrücken, was sie ausdrücken bzw. erfassen sollen. Dabei geht es hier insbesondere um:

- die Authentizität von Interviewäußerungen (Sammlung von Verhaltenshinweisen im Sinne einer *kumulativen Validierung*);
- die Fehlerfreiheit von Beobachtungsprotokollen als Basis einer validen Interpretation (*Kreuzvalidierung* durch mehrere Beobachter oder durch externe, unvoreingenommene Experten);
- die Beziehung der indirekten Verhaltens- oder Erlebnisindikatoren zu den angestrebten psychologischen Konstrukten (*Konstruktvali-*

dierung durch Absicherung durch zusätzliche Beobachtungen und Befragungen) und

- den interpersonalen Konsens (*konsenuelle Validierung*).

Besondere Varianten der qualitativen inhaltsanalytischen Auswertung sind:

- *die Globalauswertung* (Legewie, 1994), als eine Technik zur übersichtartigen und zügigen Auswertung von Dokumenten (bis Dokumente von etwa 20 Seiten);
- die *Qualitative Inhaltsanalyse* (Mayring, 2010) als eine Anleitung für umfangreiches Textmaterial, die durch Feinanalysen sehr aufwendig ist. Ziel ist hier die Entwicklung eher locker verbundener Kategorien;
- sowie die *Grounded Theory* (Glaser & Strauss, 2010) als eine Auswertungstechnik zur Entwicklung und Überprüfung von Theorien, die aus dem Material erarbeitet bzw. in den Daten verankert (grounded) sein sollen. Ziel ist ein fein vernetztes Kategorien- und Subkategoriensystem. Das Netz entsteht aus Kern- und Schlüsselkategorien, die in ein hierarchisches Netz von Konstrukten (die Theorie) eingebettet sein sollen.

Abschließend sei darauf hingewiesen, dass die Entscheidung zwischen einem quantitativen und/oder einem qualitativen Forschungsansatz am Forschungs*gegenstand* festzumachen ist. Paradigmatische Vorentscheidungen – z. B. eine der Methoden unabhängig von jeglicher Forschungsfragestellung als ‚Methode der Wahl' zu deklarieren – werden dabei einer gegenstandsadäquaten Forschungsmethodik nicht gerecht und verstellen multimethodalen Ansätzen zudem den Weg.

4.9 Multimethodale Methode

Die spezifischen Vor- und Nachteile einzelner Methoden favorisieren insbesondere bei der Untersuchung komplexerer Konstrukte (mit Mehrebenenstruktur) die abgestimmte Anwendung verschiedener Methoden (Eid, Gollwitzer & Schmitt, 2010). Der daraus resultierende multimethodale Ansatz erlaubt es, mehrschichtige psychologische Konstrukte auf verschiedenen Ebenen zu untersuchen und mögliche Methodeneffekte im Zuge ihrer Konstruktvalidität zu kontrollieren.

Die multimethodale Methode geht somit mit der methodenbasierten Exploration Hand in Hand (**Kap. 5.3**).

Beispielsweise sind Emotionen durch eine Mehrebenenstruktur gekennzeichnet, die subjektive (z. B. Gefühle), kognitive (z. B. Bewertungen), physiologische (z. B. Transpiration, Herzfrequenz) sowie motorisch-reaktive (z. B. Flucht-, Abwehr-, Vermeidungsverhalten) Komponenten beinhalten. Zur Erhebung der verschiedenen Strukturen können entsprechend Fragebögen, Reaktionszeitverfahren, Messung des Hautleitwiderstands, EKG oder Beobachtungsmethoden eingesetzt werden.

Bei der **Konstruktvalidität** geht es um die Interpretation und Bewertung von Testergebnissen auf dem Hintergrund theoretischer (psychologischer) Konstrukte. Ziel ist es, Aussagen über die Zuverlässigkeit der Ergebnisse und Stützung durch andere Variablen zu machen. Überprüft wird dieses Gütekriterium auf empirischem Weg: Dabei wird entschieden, ob das Merkmal, dass gemessen werden soll, auch wirklich gemessen wird und ob nur dieses Merkmal (und nicht noch ein anderes) gemessen wird (vgl. Pospeschill, 2010).

Multitrait-Multi-method-Ansatz

Um die Konstruktvalidität zu quantifizieren, wird i. d. R. versucht, Nachweise über die konvergente und diskriminante Validität zu erzielen. Hierzu stehen Verfahren der Multitrait-Multimethod-Methode und/oder der konfirmatorischen Faktorenanalyse zur Verfügung. Der Multitrait-Multimethod-Ansatz (Campbell & Fiske, 1959) geht dabei davon aus, dass jede Messung zum einen das zu messende Merkmal und zum anderen den Einfluss einer bestimmten Methode widerspiegelt. Im Sinne der konvergenten Validität würde man daher erwarten, dass verschiedene Methoden bei Messung des gleichen Merkmals zu vergleichbaren Ergebnissen kommen, also nur ein geringer Methodeneffekt besteht. Annahme der diskriminanten Validität hingegen wäre, dass unterschiedliche Merkmale, die mit verschiedenen Methoden gemessen werden, nicht zusammenhängen, also ebenso nur ein geringer Traiteffekt besteht. Unterschiedliche Methoden können dabei methodenspezifische Anteile besitzen, wenn ein ähnliches Konstrukt (z. B. Intelligenz oder ein Persönlichkeitsmerkmal) mit sehr unterschiedlichen Testaufgaben oder Items gemessen wird.

Unabhängig davon erscheint einleuchtend, dass sich Merkmale mit hoher Beobachtungsrate und Alltagsnähe (z. B. Geselligkeit) durch Fremdbeurteiler konvergenter erheben lassen, als Merkmale mit niedriger Beobachtungsrate in spezifischen Situationen (z. B. Ängstlichkeit). Gleiches gilt für Personen, die sich durch ein konsistentes Verhalten über verschiedenen Situationen auszeichnen, gegenüber Personen bei denen höhere situative Abhängigkeiten im Verhalten zu beobachten sind. Auch die Kompetenz (Training und Erfahrung) des Beurteilers bzw. die Vermeidung von verzerrten Urteilen (Halo-Effekt) wirkt sich entscheidend auf die Konvergenz aus.

> **Zusammenfassung:**
> Zusammenfassend kann festgehalten werden, dass die Wahl der Methode von der Art und dem Anspruch der Fragestellung, dem bzw. den zu erfassenden Merkmal(en) oder Verhaltensbereichen, den zur Verfügung stehenden finanziellen, zeitlichen und personellen Ressourcen sowie dem wissenschaftlichen Anspruch (Exploration, Populationsbeschreibung, Hypothesenprüfung, Replikation oder Generalisierung von Befunden usw.) abhängt.

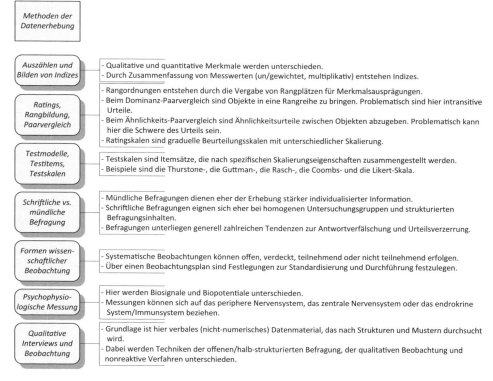

Abb. 4.8: Thesenhafte Zusammenfassung des 4. Kapitels

1. Was ist beim Auszählen/Bilden von Kategorien zu beachten?
2. Was ist ein Index?
3. Wie lassen sich Indizes bilden und was unterscheidet sie?
4. Wie können Gewichtungen von Indizes entstehen?
5. Was unterscheidet eine normative von einer analytischen Indexbildung?
6. Nach welchen Methoden kommt man zu ranggeordneten Daten?
7. Was sind die Probleme bei Paarvergleichen?
8. Wie können ordinale Daten in Intervalldaten umgerechnet werden?
9. Welche Unterschiede gibt es bei Ratingskalen?
10. Was ist die optimale Anzahl von Kategorien bei Ratingskalen?
11. Wann sind forcierte vs. nicht-forcierte balancierten vs. unbalancierten Skalierungen vorzuziehen?
12. Welches Skalenniveau besitzen Ratingskalen?
13. Wann wirkt eine Verletzung des Skalenniveaus gravierend?
14. Welche Effekte können bei der Beantwortung von Ratingskalen entstehen?
15. Was kennzeichnet eine Likert-Skala?
16. Welche Probleme können im Zuge der Multidimensionalen Skalierung entstehen?
17. Was ist vor Anwendung einer Multidimensionalen Skalierung zu beachten?
18. Es soll eine zweidimensionale Skala entstehen, die später faktorenanalytisch ausgewertet werden soll. Welche Kriterien sind bei der Skalenkonstruktion zu beachten?

5 Hypothesengenerierende Untersuchungsformen

Theorien entstehen nicht nur durch intensives Nachdenken und Studium, sondern auch durch systematische Ansätze der Exploration sowie durch Anwendung von Heuristiken. Dabei lassen sich verschiedene Strategien unterscheiden: die theoriebasierte, die methodenbasierte und die empiriebasierte Exploration.

5.1 Voruntersuchung und Vortestung

Exploration in der Wissenschaft bezeichnet das mehr oder weniger systematische Sammeln von Informationen über einen potenziellen Untersuchungsgegenstand unter Verwendung heuristischer Strategien. Ziel explorativer Untersuchungen ist die Generierung wissenschaftlich überprüfbarer Hypothesen und Theorien (Schorr, 1994).

Exploration wird in vielen Forschungsbereichen – Grundlagen-, Interventions- und Evaluationsforschung – benötigt:

- In der Grundlagenforschung entstehen aus einzelnen Ideen über Wirkungszusammenhänge erste Fragestellungen, die später zu wissenschaftlichen Theorien ausgebaut werden. Gegebenenfalls sind hierzu umfassende Vorarbeiten zu leisten, die auch eine Kombination verschiedener Methoden einschließen können.

- Bei Interventions- und Evaluationsstudien müssen dazu vorbereitend adäquate Interventionsstrategien und Erfolgskriterien erkundet werden, um daraus entsprechende technologische Theorien abzuleiten.

Explorative Voruntersuchungen sollen inhaltliche, methodische und untersuchungstechnische Fragen beantworten. Dazu notwendige Voruntersuchungen werden als *Pretests, Vorstudien* oder *Instrumententests* bezeichnet. Instrumententests bzw. instrumentelle Vortests prüfen insbesondere die Funktionsfähigkeit technischer Gerätschaf-

Instrumententest

Explorationsstudie

ten, spezieller Untersuchungsmaterialien oder auch die Durchführung der Untersuchung auf einen reibungslosen Ablauf.

Explorationsstudien sind explanativen (hypothesenprüfenden) Untersuchungen logisch vorgeschaltet und beinhalten Anteile deskriptiver Untersuchungen, wenn es z. B. um Phänomen-, Einzelfall- oder Stichprobenbeschreibungen geht. Ausnahme sind hier Populationsbeschreibungen (**Kap. 6**), die primär der Parameterschätzung dienen. Auch wenn Explorationsstudien der Entwicklung wissenschaftlicher Hypothesen dienen, sind sie damit aber nicht theoriefrei, da ohne Vorannahmen keine gezielte Auswahl von Indikatoren, deren Operationalisierung und auch keine Auswahl der Untersuchungsobjekte möglich sind. Eine strikte Trennung der Untersuchungstypen gibt es so gesehen nicht, denn auch das Ergebnis explanativer Untersuchungen können prinzipiell neue Hypothesen sein (insbesondere in teilerforschten Themenfeldern).

Neben der Auffassung, Exploration als Untersuchungstyp zu verstehen, wird auch von Exploration als Datenerhebungsform gesprochen, wenn offene, nicht-standardisierte Interviewformen zur Erhebung von Einzelfällen (z. B. im klinisch-psychodiagnostischen Kontext oder in der Biografieforschung) verwendet werden. Exploration im klinischen Kontext ist dann Bestandteil einer Anamnese (von dem griechischen Wort „anámnēsis = Erinnerung) der persönlichen Krankengeschichte eines Patienten oder Klienten (Westhoff & Kluck, 2008).

Explorationstechniken

Explorationstechniken orientieren sich vornehmlich an vorhandenen Theorien, um zu Erweiterungen, Veränderungen oder Neufassungen zu gelangen, oder an Methoden, um daraus Anregungen zur Reformulierung und Neukonstruktion von Modellen zu gewinnen. Daneben kann natürlich auch systematische Beobachtung von Personen, Prozessen und Systemen verdeckte Muster und Strukturen aufdecken. In diesem Fall würde man von einer *empiriebasierten* Exploration sprechen (**Kap. 5.4**). Dazu dienen auch Techniken der explorativen Datenanalyse.

5.2 Theoriebasierte Explorationsstudien

Nach Sichtung und Analyse der Fachliteratur werden bei theoriebasierten Explorationsstudien aus vorhandenen wissenschaftlichen (und alltäglichen) Theorien neue Hypothesen abgeleitet. Dabei kommen prinzipiell zwei Theoriequellen infrage:

- *Alltagstheorien* sind (subjektive) Theorien, die Menschen ihrem eigenen Handeln zugrunde legen. Sie lassen sich am besten durch offene oder halbstandardisierte Befragungen erfassen. Auch elektronische und klassische Medieninhalte können hierbei Theoriebestandteile liefern. Der Forschungsbereich der *Attributionsforschung* widmet sich z. B. der Frage, welche Ursachen Personen bestimmten Ereignissen zuschreiben.

- *Wissenschaftliche Theorien* entstammen der publizierten Fachliteratur oder gegebenenfalls auch grauen (d. h. nicht publizierten) Literatur. Ihre empirische Fundierung (Stützung durch parallele Befunde, Replikations-, Validierungsstudien etc.) kann allerdings sehr unterschiedlich sein und ist daher richtig einzuschätzen. Besonders hilfreich können hier sogenannte *Reviews* (Übersichtsartikel) sein, die den Forschungsstand zu einem Thema zusammenfassen und auf offene Fragen und Probleme hinweisen.

Im Umgang mit Theorien bieten sich verschiedene Strategien an. Zunächst gehört dazu eine Zusammenfassung und Bewertung der relevanten Theorien. Allerdings werden diese nicht ausführlich geschildert, sondern in Form einer *Theoriesynopse* mit den zentralen Charakteristika und Kernaussagen der behandelten Theorien oder als *tabellarische Synopse* zusammengefasst. Auch die chronologische Entwicklung und Querbezüge in der Historie der Theorien können dabei von Interesse sein. **Theoriesynopse**

Vergleiche und *Integrationsversuche* spielen bei zusammenfassenden und bewertenden Analysen von Theorien, Modellen und Konzepten eine zentrale Rolle. Dadurch lassen sich Theorieansätze gegeneinander abwägen und im Erklärungswert, empirischen Gehalt und Bestätigungsgrad kontrastieren. Zusammenführungen unterschiedlicher Theorieelemente machen allerdings nur dann Sinn, wenn dadurch sinnvolle Querverbindungen und Kausalrelationen entstehen, die dem neuen Modell heuristischen Wert verleihen. Dabei müssen die Aspekte Vielfältigkeit vs. Sparsamkeit abgewogen werden. **Integrationsversuche**

Formalisierung und *Modellbildung* können den Informationsgehalt von Theorien steigern, indem Begriffe definiert, Aussagen präzisiert und Vorhersagen formalisiert werden. Strukturelle (statische) oder funktionale (dynamische) Modelle in Form grafischer (Pfad-)Diagramme oder Computermodelle können dabei helfen. **Modellbildung**

Metatheorien sind Theorien über Theorien oder Theorien von hohem Allgemeinheitsgrad, die theoretische Ansätze aus unterschied- **Metatheorie** lichen Gegenstandsbereichen integrieren (z. B. behavioristische vs. kognitive vs. handlungs- vs. psychoanalytische Theorien). Sie können deskriptive, erklärende, prognostische und empfehlende Aussagen über ihren Untersuchungsgegenstand machen. Dazu untersuchen sie die logische Struktur der Theorie(n), das Begriffssystem, Grenzen, Entwicklungsmöglichkeiten, Bestätigungen. Beispiele sind der *Reduktionismus* vs. der *Holismus* oder der *Radikale Konstruktivismus*.

Damit kann die theoriebasierte Exploration dem Ziel dienen, durch Synthese und Integration einschlägiger Theorien neue Erklärungsmodelle (Theorien) zu entwickeln. Dazu gehört auch, Vorschläge für die empirische Theorieprüfung zu entwickeln, die Theorie zu konkurrierenden Ansätzen abzugrenzen sowie in Metatheorien oder übergeordnete Ansätze einzuordnen.

5.3 Methodenbasierte Explorationsstudien

Hier wird (neben der Theorie) vor allem die Methode – also der Weg des wissenschaftlichen Vorgehens – als spezifische Zugangsrichtung zu einem Gegenstandsbereich betrachtet:

Methodenvergleiche *Methodenvergleiche* untersuchen, inwieweit verschiedene Methoden die mit einem Untersuchungsgegenstand verbundenen Erkenntnisse bestimmen. Bei quantitativen Analysen bietet sich der *Multitrait-Multimethod-Ansatz* an (dabei gelten übereinstimmende Ergebnisse verschiedener Operationalisierungen als Indiz für die Validität der Methode; Campbell & Fiske, 1959), bei qualitativen Analysen die *Triangulation* (hier werden die Befunde mehrerer Arten von Probanden, unterschiedlicher Forscher, Theorien und Methoden verglichen; Flick, 2008). Ziel ist es, konkordante Ergebnisse zwischen Methoden zu finden und Abweichungen zwischen Methoden zum Anlass für Verbesserungen der Methoden zu verwenden. Auch kann der Methodenvergleich zum Anlass genommen werden, unterschiedliche Merkmalserfassungen zu vermuten (z. B. bei Methoden zur Selbst- vs. Fremdbeschreibung).

Methodenvariationen *Methodenvariationen* finden statt, wenn Veränderungen in der Instruktion, in den Untersuchungsmaterialien, im Untersuchungsaufbau, in den Untersuchungsbedingungen etc. vorgenommen werden. Durch methodische Innovationen können so neue theoretische Konzepte über einen Untersuchungsgegenstand entstehen.

Methoden als Denkwerkzeuge Der Einsatz von *Methoden als Denkwerkzeuge* kann auf dem Weg über Analogien oder Metaphern erfolgen. Dazu wird ein Untersuchungsgegenstand durch die Merkmale eines anderen Gegenstandes beschrieben (z. B. menschliches Gedächtnis und Computerspeicher). Vor allem bei der Konzeptualisierung latenter Konstrukte bieten sich Metaphern an, in dem die innere Struktur eines unbekannten Realitätsausschnittes (zunächst) durch eine geläufige andere Struktur ersetzt wird und dann durch bekannte, elementare Größen beschrieben werden kann (z. B. die Raum-Metapher in der Tiefenpsychologie, das Regelkreisprinzip für psychologische und soziale Sachverhalte). Allerdings sind gerade übertriebene Analogiebildungen auch äußerst kritisch zu betrachten (z. B. Gleichsetzung von Mensch und Maschine).

Die methodenbasierte Exploration soll dazu beitragen, die potenzielle Abhängigkeit von Methoden und Erkenntnissen durch Vergleiche und Variationen der Methoden aufzudecken. Durch analoge Anwendung von Funktionsprinzipien kann eine Theoriebildung vorangetrieben werden. Gleiches gilt durch Analyse bestehender Metaphern. Für eine methodenbasierte Exploration werden für einen bestimmten Gegenstandsbereich folgende Arbeitsschritte erwartet:

- Benennung dominanter und kaum bzw. nicht verwendeter Methoden;
- Hypothesen über die Abhängigkeit von Methoden und Ergebnissen;
- Überprüfung der Tragweite von Theorien durch Methodenvariation;
- Bildung von Analogien zu bekannten Methoden;
- Überprüfung der theoretischen Konsequenzen der Analogien;
- Überprüfung der Theorien auf ihren metaphorischen Gehalt;
- Feststellung möglicher Theorierestriktionen aus der Verwendung von Metaphern und Analogien;
- Modifikation der Theorien durch Erprobung neuer Metaphern.

5.4 Empiriebasierte Explorationsstudien

Exploration quantitativer Daten

Ziel der empirisch-quantitativen Exploration ist es, quantitative Daten aus Primär- oder Sekundäranalysen zur Generierung neuer Ideen oder Hypothesen zu verwenden (oder auch meta-analytisch auszuwerten). Dabei wird vornehmlich nach unentdeckten Mustern oder Regelmäßigkeiten gesucht. Entsprechend gehen tendenziell mehr Variablen (als in explanativen Untersuchungen) in die Analysen ein. Verstärkt werden grafische Aufbereitungstechniken verwendet (z. B. im Rahmen der explorativen Datenanalyse - EDA), wie z. B. der *Stem-and-Leaf-Plot* (Stengel-Blatt-Diagramm) oder der *Box-and-Whisker-Plot* (vgl. Pospeschill, 2012). Alternativ stehen auch explorative multivariate Analysetechniken wie z. B. die Cluster- oder exploratorische Faktorenanalyse zur Verfügung.

exploratives Signifikanztesten Dabei ist auch ein *exploratives Signifikanztesten* möglich, allerdings nur zum Zweck einer Augenscheinbeurteilung eines Effekts. Die Entdeckung eines interessanten Effekts kann durchaus auf Signifikanz geprüft werden. Somit lässt sich ein erster Eindruck von der möglichen Bedeutsamkeit eines Effekts gewinnen (z. B. zum Ausmaß des Signifikanzniveaus oder der Effektgröße).

Dies ist aber (auch sprachlich) zu trennen von einem *Hypothesentest*, bei dem eine *a priori*-Hypothese vor Erhebung der Daten vorliegen muss.

In diese Differenzierung mischt sich der sogenannte *Pseudo-Hypothesentest*, bei dem durch Inspektion der Daten ein Effekt entdeckt, daraufhin (nachträglich) eine Hypothese formuliert, ein Signifikanztest gerechnet und das Ergebnis dann als ‚Bestätigung' der Hypothese interpretiert wird. Da der Signifikanztest hier auf den bereits entdeckten Effekt zugeschnitten wurde, bleibt das Ergebnis wenig überraschend. Gleiches gilt für das theoriefreie ‚Durchtesten von Daten'.

Exploration qualitativer Daten

Auch bei Nutzung qualitativer Daten sind Explorationsstrategien anwendbar, um aus Texten, Kulturerzeugnissen oder anderen Spuren menschlichen Verhaltens zu neuen Hypothesen oder Theorien zu gelangen (Häder, 2009). Da diese Daten bereits vor der Exploration entstanden sind, bleiben sie vom Forschungsprozess unbeeinflusst (nonreaktive Datenerhebung).

Strukturanalyse

Typisch bei solchen Daten ist es, zu versuchen, aus dem Untersuchungsgegenstand eine Struktur oder Genese abzuleiten, die möglichst genau der Anordnung, Verknüpfung und Entwicklung der einzelnen Komponenten entspricht und Ursachen ihrer Entstehung aufzeigt. Aus einer Listung der einzelnen Komponenten entsteht ein Inventar, dessen Komponenten schließlich zu einer Merkmalskonfiguration verdichtet werden. Für die Erfassung solcher Strukturen (z. B. im sozial-kulturellen Kontext) bietet sich als methodisches Werkzeug die Strukturanalyse an (Trappmann, Hummell & Sodeur, 2005). Besonderheit dieses Verfahrens ist, die erhobenen Daten (z. B. durch Anwendung der Graphentheorie, einer Darstellung als Relation oder als Matrix) visuell zu rekonstruieren.

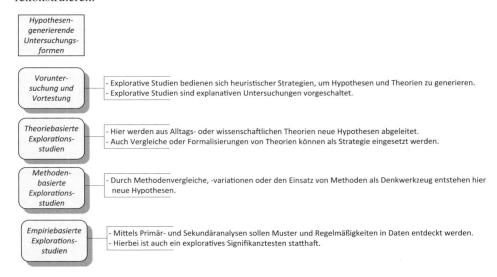

Abb. 5.1: Thesenhafte Zusammenfassung des 5. Kapitels

1. Mit welchem Ziel wird eine Exploration betrieben?
2. Was unterscheidet eine theorie- von einer methodenbasierten Exploration?
3. Welche Techniken und Verfahren werden bei Exploration quantitativer Daten herangezogen?
4. Was versteht man unter explorativem Signifikanztesten?
5. Wann wird die Exploration qualitativer Daten als „nonreaktiv" bezeichnet?

6 Populationsbeschreibende Untersuchungsformen

> Untersuchungen können darauf angelegt sein, etwas über die Menge aller Untersuchungsobjekte zu erfahren, zu der die ausgewählten Untersuchungsobjekte zählen. In diesem Fall liegt das Interesse in der Beschreibung von Grundgesamtheiten bzw. Populationen.

6.1 Zufallsstichprobe und Repräsentativität

Die Aussagekraft einer Stichprobenuntersuchung bemisst sich u. a. daran, wie gut die Untersuchungselemente einer Stichprobe die zugrunde liegende Grundgesamtheit repräsentieren. Nur repräsentative Stichproben erlauben es, die Prinzipien der Stichprobentheorie sinnvoll anzuwenden. Stichprobenerhebungen sollen Zeit und Aufwand (gegenüber einer Vollerhebung) sparen, sind daher aber hinsichtlich der Auswahl der Merkmalsträger besonders sorgfältig und kontrolliert zu planen. Stichprobenuntersuchungen können dabei dann zum Problem werden, wenn die Grundgesamtheit klein ist und sich heterogen zusammensetzt.

Grundgesamtheit   Die Elemente einer Untersuchung (Personen, Firmen, Objekte) werden generell als *Merkmalsträger* bezeichnet. In der Statistik werden derartige Mengen *Grundgesamtheiten* (GG) oder *Populationen* genannt. Grundgesamtheiten werden als Menge im mathematischen Sinn aufgefasst, d. h. es ist eindeutig definiert, welche Merkmalsträger zur GG gehören bzw. welche nicht dazu gehören. Grundgesamtheiten sind demnach nur dann definiert, wenn sie räumlich, zeitlich und sachlich eindeutig abgegrenzt sind. Für die Definition einer GG sollten dabei leicht erhebbare Merkmale verwendet werden (Bortz, 2005; Sachs, 2004).

angestrebte vs. erhobene Grundgesamtheit   *Populationsbeschreibende Untersuchungen* dienen der Deskription einer Gesamtmenge ausgewählter Untersuchungsobjekte auf der Grundlage von Stichprobenergebnissen. Wie eine Grundgesamtheit definiert wird, d. h. welche sachlichen Kriterien, welche zeitlichen und räumlichen Abgrenzungen zu ihrer genauen Bestimmung herangezogen werden, ist natürlich vom Erkenntnis- und Verwertungsinteresse einer empirischen Untersuchung abhängig, denn diese Interessen legen die Merkmalsträger fest, die in die Datenerhebung einzubeziehen sind. Diese Grundgesamtheit kann etwas genauer als *angestrebte GG* (*target population*) bezeichnet werden im Gegensatz zur *Erhebungsgrundgesamtheit* (*frame population*). Während die target population diejenige Grundgesamtheit ist, für welche die Aussagen der Untersuchung gelten sollen, bezeichnet die frame population diejenige Grundgesamtheit, die *faktisch* erhoben wird. Auf eine mögliche Diskrepanz zwischen angestrebter und Erhebungsgrundgesamtheit ist immer zu achten, gleichgültig, ob eine Vollerhebung oder eine Teilerhebung geplant ist (Stier, 1999).

Bei Teilerhebungen wird die Erhebungsgrundgesamtheit auch als *Auswahlgrundgesamtheit* bezeichnet. Datenerhebungen können entweder als *Vollerhebungen* oder als *Teilerhebungen* durchgeführt werden. Bei Vollerhebungen werden alle Merkmalsträger einer Grundgesamtheit einbezogen, während man sich bei Teil- oder Stichprobenerhebungen auf eine Auswahl beschränkt. Im Grenzfall (z. B. extrem homogene Stichproben) umfasst eine Teilerhebung nur einen Merkmalsträger (*Einzelfallstudie*; **Kap. 8**).

Auswahlgrundgesamtheit

Sind große Stichproben grundsätzlich gute Stichproben?

Nein, denn große Stichproben müssen

- unter konstanten Ziehungskriterien (ohne *Over-* oder *Undersampling* und ohne systematischen *Nonresponse*) entstehen,
- ihre konstante Größe halten (ohne systematischen *Dropout* bleiben) und
- dürfen nicht dazu dienen, die mangelnde Reliabilität eines Messinstrumentes zu kompensieren.

Die Datenauswertung anhand einer exploratorischen Faktorenanalyse hängt hinsichtlich der Wahl des Stichprobenumfangs von zahlreichen Aspekten ab:

- *Itemzahl* (3–5 Items als Untergrenze pro Faktor, besser > 5)
- *Itemqualität*
  - Kommunalität > 0,60: $n = 60$ ausreichend,
  - Kommunalität ≈ 0,50: $n = 100$ bis 200 nötig,
  - Kommunalität < 0,50: $n > 300$ nötig,
  - minimale Kommunalität: $n = 500$ bis 1.000 erforderlich.

- *Itemverteilungen* (Schiefe einzelner Items, multimodale Verteilungen, Ausreißer, Extremwerte).

Große Stichproben sind notwendig

- bei heterogenen Merkmalen,
- bei kleinen Effekten,
- bei differenzierter Merkmalsbetrachtung in Abhängigkeit von Moderatoren, Kovariaten etc.,
- bei geforderter Repräsentativität (echte Zufallsstichprobe),
- bei Verwendung bestimmter verteilungsgebundener Verfahren.

Kleine Stichproben sind ausreichend

- bei homogenen Merkmalen,
- bei großen Effekten,
- bei einheitlicher Merkmalsbetrachtung,
- bei Aussagen über wohl definierte Teilstichproben,
- bei Verwendung verteilungsfreier (z. B. nicht-parametrische Tests, Randomisierungstests; **Kap. 8.4**) oder verteilungssimulierender Verfahren (z. B. *Bootstrapping*, **Kap. 9.4**).

Unabhängig von der Größe einer Stichprobe werden *probabilistische* von *nicht-probabilistischen* Stichproben unterschieden. Probabilistische Stichproben verwenden allesamt zufallsgesteuerte Auswahlverfahren, während nicht-probabilistische Stichproben den Aspekt der Auswahlwahrscheinlichkeit unberücksichtigt oder unkontrolliert lassen. Allerdings sind auch die Auswahlwahrscheinlichkeiten bei probabilistischen Stichproben selten perfekt erfüllt, da zumeist nicht alle nach Stichprobenplan ausgewählten Untersuchungsteilnehmer wie vorgesehen teilnehmen können oder wollen.

probabilistische Stichprobe

Zur Gruppe der probabilistischen Stichproben gehören:

- *einfache Zufallsstichprobe*
- *Monte-Carlo-Verfahren*
- *systematische Zufallsauswahl*
- *geschichtete Zufallsstichprobe*

- *mehrstufige Zufallsstichprobe*
- *Klumpenstichprobe*

Zur Gruppe der nicht-probabilistischen Stichproben gehören:

- *Ad-hoc-Stichprobe* (willkürliche Auswahl)
- *theoretische Stichprobe* (bewusste Auswahl)
  - Auswahl typischer Fälle
  - Auswahl nach dem Konzentrationsprinzip
- *Quotenstichprobe* (Merkmalsauswahl)

nicht-probabilistische Stichprobe

Gute Stichproben sind dadurch charakterisiert, dass die gezogenen Elemente möglichst in vielen Merkmalen bzw. Merkmalskombinationen der Grundgesamtheit gleichen. In diesem Kontext spricht man auch von der *Repräsentativität* einer Stichprobe oder genauer von einer *(merkmals-)spezifisch repräsentativen Stichprobe*. Dabei lässt sich allerdings nicht ausschließen, dass neben bekannten kovariierenden Merkmalen auch andere Variablen das untersuchte Merkmal beeinflussen (dies ist besonders schwierig, z. B. bei Omnibusuntersuchungen, bei der Populationen durch viele unterschiedliche Merkmale beschrieben werden). Entspricht eine Stichprobe in allen Merkmalen der Grundgesamtheit, wird von *globaler Repräsentativität* gesprochen, bei nur spezifischen Merkmalen von *lokaler Repräsentativität*.

Repräsentativität

Dem Konzept der Repräsentativität steht allerdings gegenüber, dass die Wahrscheinlichkeit, über eine Zufallsstichprobe genau zu der Verteilung von Merkmalen zu gelangen, wie sie in der Grundgesamtheit existiert, praktisch gleich Null ist. Damit stellt sich zwangsläufig die Frage, welche Abweichungen zur Merkmalsverteilung der Grundgesamtheit noch tolerierbar sind. Und genau diese Frage kann nicht beantwortet werden. Nur bei Bekanntheit aller relevanten Populationsparameter ließe sich statistisch überprüfen, ob es signifikante Abweichungen gegenüber einer Zufallsstichprobe gibt. Abweichungen von Stichprobenverteilungen gegenüber Verteilungen in der Grundgesamtheit sind also nicht die Ausnahme, sondern die Regel. Natürlich vergrößert sich diese Wahrscheinlichkeit mit der (absoluten) Verkleinerung einer Stichprobe. Entscheidend ist aber, dass es bei Zufallsstichproben (gegenüber nicht zufälligen) erlaubt ist, einen Schluss hinsichtlich der Grundgesamtheit zu ziehen, indem z. B. mit berechenbaren Fehlergrenzen Parameter und Verteilungen in der Grundgesamtheit geschätzt werden. So

Zufallsstichprobe

gesehen hat der Begriff einer repräsentativen Stichprobe nur für Zufallsstichproben eine klar definierte Bedeutung.

Zufallsstichproben sind explizit dadurch charakterisiert, dass für jedes Element der Grundgesamtheit die Wahrscheinlichkeit bekannt ist, mit der es in die Auswahl kommt. Bei einer *einfachen* Zufallsstichprobe (*simple random sample*) ist diese Wahrscheinlichkeit für jedes Element gleich, also 1/N, wobei N die Anzahl der Merkmalsträger in der Grundgesamtheit darstellt. Sollen n Objekte in der Stichprobe sein, lassen sich C verschiedene Stichproben (*Stichprobenraum*) ziehen (Bortz & Döring, 2006):

$$C = \binom{N}{n} = \frac{N!}{n! \cdot (N-n)!}$$

In der Praxis stellt das Ziehen einer Zufallsstichprobe häufig ein ‚Ziehen ohne Zurücklegen' dar. Von der Stichprobe werden auf wichtige Kennwerte oder Parameter der Grundgesamtheit geschlossen (z. B. mittels erwartungstreuer Schätzer wie Mittelwert und Varianz).

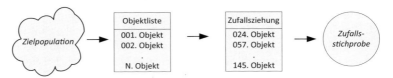

Abb. 6.1: Ziehungsprozess bei einer einfachen Zufallsstichprobe. Aus der Population werden alle Objekte (1 … N) gelistet und dann per Zufallsziehung eine Stichprobe mit Umfang n gezogen.

Auch wenn Zufallsstichproben eine Art statistischen Idealfall kennzeichnen, sind sie nicht immer zu empfehlen oder umzusetzen (**Kap. 8.1**):

- Nicht immer sind die Elemente einer Grundgesamtheit identifizierbar.
- Die ausgewählten Elemente können bei geografisch weiträumig verteilten Grundgesamtheit streuen.
- Komplexere Zufallsstichproben können zu präziseren Schätzungen der interessierenden Parameter der Grundgesamtheit führen.
- Interessante Untergruppen, die nur einen geringen Anteil an der Grundgesamtheit ausmachen, sind möglicherweise in einer einfa-

chen Zufallsstichprobe nur mit so geringen Fallzahlen vertreten, dass eine statistische Auswertung unmöglich ist.

Angemerkt sei in diesem Zusammenhang noch, dass inferenzstatistische Verfahren auch dann angewendet werden können, wenn die Untersuchungsobjekte nicht in zufälliger Weise ausgewählt wurden. Die Existenz einer realen Population ist keine mathematisch-statistische Voraussetzung für die Anwendung inferenzstatistischer Verfahren. Deren Erfüllung ist vielmehr an inhaltliche Konsequenzen und Fragen der Ergebnisinterpretation (bezüglich der Rekonstruktion einer Population) gekoppelt. Prinzipiell kann für jede Stichprobe (nachträglich) eine fiktive Population konstruiert werden, für die die Stichprobe repräsentativ ist. Allerdings ist die Stichprobe dann auch nur für eine solche gedachte Population repräsentativ. Eine populationsbeschreibende Untersuchung macht aber nur dann Sinn, wenn die Merkmale der Population vorab auch exakt definiert wurden. Nur so kann daraus eine adäquate Stichprobe gezogen werden.

6.2 Punkt- und Intervallschätzung

Bei populationsbeschreibenden Untersuchungen wird die Schätzung unbekannter Populationsparameter anhand bestimmter *Punktschätzer* (Mittelwert, Standardfehler) oder *Intervallschätzer* (Konfidenzintervall) vorgenommen. Wichtige Methoden der Parameterschätzung sind u. a. die *Methode der kleinsten Quadrate* und die *Maximum-Likelihood-Schätzung* (Bortz, 2005; Bortz & Döring, 2006).

Bei einer *Likelihood* wird induktiv von einem Stichprobenergebnis auf die *Plausibilität* verschiedener Populationsparameter geschlossen. Die Summe der Likelihoods für alle möglichen Populationsparameter, die angesichts eines Stichprobenergebnisses möglich sind, kann dabei Werte über Eins ergeben. Bei einer *Wahrscheinlichkeit* wird deduktiv aus einer Population das *Auftreten* einander ausschließender Stichprobenergebnisse bestimmt. Die Summe dieser Wahrscheinlichkeiten ergibt Eins.

Likelihood

Bei populationsbeschreibenden Untersuchungen spielt die Bestimmung des *optimalen Stichprobenumfangs* eine wichtige Rolle. Diese kann allerdings nur mit Zusatzinformationen bestimmt werden. Generell gilt, dass mit wachsendem Stichprobenumfang (unter konstanten Ziehungsbedingungen) auch die Genauigkeit von Parameterschätzungen steigt. Der Zugewinn nimmt dabei allerdings proportional zur Ausgangsgröße ab (also von $n = 100$ zu 200 ist ein größerer Effekt zu erwarten als bei einer Steigerung von $n = 1.000$ zu 1.100). Optimal wäre hier ein Stichprobenumfang dann, wenn die Parameterschätzungen mit der gewünschten *Präzision* geschätzt werden können.

optimaler Stichprobenumfang

6.3 Probabilistische Stichprobentechniken

Liegen Informationen darüber vor, welche zusätzlichen Merkmale mit den Untersuchungsmerkmalen zusammenhängen bzw. ist deren Verteilung (annähernd) bekannt, können diese Vorinformationen zur Erhöhung der Präzision von Parameterschätzungen verwendet werden, indem sie bei der Stichprobenziehung berücksichtigt werden. Darauf abgestellt sind spezifische Stichprobenziehungstechniken, mit denen sich die *merkmalsspezifische Repräsentativität* steigern lässt. In Auswahl sind dies

- *die geschichtete Stichprobe (stratified sample);*
- *die Klumpenstichprobe (cluster sample)* sowie
- *die mehrfach geschichtete Stichprobe (multi-stage sample).*

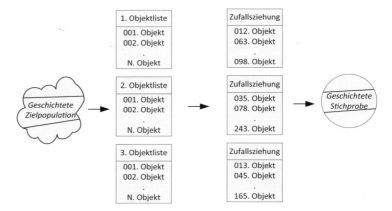

Abb. 6.2: Ziehungsprozess bei einer geschichteten Stichprobe. Auf der ersten Ebene werden durch ein Schichtungsmerkmal Subpopulationen gebildet, aus denen dann pro Schicht Zufallsstichproben gezogen werden.

Geschichtete Stichprobe

stratifizierte Stichprobe Bei der geschichteten oder stratifizierten Stichprobe entstehen aus der Unterteilung durch Schichtungsmerkmale (z. B. biografische oder soziodemografische Merkmale von Personen wie Alter, Bildung, Geschlecht, soziale Schicht) Subpopulationen pro Merkmalsausprägung bzw. Merkmalskombination, aus denen dann Zufallsstichproben entnommen werden. Zur Schätzung von Populationsparametern wird die relative Größe einer Schicht (Teilpopulation im Verhältnis zur Gesamtpopulation) als Gewichtung verwendet. Entscheidend ist, dass die Größe der durch das Schichtungsmerkmal definierten Subpopulationen bekannt sein muss (z. B. aus Daten des Statistischen Bundesamtes oder ähnlichen Quellen). Ist diese Größe nicht bekannt, muss sie geschätzt werden, z. B. aus den gezogenen Teilstichproben (*Ex-post-facto-Stratifizierung*). Schichtungen sind vorteilhaft, wenn die Teilstichproben deutlich homogener sind, als die Gesamtstichprobe, da sich dadurch die Schätzgenauigkeit der Parameter (gegebenenfalls bei reduziertem Stichprobenumfang) verbessert (z. B. eine Schichtung Universitätsangehöriger nach Studenten, Mitarbeitern und Professoren).

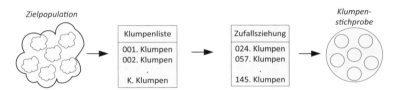

Abb. 6.3: Ziehungsprozess bei einer Klumpenstichprobe. Auf der ersten Ebene werden Gruppen gebildet. Aus der Menge der K Gruppen werden dann per Zufall einzelne Gruppen gezogen.

Klumpenstichprobe

Die Gesamtpopulation besteht aus Teilpopulationen (natürlich zusammenhängenden Teilkollektiven) oder Gruppen (Cluster) von Untersuchungsobjekten. Eine zufällige Auswahl von Gruppen wird dabei vollständig erhoben (z. B. alle Studierende zufällig ausgewählter Studiengänge oder alle Angehörigen verschiedener Abteilungen). Dabei ist lediglich gefordert, dass alle in der Population enthaltenen Cluster bekannt sind. Die Präzision der Parameterschätzung lässt sich durch den *Auswahlsatz* steigern. Dieser stellt die Wahrscheinlichkeit dar, mit der ein Cluster der Population in die Stichprobe aufgenommen wird. Allerdings eignen sich Klumpenstichproben zur Beschreibung der Population nur bei annähernd gleich großen Clustern. Die Cluster müssen sich daher sehr ähnlich sein. Die Untersuchungsobjekte in den Clustern sollten aber in Bezug auf das untersuchte Merkmal heterogen sein. Eine Prüfung erfolgt über den *Variationskoeffizienten* ($V < 0{,}2$). Im Ge-

Cluster-Stichprobe

gensatz dazu sollen bei der geschichteten Stichprobe die einzelnen Schichten in sich homogen, aber untereinander unterschiedlich sein.

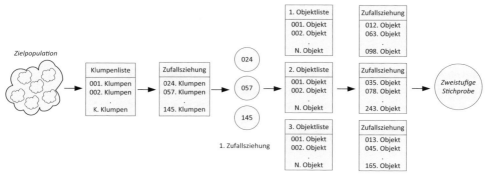

Abb. 6.4: Ziehungsprozess bei einer zweistufigen Stichprobe

Lassen sich Cluster nicht vollständig erheben, können diese auch in zufälligen Ausschnitten erhoben werden. Die zweistufige Stichprobe wählt dazu in einer ersten Ziehungsstufe per Zufallsauswahl die Cluster und in einer zweiten Ziehungsstufe per Zufall die Untersuchungsobjekte innerhalb der Cluster. Die Unterschiedlichkeit zwischen den Clustern und auch die Unterschiedlichkeit innerhalb der Cluster beeinflussen die Parameterschätzung. Vergrößern sich beide, nimmt der Standardfehler zu. Es empfiehlt sich daher, die Population in möglichst viele (kleine) Cluster zu zerlegen. Klumpen- und geschichtete Stichproben stellen Spezialfälle der zweistufigen Stichproben dar.

Mehrstufige Stichprobe

Panel-Stichprobe *Mehrstufige Stichproben* ziehen Zufallsstichproben aus Primär-, Sekundär- etc. Einheiten und auf der letzten Ebene die Objekte. Durch wiederholte (Teil-)Stichprobenuntersuchungen – z. B. zur Veränderungsmessung von Merkmalen zwischen Zeitpunkten – lassen sich Parameterschätzungen präzisieren. Derartige *Panel-Stichproben,* kurz *Panels,* werden zu gleichen oder auch verschiedenen Themen wiederholt befragt. Da Paneluntersuchungen spezifische Vor- und Nachteile besitzen (*Paneleffekte*: zunehmende Sicherheit vs. zu viel Routine), können Austausch- und Rotationspläne sinnvoll sein, um Panelmitglieder in bestimmten Abständen zu ersetzen. Gegebenenfalls sind auch *Panelkontrollstudien* (Vergleich alter gegen neue Panelmitglieder) notwendig.

Die Elemente von Stichprobenplänen (geschichtet, Klumpen, zwei-, mehrschichtig, wiederholte Messungen) lassen sich beliebig zu *komplexeren Stichprobenplänen* kombinieren. Allerdings haben solche Kombinationen Konsequenzen hinsichtlich einer Anpassung bei der Parameterschätzung.

6.4 Nicht-probabilistische Stichproben

Die *willkürliche Auswahl* ist nicht mit einer zufälligen Auswahl gleichzusetzen. Von einer zufälligen Auswahl kann aber nur dann gesprochen werden, wenn folgende Voraussetzungen erfüllt sind (Stier, 1999): **willkürliche Auswahl**

- die Grundgesamtheit, aus der die Auswahl erfolgt, ist definiert,

- ob ein Merkmalsträger (oder Element) dieser Grundgesamtheit in die Auswahl kommt, hängt nicht vom Forscher ab, sondern von einem (objektiv ablaufenden) Zufallsprozess, den der Forscher nicht beeinflussen kann und

- für jeden Merkmalsträger ist die Wahrscheinlichkeit, in die Auswahl zu gelangen, bekannt.

Alle drei Voraussetzungen sind bei der willkürlichen Auswahl nicht gegeben: Weder ist die Grundgesamtheit definiert, noch ist die Auswahlwahrscheinlichkeit für einen Merkmalsträger bekannt. Die Auswahl erfolgt zudem nicht objektiv, sondern durch eine subjektive Entscheidung des Auswählenden (z. B. ein Journalist, der auf der Straße eine ‚Meinungsumfrage' vornimmt). Sie wird deshalb auch als *Gelegenheitsstichprobe* bezeichnet. Eine willkürliche Auswahl ist somit für wissenschaftliche Zwecke unbrauchbar.

Bei der *bewussten Auswahl* wird die Auswahl gezielt vorgenommen, und zwar nach Kriterien, die im Zusammenhang des Forschungsprojektes sinnvoll erscheinen. Es hängt also im Gegensatz zur willkürlichen Auswahl nicht von einer subjektiven Entscheidung ab, ob ein Merkmalsträger ausgewählt wird, sondern nur davon, ob dieser die vorgegebenen Kriterien erfüllt. Somit ist bei der bewussten Auswahl sowohl die Grundgesamtheit als auch das Auswahlverfahren angebbar und kontrollierbar (z. B. Experten eines bestimmten Fachgebietes, Per- **bewusste Auswahl** sonen mit besonders hohem oder besonders niedrigem Einkommen oder Studierende mit abgeschlossenem Bachelorstudium).

Auswahl typischer Fälle   Ein Spezialfall der bewussten Auswahl ist die *Auswahl typischer Fälle*. Dabei ist genau zu definieren, welches die Kriterien sind, durch die ein typischer Fall charakterisiert sein soll. Bei dieser Auswahlform will man sich auf relativ wenige Elemente der Grundgesamtheit beschränken, die als ‚typisch' angesehen werden (z. B. klinische Fälle). Das setzt natürlich Kenntnisse über die Grundgesamtheit voraus, d. h. man muss wissen, wie die Merkmale, welche den typischen Fall charakterisieren, in der Grundgesamtheit verteilt sind, und es muss außerdem möglich sein, die jeweiligen Merkmalsausprägungen bei den Merkmalsträgern festzustellen, sonst kann keine gezielte Auswahl vorgenommen werden. Dies ist nicht immer gewährleistet.

Konzentrationsprinzip   Bei der *Auswahl nach dem Konzentrationsprinzip* konzentriert man sich auf Merkmalsträger, deren Merkmalsausprägungen so stark ausgeprägt sind, dass sie die Verteilung dieses Merkmals in der Grundgesamtheit dominieren. Damit bleiben Elemente der Grundgesamtheit mit geringeren Merkmalsausprägungen unberücksichtigt, d. h. man konzentriert sich auf die (in diesem Sinn) als wichtig erachteten Merkmalsträger. Um ein Konzentrationsverfahren (*cut-off-sampling*) anwenden zu können, muss natürlich klar sein, nach welchem Merkmal eine Grenze bestimmt werden soll, und außerdem muss die Ausprägung dieses Merkmals bei den einzelnen Merkmalsträgern feststellbar sein.

Quoten-Auswahl   Die *Quoten-Auswahl* (*quota-sampling*) ist gleichbedeutend mit einer Schichtung der Grundgesamtheit bei willkürlicher Auswahl der Stichprobe. Die Auswahl der Merkmalsträger erfolgt nach Vorgabe der Verteilung gewisser Merkmale in der Grundgesamtheit, die als Quotenmerkmale bezeichnet werden. Die *Quotenmerkmale* sollten einerseits leicht zu erkennen oder zu erfragen sein, andererseits aber auch möglichst eng mit den *Erhebungsmerkmalen* korrelieren. Außerdem muss ihre Verteilung in der Grundgesamtheit bekannt sein. Die am häufigsten verwendeten Quotenmerkmale sind etwa Alter, Geschlecht, Familienstand, Konfession, Wohnort, Berufstätigkeit bzw. selbständig/nicht selbständig. Die Auswahl bei der Quotenstichprobe erfolgt nun so, dass die Verteilung der Quotenmerkmale in der Stichprobe genau ihrer Verteilung in der Grundgesamtheit entspricht, d. h. die Quotenstichprobe ist ein verkleinertes Abbild der Grundgesamtheit. Allerdings gilt das nur für die Quotenmerkmale. Für sonstige Merkmale ist das nicht garantiert, obgleich das in der Praxis mehr oder weniger stillschweigend angenommen wird.

Bei *einfachen Quotenstichproben*, die in der Praxis dominieren, werden die Quoten *unabhängig* voneinander vorgegeben, *kombinierte Quotenstichproben* verwenden hingegen mehrdimensionale Verteilungen von Merkmalskombinationen. Kritisch ist bei diesem Verfahren anzumerken, dass es sich nicht um ein zufallsgesteuertes Auswahlverfahren handelt. Somit sind Inferenzschlüsse *nicht* zulässig. Obwohl die angestrebte Grundgesamtheit definiert ist, bleibt unklar, welches die Erhebungsgrundgesamtheit ist. Diese kann erheblich kleiner sein als die angestrebte Grundgesamtheit, weil davon ausgegangen werden muss, dass der Auswahlprozess mit Verzerrungen verbunden ist (bevorzugt werden solche Personen, die leicht erreichbar sind, sich kooperativ geben oder aus bestimmten Gründen zur Teilnahme gezwungen sind). Problematisch kann auch die Aktualität der Verteilung der Quotenmerkmale in der Grundgesamtheit sein, da die entsprechenden Kenntnisse häufig auf Daten beruhen, die oft viele Jahre zurückliegen.

einfache Quotenstichprobe

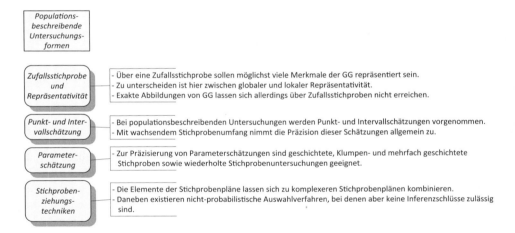

Abb. 6.5: Thesenhafte Zusammenfassung des 6. Kapitels

1. Was sind Voraussetzungen für die Ziehung großer Stichproben?
2. Wann sind große Stichproben indiziert?
3. Wann sind kleine Stichproben ausreichend?
4. Was unterscheidet globale von lokaler Repräsentativität?
5. Wie entsteht eine geschichtete Stichprobe?
6. Wie entsteht eine Klumpenstichprobe?

7 Hypothesenprüfende Untersuchungsformen

> Hypothesenprüfende Untersuchungsformen überprüfen Annahmen über Zusammenhänge, Unterschiede oder Veränderungen von Merkmalen bei spezifischen Populationen. Dabei können neben Variablenbeziehungen auch prognostische oder erklärende Annahmen über Effekte eine Rolle spielen. Allerdings sind solche Untersuchungen nicht auf Stichproben beschränkt, sondern können auch Einzelfälle betrachten.

7.1 Signifikanztests und damit verbundene Probleme

Hypothesenprüfende Untersuchungen erwarten spezifische Vorannahmen und Erkenntnisse, die erforderlich sind, um begründet (was den Untersuchungsaufwand betrifft), nachvollziehbar (was die Notwendigkeit der Untersuchung betrifft) und präzise (was eine zweifelsfreie Entscheidung erlauben soll) Hypothesen zu formulieren. Dazu werden Variablenbeziehungen auf Zusammenhänge, Unterschiede oder Veränderungen geprüft, um daraus bestimmte Effekte, nach Möglichkeit auch (kausale) Erklärungsmodelle oder Prognosen abzuleiten.

Im Zentrum dieser Bemühungen stehen vor allem kausale Variablenbeziehungen. Allerdings gibt es in der logischen Stringenz der Beweisführung Unterschiede bei hypothesenprüfenden Untersuchungen, da nicht alle Hypothesenarten schlüssige Ergebnisinterpretationen in dieser Form zulassen und sich damit auch in ihrer internen Validität unterscheiden. Während für experimentelle Untersuchungsformen (mit einer Randomisierung zur Zuweisung der Probanden auf die Untersuchungsbedingungen) der Erklärungsgehalt einer kausalen Hypothese festgestellt werden kann, gelingt dies bei korrelativen Studien nicht.

Hypothesenarten
Die Frage(n), die, abgeleitet aus Beobachtungen, Voruntersuchungen oder Theorien, bezüglich eines Untersuchungsgegenstandes formuliert werden, werden als *Forschungshypothese* bezeichnet. Die Forschungshypothese legt damit auch den Geltungsbereich (Bezug zur

angestrebten Population) und die Stichprobenart fest. Weitere Hypothesenarten werden unterschieden:

- *Allgemeine Forschungshypothesen* werden in Zusammenhangs-, Unterschieds- und Veränderungshypothesen unterschieden (Genaueres in **Kap. 7.2**).

- Bei *operationalen Hypothesen* handelt es sich um eine empirische Vorhersage bzw. Prognose zum Ausgang der Untersuchung. Operationale Hypothesen sind Forschungshypothesen nachgeordnet. Sie entstehen als Ergebnis der Operationalisierung einer Fragestellung und der damit verbundenen Festlegung von UV und AV. In dieser Funktion müssen operationale Hypothesen besonders präzise formuliert sein, da aus ihnen eine Entscheidung über die Forschungshypothese abgeleitet wird.

- *Statistische Hypothesen* werden in Null- (H_0) und Alternativhypothesen (H_1) differenziert. Sie sind formal durch den jeweiligen Signifikanztest definiert und nehmen Bezug auf die betrachteten Populationsparameter.

- *Gerichtete vs. ungerichtete Hypothesen* stellen eine Differenzierung statistischer Hypothesen dar. Ungerichtet ist eine Hypothese dann, wenn keine Richtung für einen Zusammenhang oder Unterschied angegeben wird. Bei einer gerichteten Hypothese hingegen wird das Vorzeichen einer Korrelation oder die Richtung eines Unterschieds genannt. Damit wird hier die Relation der statistischen Parameter festgelegt. Da bei einer gerichteten Alternativhypothese die H_0 durch Relationen ausgedrückt wird, die mehrere Parameter repräsentieren kann (z.B. H_0: $\rho \leq 0$) werden solche Hypothesen als *zusammengesetzte Hypothesen* bezeichnet gegenüber *Punkt-* oder *einfachen Hypothesen* (z.B. H_0: $\rho = 0$), die durch einen Parameter gekennzeichnet sind.

- *Spezifische vs. unspezifische Hypothesen* stellen eine weitere Differenzierung statistischer Hypothesen dar. Bleibt die Höhe eines Zusammenhangs oder der Betrag eines Unterschieds ungenannt, liegt eine unspezifische Hypothese vor. Bei spezifischen Hypothesen hingegen wird ein Mindestbetrag oder eine Mindestgröße (Effektgröße) spezifiziert, die erreicht werden muss (z.B. H_1: $\mu_1 \geq \mu_2 + x$ oder H_1: $\rho \geq x$). Spezifische Hypothesen sind daher zumeist mit gerichteten Hypothesen kombiniert.

- Im üblichen Sprachgebrauch entspricht die Alternativhypothese der *Forschungshypothese*, die einen Zusammenhang, Unterschied oder eine Veränderung unterstellt.

Signifikanztest Eine Entscheidung über das Zutreffen oder Nicht-Zutreffen einer Hypothese erfolgt über einen *Signifikanztest*, der die Wahrscheinlichkeit ermittelt, mit der das gefundene empirische Ergebnis und extremere Ergebnisse auftreten können, wenn die Populationsverhältnisse der Nullhypothese entsprechen. Eine statistische Signifikanz schätzt dabei die Wahrscheinlichkeit p von Stichprobenergebnissen als Mindestabweichung eines beobachteten Stichprobenresultates vom Ergebnis unter einer Nullhypothese für die Population, und das bei gegebener Stichprobengröße (Cohen, 1994). D. h. statistische Tests bewerten nicht die Wahrscheinlichkeit, dass ein Stichprobenergebnis die Population beschreibt bzw. dass ein Stichprobenergebnis replizierbar ist. Vielmehr wird angenommen, dass die Null die Population exakt beschreibt (Thompson, 2006).

Diese Logik wirkt verbogen, da sich damit die Frage, die man eigentlich beantwortet haben möchte, nicht beantworten lässt: Populationswerte und Wahrscheinlichkeiten für Ergebnisse aus Wiederholungen an weiteren Stichproben, die aus der gleichen Grundgesamtheit gezogen werden. Da sich die Prämissen statistischer Signifikanz nicht auf menschliche Werte berufen, kann statistische Signifikanz die Wichtigkeit eines Ergebnisses auch nicht bewerten (Thompson, 2001, 2002). Daher scheint die Feststellung statistischer Signifikanz als Bewertung einer ordinalen Beziehung unzureichend, solange nicht zusätzlich das Ausmaß einer Differenz und des damit assoziierten Schätzfehlers bekannt sind (Kirk, 1996).

Denkbeispiel: Mögliche Ereignisse können sehr wichtig sein, auch wenn sie nicht ungewöhnlich oder atypisch sind (großes p). Sehr unwahrscheinliche Ereignisse (kleines p) können sehr wichtig sein. Es ist sehr unwahrscheinlich, dass ein Asteroid unseren Planeten in der nächsten halben Stunde zerstören wird. Und auch wenn wir diesen Outcome erwarten (also dass der Planet nicht in der nächsten halben Stunde zerstört wird), ist der Outcome dennoch bemerkenswert, da unsere Existenz davon abhängt.

Der Einsatz von Signifikanztests beschränkt sich entsprechend auf Einsätze, bei denen der interessierende Populationsparameter unbekannt ist. Über die wahren Parameter können daher nur Vermutungen angestellt werden. Entscheidend ist, *vor* Untersuchungsbeginn die Hypothesenart und das α-Niveau festzulegen: Die Gerichtetheit einer

Hypothese (einseitige Fragestellung) ergibt u. U. signifikante Ergebnisse, die sich bei einer ungerichteten (zweiseitigen) Hypothese nicht einstellen. Nachträgliche Korrekturen des α-Niveaus sind unzulässig, da nicht konventionell statistische, sondern inhaltliche Überlegungen die Festlegung des Signifikanzniveaus rechtfertigen müssen; darüber hinaus bestehen auch Abhängigkeiten zur Größe der Stichprobe.

Für den α–Fehler gilt eine (mehr oder weniger willkürlich festgelegte) Konvention für das Signifikanzniveau (von 1 % oder 5 %), während für den β–*Fehler* (der nur bei spezifischer Hypothese bestimmt werden kann) eine solche Konvention nicht besteht (obwohl gleiche Grenzwerte sinnvoll wären). Dies ist schwer nachvollziehbar, da dadurch unbeantwortet bleibt, welche der beiden möglichen Fehlentscheidungen (es gilt H_0, Entscheidung aber zugunsten H_1 oder es gilt H_1, Entscheidung aber zugunsten H_0) verhängnisvollere Konsequenzen hat.

α- und ß-Fehler

Die Vermarktung eines wirkungslosen Arzneimittels kann ohne Konsequenzen sein (Inkaufnahme eines α-Fehlers), sofern es harmlos ist. Es könnte aber auch Nebenwirkungen besitzen, die zu gesundheitlichen Beeinträchtigungen führen. Andererseits könnte ein an sich wirksames Präparat nicht hergestellt werden (Inkaufnahme eines β-Fehlers). Welche Konsequenzen sind verhängnisvoller?

Praktisch stößt die Bestimmung der β-Fehlerwahrscheinlichkeit allerdings auf Probleme, da dazu die Parameter der H_1-Verteilung (wahre Mittelwertdifferenz oder wahre Korrelation) bekannt sein müssen. Einfacher ist es, zusammengesetzte Hypothesen zu fordern, die mehrere Parameterausprägungen (Mindestwerte für Differenzen oder Mindestbetrag für Korrelation) zulassen. Für die Festlegung solcher Mindestbeträge sind praktische Erwägungen einer minimalen Effektgröße bedeutsam. Umso unverständlicher ist, dass die vorherrschende Forschungspraxis zumeist ohne Vorgabe praktisch bedeutsamer Effektgrößen arbeitet. Dies kann nicht über die Tatsache hinwegtäuschen, dass die Feststellung einer Signifikanz noch nichts über die praktische Bedeutsamkeit eines (statistisch nachgewiesenen) Effekts aussagt (Skidmore & Thompson, 2010).

7.2 Zusammenhangs-, Unterschieds-, Veränderungshypothesen

Unterschiedshypothesen sind prinzipiell in Zusammenhangshypothesen überführbar und vice versa. Allerdings unterscheiden sich die daraus resultierenden Versuchspläne durchaus in ihrer Praktikabilität und in der Interpretierbarkeit der Ergebnisse.

Univariate Zusammenhangshypothesen

Schlussfolgerungen aus *Interdependenzanalysen* (Untersuchungen zur Überprüfung von Zusammenhangshypothesen) richten sich auf Art und Intensität kovariierender Merkmale. Typisch sind hier *Cross-Sectional-Designs*, also Querschnittsuntersuchungen, bei denen ein Messzeitpunkt zur Erhebung zweier oder mehrerer Merkmale ausreicht. Bei Erhebung der Merkmale X und Y werden pro Untersuchungsobjekt zwei Messwerte erhoben und direkt als Datenpaar zugeordnet. Die Enge des Zusammenhangs wird dann durch einen Korrelationskoeffizienten ausgedrückt, dessen statistische Bedeutsamkeit über einen (ein- oder zweiseitigen) Signifikanztest geprüft werden kann.

bivariate Korrelation   Für *bivariate* Zusammenhangshypothesen stehen entsprechende bivariate Korrelationskoeffizienten für verschiedene Skalenniveaus zur Verfügung, die Abbildung 7.1 zu entnehmen sind (vgl. Pospeschill, 2012):

Zusammenhangs-, Unterschieds-, Veränderungshypothesen

		Merkmal Y (UV)				
		Intervall-skala	Ordinal-skala	Künstlich dichotom	Natürlich dichotom	Nominal-skala
Merkmal X (AV)	Intervall-skala	Pearsons r	Spearmans rho, Kendalls Tau-b/ –c	Biseriale Korrelation	Punktbiseriale Korrelation	Eta, Kontingenz-koeffizient
	Ordinal-skala		Kendalls Tau-b/ –c, Gamma, Somers-D	Biseriale Rangkorrelation	Biseriale Rang-korrelation	Kontingenz-koeffizient
	Künstlich dichotom			Tetrachorische Korrelation	Phi-Koeffizient, Lambda, Unsicherheits-koeffizient	Kontingenz-koeffizient, Lambda, Unsicherheits-koeffizient
	Natürlich dichotom				Phi-Koeffizient, Lambda, Unsicherheits-koeffizient	Kontingenz-koeffizient, Lambda, Unsicherheits-koeffizient
	Nominal-skala					Kontingenz-koeffizient, Cramers V, Lambda, Unsicherheits-koeffizient

Abb. 7.1: Übersicht bivariater Korrelationen für unterschiedliche Skalenniveaus

Ein spezielles Zusammenhangsmaß, das zur Messung der Urteilskonkordanz bzw. Interrater-Reliabilität eingesetzt wird, ist der *Kappa-Koeffizient*. Ein weiteres Maß zur Messung des Zusammenhangs zwischen dem Eintreten eines Ereignisses und dem Vorliegen eines Sachverhaltes ist das *Relative Risiko*.

Kappa-Koeffizient

Existiert für eine Skalenkombination kein geeignetes Maß, muss das Merkmal mit dem höheren Skalenniveau auf das Skalenniveau des Vergleichsmerkmals transformiert werden (z. B. durch Bildung einer klassifizierten aus einer metrischen Variable). Alternativ kann in diesem Fall aber auch die Prüfung durch eine multivariate Zusammenhangshypothese oder durch Änderung in eine Unterschiedshypothese erfolgen.

Die oben genannten Maße bleiben allerdings auf lineare Zusammenhänge beschränkt. Im Falle non-linearer Zusammenhänge ist es erforderlich, diese vor einer statistischen Prüfung zu spezifizieren (z. B. als exponenziell, logarithmisch log-linear, sigmoid usw.).

Um zu verzerrungsfreien Resultaten und angemessenen Interpretationen zu gelangen, erfordern Zusammenhangshypothesen eine Stichprobenziehung, mit der die Population in ihrer ganzen Merkmalsbreite abgedeckt wird. Andernfalls sind Stichprobenfehler bei der Zusammenhangsschätzung nicht auszuschließen: So wird die (wahre) Korrelation bei Betrachtung eines einzelnen Merkmalsausschnittes (unter Ausschluss von Teilstichproben mit höheren oder niedrigeren Ausprägungen) unterschätzt, während sie bei Betrachtung von Extremgruppen (unter Ausschluss einer Teilstichprobe mit mittlerer Ausprägung) überschätzt wird.

Multivariate Zusammenhangshypothesen

Für *multivariate* Zusammenhangshypothesen bieten sich Partialkorrelation, multiple Korrelation, (multiple) Regressionsanalyse, kanonische Korrelation und die Faktorenanalyse an. Für die Überprüfung der Abhängigkeit von Faktoren eignen sich zusätzlich die konfirmatorische Faktorenanalyse und Strukturgleichungsmodelle (Backhaus et al., 2008; Wentura & Pospeschill, 2013).

Partial-Korrelation Bei einer *Partial-Korrelation* wird der Zusammenhang zweier intervallskalierter Merkmale X und Y durch eine oder mehrere intervallskalierte Drittvariable(n) Z (Z_1, Z_2 ... Z_p) zu erklären versucht, die mit beiden Merkmalen korreliert ist bzw. sind. In diesem Fall wird (zwangsläufig) erwartet, dass auch X und Y korreliert sind. Über die Partial-Korrelation soll geklärt werden, wie stark der Zusammenhang zwischen X und Y wäre (weiterhin bestehen bleibt, sich abschwächt oder sich verliert), wenn die Gemeinsamkeiten mit Z unberücksichtigt bleiben. Damit verbunden ist zumeist die (inhaltlich begründete) Annahme, dass X und Y kausal durch Z beeinflusst werden; diese Annahme ist aber nicht zwingend. Durch die Partial-Korrelation kann der Anteil, der auf die Drittvariable zurückgeht, auf statistischem Wege entfernt (auspartialisiert) werden. Partialkorrelationen ohne Dritt- bzw. Kontrollvariable werden als Korrelation nullter Ordnung, mit einer Kontrollvariable als Korrelation erster Ordnung, mit zwei Kontrollvariablen als Korrelation zweiter Ordnung usw. bezeichnet. Korrelationen werden auf diese Weise um den Einfluss dritter Variablen bereinigt. Eine Variante von Partialkorrelationen sind sogenannte *Semi-Partialkorrelationen* (Partkorrelationen), bei denen der Einfluss einer Kontrollvariable Z nur aus einem der Merkmale (also X oder Y) auspartialisiert wird.

Es wird ein Zusammenhang zwischen den Merkmalen „Prüfungsleistung im Studium" und „späterem Berufserfolg" vermutet. Dazu soll nur die Prüfungsleistung um das Merkmal der Prüfungsangst bereinigt werden. Eine adäquate Statistik könnte hier eine Semi-Partialkorrelation sein.

Ebenso wäre es denkbar, aus beiden Merkmalen das Konstrukt der Leistungsmotivation zu partialisieren. In diesem Fall wäre eine Partialkorrelation angemessen.

Von multiplen Zusammenhängen wird gesprochen, wenn korrelative Beziehungen zwischen mehreren (nominal- oder intervallskalierten) Prädiktoren $X_1, X_2 \ldots X_p$ und einem (intervallskalierten) Kriterium Y überprüft werden sollen. Dieses Vorgehen berücksichtigt die gemeinsame Wirkung multipler Indikatoren, die verschiedene Teilaspekte eines untersuchten Merkmals abdecken. Eine statistische Überprüfung erfolgt über die *multiple Korrelation* bzw. *multiple Regression*.

multiple Regression

Nominale Merkmale bei den Prädiktoren lassen sich dabei in sogenannten *Indikatorvariablen* transformieren. Dabei kann eine Dummykodierung (mit 0, 1), eine Effektkodierung (mit 0, 1 und -1) oder eine Kontrastkodierung (mit 0, 1, -1, 0,5, $-0,5$) eingesetzt werden.

Bei einer *Dummykodierung* von Prädiktoren entspricht die Regressionskonstante a der durchschnittlichen Merkmalsausprägung der (mit 0 kodierten) Referenzgruppe und die b-Gewichte den Abweichungen der Gruppenmittelwerte vom Mittelwert der Referenzgruppe (Vergleich Experimental- mit Kontrollgruppe).

Dummykodierung

Wird eine dichotome Variable (z. B. Geschlecht) als Prädiktor verwendet, kann diese mit 0 (für männlich) und 1 (für weiblich) in eine Dummy-Variable überführt werden.

Im Falle eines k-stufigen nominalen Merkmals müssen $k-1$ Dummy-Variablen verwendet werden, um die Daten einer multiplen Korrelation oder Regression zuführen zu können. Liegt z. B. ein vierstufiges nominales Merkmal vor, sind drei Dummy-Variablen als Prädiktoren zu erstellen:

X_1	X_2	X_3	
1	0	0	für die erste Kategorie
0	1	0	für die zweite Kategorie
0	0	1	für die dritte Kategorie
0	0	0	für die vierte (Referenz-)Kategorie

Effektkodierung Bei der *Effektkodierung* wird die Referenzkategorie (anstatt mit 0 wie bei der Dummykodierung) mit −1 kodiert. In der Regressionsgleichung entspricht die Regressionskonstante a dann dem Gesamtmittelwert der abhängigen Variable und die b-Gewichte den Abweichungen der Gruppenmittelwerte vom Gesamtmittelwert (Treatmenteffekte im Kontext varianzanalytischer Auswertungen nach dem Allgemeinen Linearen Modell).

Für ein vierstufiges nominales Merkmal führt eine Effektkodierung zu folgenden Indikatorvariablen:

X_1	X_2	X_3	
1	0	0	für die erste Kategorie
0	1	0	für die zweite Kategorie
0	0	1	für die dritte Kategorie
−1	−1	−1	für die vierte (Referenz-)Kategorie

Kontrastkodierung Die *Kontrastkodierung* folgt den Regeln eines *a priori*-Einzelvergleiches, bei dem die Summe der Gewichte 0 ergeben muss. In der Regressionsgleichung entspricht die Regressionskonstante a dem Gesamtmittelwert der abhängigen Variable, während sich das b-Gewicht einer Indikatorvariablen als eine Funktion der Kontrastkoeffizienten darstellen lässt, die den jeweiligen Kontrast kodieren (Einzelvergleich bei multipler Regression).

Die erste Indikatorvariable X_1 kontrastiert die ersten beiden Kategorien. Soll nun die dritte und vierte Kategorie kontrastiert werden, wäre die dritte Kategorie mit 1, die vierte Kategorie mit −1 und die ersten beiden Kategorien mit 0 zu kodieren; dies entspricht der Kodierung von X_2. Die dritte Indikatorvariable X_3 kontrastiert mit 0,5 die ersten beiden von den letzten Kategorien mit −0,5.

X_1	X_2	X_3	
1	0	0,5	für die erste Kategorie
−1	0	0,5	für die zweite Kategorie
0	1	−0,5	für die dritte Kategorie
0	−1	−0,5	für die vierte Kategorie

Für jede Indikatorvariable gilt bei Kontrastkodierung, dass ihre Summe Null ergibt. Ebenso gilt, dass das Produkt zweier Einzelvergleiche Null ergibt. Damit sind die Einzelvergleiche paarweise orthogonal (unabhängig).

Im Falle mehrerer Prädiktor- und mehrerer Kriteriumsvariablen resultiert eine sogenannte *kanonische Korrelation*. Das Vorgehen ähnelt der Hauptkomponentenanalyse. Die Prädiktor- und Kriteriumsvariablen werden getrennt faktorisiert und über ihre ersten Faktoren dann so rotiert, dass deren (kanonische) Korrelation maximal wird. Ist aus beiden Variablensätzen jeweils ein Faktor extrahiert worden (die maximal miteinander korrelieren), verbleibt eine Restvarianz jeweils für die Prädiktor- und die Kriteriumsvariablen. Aus diesen beiden Restvarianzen wird dann jeweils ein weiterer Faktor abgeleitet, die die zweite kanonische Korrelation bilden. Auch diese beiden Faktoren unterliegen der Bedingung maximaler Korrelation und sind gleichzeitig orthogonal zu ihren jeweiligen ersten Faktoren. Dieser Prozess der sukzessiv maximalen Kovarianzaufklärung wird solange fortgeführt, bis die Gesamtvarianz der beiden Variablensätze erschöpft ist. Dabei entspricht die Anzahl der kanonischen Korrelationen der Anzahl der Variablen im kleineren Datensatz, d.h. während im kleineren Variablensatz die Gesamtvarianz vollständig ausgeschöpft wird, verbleibt im größeren Variablensatz eine Restvarianz bestehen. Als statistische Kennwerte dienen dabei der *Determinationskoeffizient* und sogenannte *Redundanzmaße*. **kanonische Korrelation**

Von faktoriellen Zusammenhängen wird ausgegangen, wenn die Annahme besteht, dass sich Merkmale (bzw. Items) durch eine geringere Zahl (i.d.R. orthogonaler) *Faktoren* oder *Dimensionen* erklären lassen. Die Zugehörigkeit einzelner Items zu den Faktoren wird dabei durch *Faktorladungen* ausgedrückt, der Korrelation zwischen Item und Faktor(en). Daraus gegebenenfalls resultierende Faktorstrukturen können verglichen werden. Ebenso sind Hypothesen denkbar, die sich auf eine bestimmte Anzahl von Faktoren, ihre Unabhängigkeit bzw. Abhängigkeit (orthogonal oder oblique) oder strukturelle Zusammenhänge zwischen den Faktoren beziehen. Zur Überprüfung dienen hier konfirmatorische Faktorenanalysen bzw. Strukturgleichungsmodelle. **Faktorenanalyse**

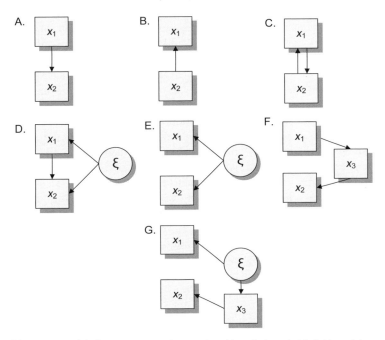

Abb. 7.2: Verschiedene Interpretationen einer Korrelation. A. Variable x_1 ist verursachend für den Wert der Variable x_2 oder B. vice versa (kausal interpretierte Korrelation), C. die Variablen x_1 und x_2 beeinflussen sich wechselseitig (nicht kausal interpretierte Korrelation); D. Abhängigkeit zwischen x_1 und x_2 geht teilweise auf den Einfluss einer exogenen (hypothetischen) Größe ξ zurück (partiell kausal interpretierte Korrelation), E. Abhängigkeit zwischen x_1 und x_2 geht ausschließlich auf die Größe ξ zurück (nicht kausal interpretierte Korrelation), F. x_1 beeinflusst die Variable x_3, die ihrerseits x_2 beeinflusst (indirekt kausal interpretierte Korrelation); G. eine exogene Größe ξ beeinflusst x_1 direkt und x_2 indirekt über x_3.

Korrelation und Kausalität

Da für Zusammenhänge theoretisch unendlich viele Kausalmodelle konstruierbar sind, lassen sich über Korrelationen keine Kausalmodelle bestätigen (**Abb. 7.2**). Dadurch verlieren Korrelationsstudien an interner Validität. Durch nicht-signifikante Korrelationen lassen sich allerdings Kausalmodelle falsifizieren, da Kausalrelationen Korrelationen implizieren. Kausalinterpretationen sind daher nur inhaltlich oder logisch begründbar. Durch Längsschnittstudien (z. B. *Cross-Lagged-Panel Design*) kann zudem die Zahl (bzw. die Plausibilität)

konkurrierender Kausalmodelle eingeschränkt und durch Pfadanalysen (unter Berücksichtigung manifester Variablen) sowie Strukturgleichungsmodelle (mit manifesten und latenten Variablen) verglichen werden.

Es könnte behauptet werden, übermäßiger Alkoholkonsum (x_1) reduziere die allgemeine Lebenserwartung (x_2); dies entspricht dem Modell A in Abbildung 7.2. Würde sich zwischen diesen beiden Variablen keine Korrelation zeigen, wäre die Kausalhypothese widerlegt. Besteht hingegen diese Korrelation, spricht das nicht gegen das Kausalmodell. Allerdings sind ebenso andere formale Modelle denkbar:

Modell B. Eine geringe Lebenserwartung (x_2) verursacht übermäßigen Alkoholkonsum (x_1).

Modell C. Übermäßiger Alkoholkonsum (x_1) und eine reduzierte Lebenserwartung (x_2) beeinflussen sich wechselseitig, da sich mit dem Alkoholkonsum die Lebenseinstellung verändert, die wiederum einen Zuwachs im Alkoholkonsum induziert.

Modell D. Genetische Determinanten (ξ) erklären den Zusammenhang zwischen übermäßigem Alkoholkonsum (x_1) und der allgemeinen Lebenserwartung (x_2).

Modell E. Es sind genetische Determinanten (ξ), die unabhängig den Hang zu übermäßigem Alkoholkonsum (x_1) und einer reduzierten Lebenserwartung (x_2) erklären.

Modell F. Übermäßiger Alkoholkonsum (x_1) verändert die Nahrungsaufnahme und führt zu einer Mangelernährung (x_3), die wiederum die Lebenserwartung (x_2) reduziert.

Modell G. Bestimmte Umweltfaktoren (ξ) verursachen den Konsum von Alkohol (x_1) und Nikotin (x_3). Auf die reduzierte Lebenserwartung (x_2) wirkt aber nur das Rauchen (x_3).

Die Plausibilität verschiedener Erklärungsmodelle kann aus den Korrelationen nicht abgeleitet werden (diese können alle Hypothesen gleichermaßen bestätigen). Nur anhand von theoretischem Hintergrundwissen können die unterschiedlichen Modelle in ihrer Plausibilität oder Logik differenziert werden.

Eine Möglichkeit der Abwägung besteht in dem bereits erwähnten *Cross-Lagged-Panel Design*, dass eine Form von korrelativer Längsschnittuntersuchung darstellt (**Abb. 7.3**).

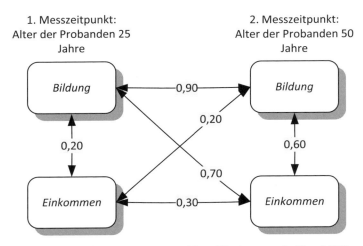

Abb. 7.3: Beispiel für ein Cross-Lagged-Panel Design, um die Plausibilität zu klären, ob (a) die Bildung das Einkommen oder (b) das Einkommen die Bildung beeinflusst. Für (a) würde sprechen, wenn zwischen Bildung mit 25 Jahren und Einkommen mit 50 Jahren ein hoher Zusammenhang besteht; demgegenüber sollte zwischen Einkommen mit 25 Jahren und Bildung mit 50 Jahren eine niedrige Korrelation bestehen. Gleichzeitig müssten Bildung und Einkommen mit 50 Jahren höher korrelieren als mit 25 Jahren.

Strukturgleichungsmodell Die Wirkungsüberprüfung komplexerer Kausalketten kann über *Pfadanalysen* oder *Strukturgleichungsmodelle* erfolgen (Hoyle, 1995; MacCallum & Austin, 2000). Auch hier gilt allerdings, dass sich kausale Annahmen widerlegen, aber nicht eindeutig bestätigen lassen. Ein solcher Schluss wäre nur zulässig, wenn sich korrelative Zusammenhänge durch keine weiteren Kausalmodelle erklären ließen. Dies ist aber i. d. R. durch Änderung der direktiven Beziehungen oder Einfügen neuer Beziehungen möglich. Strukturgleichungsmodelle gehen gegenüber Pfadanalysen über den Schritt wechselseitiger Kausalbeziehungen hinaus, indem sie zusätzlich Annahmen über latente (nicht direkt beobachtbare) Merkmale mit in das Modell aufnehmen, die wiederum Beziehungen untereinander und zu anderen Merkmalen aufbauen können. Für beide Methoden gilt, dass vor einer Überprüfung spezifische Modelle über Ursache-Wirkungs-Sequenzen vorliegen müssen. Die im Kontext dieser Analysen durchgeführten Modelltests dienen der Bestätigung, ob ein spezifiziertes Modell mit den empirischen Daten übereinstimmt. Ob das Modell damit tatsächlich der Realität entspricht, bleibt unbeantwortet.

Letztlich kann die empirische Validierung und gegebenenfalls Generalisierung einer Kausalhypothese nur durch wiederholte Prüfung (Replikation) der gleichen Kausalhypothese erreicht werden. Aus dem metaanalytischen Vergleich von Ergebnissen vergleichbarer Untersuchungen kann die generelle Stärke von Kausaleffekten und die Gegebenheit einer Übertragbarkeit abgeschätzt werden.

Unterschiedshypothesen für zwei Gruppen

Die Überprüfung von Wirkung oder Effekt einer Maßnahme ist zwar in der Forschung üblich, aber nicht allein an den Fällen zu entscheiden, die der Maßnahme unterworfen sind. Der Grund dafür besteht darin, dass die Ergebnisse bei einem *Ein-Gruppen-Plan* immer mehrdeutig bleiben, da auch andere (unkontrollierte) Einflüsse den Effekt eines Treatments erklären können.

Daher bedarf es Untersuchungsplänen, die Fragestellungen zu Effekten präziser beantworten können. Typisch sind sogenannte *randomisierte Zwei-Gruppen-Pläne* mit einer Treatment- und einer Kontrollgruppe. Da hier zwei Gruppen bezüglich Veränderungen der abhängigen Variablen verglichen werden, kann die Wirkung des Treatments eindeutiger nachgewiesen werden. Allerdings ist die Inferenz zwischen einer Experimental- und Kontrollgruppe nur dann evident, wenn beide Untersuchungsgruppen aus einer Stichprobe per Zufall (und damit äquivalent hinsichtlich personengebundener Störvariablen) zugewiesen wurden. Die Randomisierung setzt voraus, dass die Untersuchungsbedingungen unter der vollständigen Kontrolle des Untersuchungsleiters liegen. Ist diese Bedingung erfüllt, lassen sich die (Treatment-)Gruppen erzeugen, so dass eine *echte experimentelle* Untersuchung vorliegt. Sind die Gruppen allerdings vorgegeben (z. B. eine natürliche Unterteilung nach Geschlecht), liegt eine *quasi-experimentelle* Untersuchungen vor und die Effekte sind in der Folge weniger zwingend interpretierbar.

Zwei-Gruppen-Plan

Zwei-Gruppen-Pläne werden bei experimentell erzeugten Gruppen mittels eines *t*-Tests für unabhängige Stichproben, bei *Matched Samples* mittels eines *t*-Tests für abhängige Stichproben oder äquivalenter nicht-parametrischer Tests (Mann & Whitney *U*-Test, Wilcoxon-Test) ausgewertet.

Eine besondere Gruppe bei den Zwei-Gruppen-Plänen ist der *Extremgruppenvergleich*, bei dem nur Probanden mit besonders hohen und

Extremgruppenvergleich

niedrigen Ausprägungen in einer kontinuierlichen unabhängigen Variable berücksichtigt werden. Durch dieses Vorgehen kann explorativ geklärt werden, ob eine unabhängige Variable potenziellen Erklärungswert für eine abhängige Variable besitzt. Nicht selten überschätzt dieses Vorgehen allerdings den Effekt einer unabhängigen Variable, da der mittlere Bereich unbeachtet bleibt. Entsprechend ist ein *t*-Test in diesem Kontext aufgrund fehlender Voraussetzungen ungeeignet und eher ein non-parametrischer Test zu empfehlen.

Unterschiedshypothesen für mehr als zwei Gruppen

Mehr-Gruppen-Plan Im Vorgehen unterscheiden sich *Mehr-Gruppen-Pläne* von Zwei-Gruppen-Plänen nicht. Eine statistische Überprüfung erfolgt über Varianzanalysen, Post-hoc- sowie Kontrast-Tests. *A priori*-Einzelvergleiche (Kontraste) sind (ohne Alpha-Fehler-Adjustierung) angezeigt, wenn vor der Untersuchung gezielte Einzelvergleichshypothesen formuliert wurden, während *a posteriori*-Einzelvergleiche (Post-hoc) dazu dienen, im Nachhinein (mit entsprechender Alpha-Fehler-Adjustierung) festzustellen, welche Treatments sich signifikant unterscheiden (**Kap. 9.3**). Kontrast-Tests dienen zudem dazu, Treatments zusammenzufassen und mit anderen Treatments zu vergleichen. Sind abhängige und unabhängige Variable intervallskaliert, können zudem über *Trendtests* bestimmte (lineare, quadratische, kubische etc.) Veränderungen überprüft werden.

faktorieller Plan Wird die Wirksamkeit mehrerer unabhängiger Variablen simultan betrachtet, entstehen sogenannte (mehr-)*faktorielle Pläne*, bei denen neben den Haupteffekten auch Interaktionen überprüft werden können. Damit sich die Gruppen vor der Behandlung nicht wesentlich unterscheiden, werden Maßnahmen der Parallelisierung, des Matchings oder des Konstanthaltens eingesetzt; dies sichert die interne Validität.

Interaktionseffekt Bei der Prüfung von Wechselwirkungen geht es dabei vor allem um die Frage, auf welche Weise Faktorenstufen zusammenwirken. Dabei werden überzufällige Abweichungen vom additiven Zusammenwirken von Faktorenstufen (der sogenannte ‚Normalfall') als *Interaktionseffekt* bezeichnet. Interaktionsdiagramme bzw. Profilplots dienen dazu, die Art der Wechselwirkung zu visualisieren. Dabei werden die Werte der AV auf der Ordinate (y-Achse) und die Stufen eines Faktors auf der Abszisse (x-Achse) abgetragen. Jede Stufe eines zweiten Faktors bildet einen Linienzug. Damit werden die Mittelwerte der entsprechenden Faktorstufenkombination verbunden. Bei Fehlen einer Interaktion verlaufen die Linien parallel (Additivität der Faktoren), ein Abweichen von der Parallelität deutet auf eine Interaktion hin. Signifikante Interaktionseffekte erfordern gegebenenfalls eine geänderte Interpretation von signifikanten Haupteffekten. Um dies einschätzen zu können, sind die Interaktionseffekte korrekt zu klassifizieren (Bortz, 2005; Pospeschill, 2006):

- Eine *ordinale Interaktion* liegt vor, wenn die Graphen gleichsinnig verlaufen, also beide aufsteigend oder abfallend sind. In diesem Fall bleiben die Haupteffekte interpretierbar.

- Bei einer *hybriden Interaktion* verlaufen die Graphen in einem Interaktionsdiagramm gleichsinnig, im anderen nicht. Hier bleibt nur einer der Haupteffekte interpretierbar.

- Eine *disordinale Interaktion* ist erkennbar durch nicht gleichsinnig verlaufende Graphen. Keiner der Haupteffekte ist damit interpretierbar. Eine Interpretation ist nur differenziert auf der Ebene einzelner Zellen möglich.

Hingewiesen werden sollte noch auf das gelegentliche Missverständnis sich kreuzender Graphen. Es kann sehr wohl passieren, dass sich gleichsinnig (aufsteigend oder absteigend) verlaufende Graphen durchkreuzen, während dies bei gegenläufigen Graphen nicht auftritt. Auch bleibt die Interpretation einer Interaktion deskriptiv, wenn dazu nicht zuvor eine spezifische Hypothese formuliert wurde. Schließlich ist denkbar, dass sich statistisch signifikante Interaktionen anders darstellen als erwartet.

Lassen sich keine Interaktionen nachweisen, können signifikante Haupteffekte über die Stufen anderer Faktoren in generalisierter Form interpretiert werden. Mehrfaktorielle Designs erfordern es zudem nicht, dass über sämtliche Effekte Hypothesen aufgestellt werden. Häufig stehen nur einzelne Hypothesen zu einem Faktor im Vordergrund, während weitere Faktoren nur zu Kontrollzwecken zusätzlich erhoben werden. Sind potenzielle Störvariablen allerdings metrisch, führt eine Blockbildung zu einem Informationsverlust, da innerhalb einer Gruppe dann diese Störvariable als gleich ausgeprägt angenommen wird. Eine genauere Analyse erlaubt eine *kovarianzanalytische* Auswertung, bei der die Kontrollvariable im Zuge der Datenerhebung erfasst und bei der Datenauswertung ein möglicher Einfluss auf die abhängige Variable regressionsanalytisch entfernt wird (ähnlich der Partialkorrelation). Ziel dabei ist auch, die Fehlervarianz der abhängigen Variable zu redu-

Kovarianzanalyse

zieren. Auch nominalskalierte Kontrollvariablen können als Dummy-Variablen kovarianzanalytisch ausgewertet werden.

hierarchischer Plan Neben den vollständigen Plänen, die alle Interaktionen auch höherer Ordnung überprüfen, gehören *hierarchische* und *quadratische* Pläne zu den unvollständigen Plänen, die nur bestimmte Faktorstufenkombinationen berücksichtigen. Charakteristisch für hierarchische Pläne ist, dass hier die Stufen eines Faktors unter den Stufen eines anderen Faktors geschachtelt (auch „*genested*" genannt) sind. Hierarchische Pläne sparen damit Stichproben, allerdings auf Kosten des Fehlens von Interpretationen, die mögliche Interaktionen betreffen, da diese nicht statistisch überprüfbar sind. Vor Anwendung eines solchen Plans sollte daher sichergestellt werden, dass Interaktionen (empirisch oder theoretisch) ausgeschlossen werden können. Sind bestimmte Interaktionen nicht auszuschließen, können teilhierarchische Pläne verwendet werden, die auf die Überprüfung der Effekte zugeschnitten sind.

multivariater Plan Liegen mehr als eine abhängige Variable vor, gehen faktorielle in *multivariate* Pläne über. Mit solchen Designs lassen sich dann auch wechselseitige Beziehungen zwischen abhängigen Variablen aufdecken. Besonders für komplexe Konstrukte sind mehrere Indikatorvariablen heranzuziehen, um die externe Validität zu steigern und damit eine angemessenere Generalisierung der Ergebnisse zu erreichen.

Veränderungshypothesen

Zu den klassischen Veränderungshypothesen gehören Fragestellungen aus Grundlagen-, Interventions- und Evaluationsforschung, dass ein Treatment eine Veränderung einer abhängigen Variablen bewirkt. Überprüft werden können solche Hypothesen mittels Zwei-Gruppen- oder *Faktoriellen Pretest-Posttest-Plänen* mit Experimental- (mit Treatment) und Kontrollgruppe (ohne Treatment). Interpretiert wird die resultierende (Prä-Posttest-)Differenz auf der abhängigen Variable als verändernde Wirkung des Treatments. Typisch für die Auswertung sind multiple oder multivariate Varianzanalysen für Messwiederholungen. Das Verfahren setzt gleichförmige Korrelationen zwischen allen Messwiederholungen voraus - eine Voraussetzung, die in vielen Messwiederholungsplänen verletzt ist.

Sequenz- und Positionseffekt Bei kleinen Stichprobenumfängen sind zudem *Pretests* erforderlich, um personenbedingte Störvariablen in den Gruppen unterbinden zu können und Posttestunterschiede exklusiv auf die Wirkung des Treatments zurückführen zu können. Auch sind gegebenenfalls *Sequenzeffekte* (dabei handelt es sich um Abfolgeeffekte der Untersuchungsbedingungen) zu prüfen. Geprüft werden kann ein möglicher Sequenzeffekt, indem verschiedene Abfolgen je einer Zufallsstichprobe zugewiesen wird. Unterscheiden sich die Stichproben nicht, ist die Reihenfolge der Untersuchungsbedingungen ohne Belang. Interaktionen zwischen den Untersuchungsbedingungen und Abfolgen können auf *Positionseffekte* hinweisen, die entstehen, wenn durch Messwiederholungen gleichartige Veränderungen (z. B. Ermüdung, Gewöhnung etc.) ausgelöst werden.

Bei quasi-experimentellen Untersuchungen sollten zur Steigerung der internen Validität mehr als zwei Messzeitpunkte vorgesehen werden: Dabei sind am Anfang und Ende der Untersuchung die Messzeitpunkte stärker zu konzentrieren als im mittleren Bereich. Entscheidend für die interne Validität sind bei quasi-experimentellen Untersuchungen Vortests zu Untersuchungsbeginn, um Unterschiede zwischen den Stichproben feststellen zu können. Als Veränderungsmaße gelten Differenzen zwischen Durchschnittswerten, die für eine Stichprobe zu den Messzeitpunkten ermittelt werden. Dabei sind drei Einflussgrößen entscheidend:

Zahl der Messzeitpunkte

- *Streuung der Differenzwerte.* Die Streuung von Differenzwerten gilt als Indikator für die Reliabilität von Differenzmaßen. Nur durch eine ausreichende Streuung lassen sich einzelne Personen nach Maßgabe ihrer Differenzwerte in eine Rangreihe bringen. Unterscheiden sich Differenzwerte nur gering, ist auch die Reliabilität der Differenzwerte gering. Bei mehr als zwei Wiederholungsmessungen treten an die Stelle einfacher Differenzmaße Steigungen von Regressionsgeraden zur Prädiktion der individuellen Messungen aufgrund der Messzeitpunkte.

- *Reliabilität der Messungen.* Mit zunehmendem Messfehler der Messwerte sinkt die Reliabilität der Differenzwerte. Allerdings muss eine niedrige Reliabilität der Messungen nicht zwangsläufig zu einer schwachen Reliabilität der Differenzen führen. Grund dafür können heterogene (wahre) Veränderungsraten sein, die dennoch in einer hohen Reliabilität der Differenzen münden.

- *Verteilung und Anzahl der Messzeitpunkte.* Typisch sind hier gleichabständig verteilte Messzeitpunkte über die gesamte Erhebungsspanne. Lässt es allerdings die Untersuchungssituation zu, dann sollten am Anfang und am Ende des Untersuchungszeitraums die Zeitintervalle enger liegen als im mittleren Bereich, da sich dadurch die Reliabilität der Messung steigern lässt (nachweislich bis zu 250%). Auch die Erhöhung der Anzahl der Messzeitpunkte kann die Zuverlässigkeit z. T. erheblich steigern. Einfache Prä- und Postmessungen sollten daher immer - wenn möglich - durch einen weiteren dritten Messzeitpunkt (oder weitere) ergänzt werden.

> **Wann spricht man von einem Regressionseffekt bzw. einer Regression zur Mitte?**
>
> Besonders bei quasi-experimentellen Untersuchungen besteht die Gefahr, dass Ergebnisse durch statistische Artefakte wie den Regressionseffekt verfälscht werden. Verantwortlich hierfür ist die mangelnde Reliabilität eines Verfahrens, die dazu führt, dass extreme Pretest-Werte (hoch oder niedrig) bei einer Messwiederholung zur Mitte (also zur größten Dichte der Verteilung) tendieren. Diese Veränderung geschieht unabhängig vom eigentlichen Treatment. Je geringer nun die Reliabilität der Messwerte, umso geringer deren Korrelation und umso größer die Regression zur Mitte: D. h. während bei einer ersten Messung von bestimmten Personen ein bestimmter Wert erzielt wird, der vom Gesamtmittel aller Erstmessungen einer Stichprobe abweicht, ist der Wert der zweiten Messung beliebig und damit weniger abweichend vom Gesamtmittel aller Zweitmessungen der Stichprobe.
>
> Besonders kritisch sind Regressionseffekte bei der Überprüfung differentieller Wirkungen von Treatments an Personengruppen mit extremen Merkmalsausprägungen (sogenannten Extremgruppen-Vergleiche). Werden Stichproben anhand besonders hoher oder niedriger Merkmalsausprägungen selegiert, besteht die Gefahr, dass wiederholte Merkmalsmessungen dieser selegierten Stichproben zum Mittelwert ihrer Referenzpopulation regredieren. Nur die Ziehung von Zufallsstichproben aus zu vergleichenden Populationen kann dieses Problem umgehen.

Solomon-Vier-Gruppen-Plan Neben Ein-, Zwei-Gruppen- und faktoriellen Pretest-Posttest-Versuchsdesigns gibt es spezielle Pläne wie den *Solomon-Vier-Gruppen-Plan*, der sich ebenso für Unterschiedshypothesen einsetzen lässt. Der Plan dient dazu, mögliche Pretest-Effekte aus Vortests (die zur besseren Vergleichbarkeit kleinerer Stichproben notwendig sein können) zu kontrollieren. Der Plan erfordert vier (randomisierte) Gruppen. Die erste Gruppe durchläuft alle Phasen (Pretest – Treatment – Posttest), die zweite Gruppe dient als Kontrollgruppe (Pretest – Posttest), die dritte Gruppe realisiert ein *One-Shot-Case-Design* (Treatment – Posttest) und die vierte Gruppe wird nur einmal gemessen (Posttest). Mittels dieses Plans lassen sich sowohl Treatment-Effekte (durch Gruppe 1 und 3), als auch Pretesteffekte (durch Gruppe 1 und 2) und schließlich Zeiteffekte (durch Gruppe 1, 2, 3 und 4) kontrollieren.

Quasi-experimentelle Untersuchungen sind bei Veränderungshypothesen besonders dann problematisch, wenn Unterschiede zwischen den Gruppen bezüglich der abhängigen Variable auch auf andere, unkontrollierte Abweichungen zwischen den Gruppen zurückgeführt werden können. Daher ist hier entscheidend, die (konfundierten) Merkmale zu ermitteln, die zu (weiteren) Gruppenunterschieden führen oder beitragen, um sie gegebenenfalls statistisch kontrollieren zu können. Um die interne Validität weiter zu erhöhen, sollten zudem möglichst mehrere abhängige Variablen oder Wirkkriterien eingesetzt werden, um alternative Erklärungen zur Wirkung einer Maßnahme ausschließen zu können. Ebenso bieten sich (wenn realisierbar) wiederholte Treatmentphasen in sinnvollen Zeitabständen an, um das wiederholte Eintreten einer Treatmentwirkung überprüfen zu können. Auch kann erwogen werden, mehrere Treatmentgruppen neben der Kontrollgruppe einzusetzen, um z. B. Abstufungen im Wirkungsgrad des Treatments in Abhängigkeit von der Gruppenzugehörigkeit oder auch der Dosierung eines Treatments untersuchen zu können. Eine weitere Verbesserung kann durch Parallelisierung der Gruppen erzielt werden, sofern das Matching durch stabile Merkmale (möglichst mit einem Bezug zur abhängigen Variable) erzielt werden kann; allerdings ist hierbei auf mögliche Regressionseffekte zu achten. Alle diese Maßnahmen müssen allerdings immer in Abhängigkeit von der jeweiligen Fragestellung auf ihre Praktikabilität und Umsetzbarkeit überprüft werden.

Veränderungshypothesen über die Zeit

Besonders entwicklungspsychologische Untersuchungen betrachten drei zentrale Größen in Abhängigkeit vom Alter (Brandstädter & Lindenberger, 2007):

- *Zeiteffekte.* Daran sind neurophysiologische Reifungsprozesse gekoppelt, die zu Veränderungen im Verhalten (z. B. von Gedächtnis, Wahrnehmung, Denken) führen.

- *Epochale Effekte.* Darunter fallen Verhaltensbesonderheiten in verschiedenen Zeitabschnitten (z. B. gekoppelt an spezifische gesellschaftliche Erscheinungen).

- *Generations- bzw. Kohorteneffekte.* Diese sind bedingt durch den Geburtszeitpunkt (z. B. Vorkriegs- vs. Nachkriegsgeneration).

Allerdings sind diese drei unabhängigen Variablen konfundiert und daher nur eingeschränkt untersuchbar:

- *Alterseffekte.* In einer Querschnittuntersuchung ist ein Vergleich von Altersgruppen nur dann statthaft, wenn Generationsunterschiede, selektive Veränderungen der Population über die Zeit sowie eine Abhängigkeit der Validität des Messinstruments vom Alter zu vernachlässigen sind. Das diese Umstände immer gegeben sind, darf bezweifelt werden.

  Bei Längsschnittuntersuchungen wird das Alter durch Betrachtung verschiedener Generations-Stichproben variiert. Dies gelingt allerdings nur, wenn epochale Effekte zu vernachlässigen sind. Umgekehrt können epochale Effekte nur untersucht werden, wenn Alterseffekte keinen Einfluss ausüben. Auch dies dürfte nicht immer gegeben sein. Hinzu kommt, dass bei Längsschnittuntersuchungen mit dem Ausfall von Probanden, Übungseffekten sowie Veränderungen der Validität der Messinstrumente zu rechnen ist, wenn sich diese über längere Zeitperioden erstrecken.

- *Generationseffekte.* Entsprechende Untersuchungspläne variieren die Generationen unter Konstanthaltung des Alters (Veränderungen der Epoche eingeschlossen) im Rahmen einer Längsschnittuntersuchung oder die Epoche (unter Variationen des Alters) in einer Querschnittuntersuchung.

- *Epochale Effekte.* Auch hier kann – analog zur Untersuchung der Generationseffekte – die Epoche unter Konstanthaltung des Alters variiert werden (Veränderungen der Generationen eingeschlossen) oder im Rahmen einer Längsschnittuntersuchung die Epoche unter Konstanthaltung der Generationen (bei Veränderung des Alters).

Neben diesen einfaktoriellen Untersuchungsplänen ist auch die gleichzeitige Berücksichtigung zweier unabhängigen Variablen in entsprechenden sequenziellen Modellen möglich:

- *Cohort-Sequential-Method.* Mit diesem Ansatz werden in einem Messwiederholungsdesign verschiedene Generationen wiederholt zu verschiedenen Altersstufen untersucht. Für die verschiedenen Generationen resultieren daraus unterschiedliche Erhebungszeitpunkte. Der Einfluss epochaler Effekte bleibt entsprechend unberücksichtigt. Somit können die Haupteffekte nur interpretiert werden, wenn die epochalen Effekte zu vernachlässigen sind.

- *Time-Sequential-Method.* Bei diesem Versuchsdesign ohne Messwiederholungen werden verschiedene Epochen und das Alter systematisch variiert. Dabei ist es erforderlich, dass in jeder Faktorstufenkombination eine andere Zufallsstichprobe gezogen wird. Die Haupteffekte sind wiederum mit dem Generationsfaktor konfundiert und sind nur unter Vernachlässigung dieses Faktors interpretierbar.
- *Cross-Sequential-Method.* Bei diesem Messwiederholungsplan wird der Epochen- und Generationsfaktor variiert und der Alterseffekt ignoriert.

Die Pläne zeigen, dass sich die wechselseitige Konfundierung untersuchungstechnisch nicht beseitigen lässt. Der Nachweis bestimmter Effekte kann immer nur unter bestimmten Kombinationen und Annahmen die anderen Faktoren betreffend vorgenommen werden.

Veränderungshypothesen für Zeitreihen

Liegen zahlreiche Messwerte (> 50 Messzeitpunkte) gleichen Abstands vor, entsteht eine *Zeitreihe*, die mittels Zeitreihenanalyse (z. B. ARIMA-Modelle; Box & Jenkins, 1970) auf Regelmäßigkeiten oder Veränderungen untersucht werden kann. Dabei lassen sich *Vorhersagemodelle* (im Sinne wiederauftretender Regelmäßigkeiten), *Interventionsmodelle* (im Sinne von Veränderungen in Zeitreihen durch spezifische Ereignisse) sowie *Transferfunktionsmodelle* (im Sinne von Veränderungen in Zeitreihen durch andere Zeitreihen) untersuchen. Zur Überprüfung stehen verschiedene statistische Zeitreihenanalyseverfahren zur Verfügung, um Trends in Messwertfolgen zu identifizieren, spezifische Zeitreihenhypothesen zu prüfen oder Entwicklungen in Zeitreihen zu prognostizieren (Stier, 2001).

7.3 Prognostische Hypothesen und die Messung von Differenzen

Eine besondere Form von Veränderungshypothese liegt vor, wenn im Zuge einer mehrstufigen Datenerhebung Messungen zu wiederholten Messzeitpunkten vorgenommen werden, um das Ausmaß der zwischen den Messungen eingetretenen Veränderungen und deren Stabilität abzuschätzen. In diesem Kontext wird von *indirekten Veränderungsmes-*

sungen gesprochen, im Unterschied der auf Einmalerhebungen beruhenden *direkten Veränderungsmessung*. Veränderungen dieser Art sind zumeist Folge eines Treatments oder einer Intervention, aber auch schlichte Zufallseffekte (Merkmalsoszillationen) oder statistische Effekte (z. B. Regressionseffekte).

Reliabilität von Veränderungswerten

Insbesondere bei der Re-Testung an einzelnen Personen stellt sich die Frage der statistischen Bedeutsamkeit auftretender Veränderungen. In diesem Zusammenhang ist dann ebenso entscheidend, welche Reliabilität r_{ttD} die dabei ermittelten Differenzwerte aufweisen (Lienert & Raatz, 1998):

$$r_{ttD} = \frac{r_{tt} - Corr(x_p, x_q)}{1 - Corr(x_p, x_q)}$$

Dabei sind r_{tt} die Reliabilität der Rohwerte (Quotient aus wahrer Varianz und beobachteter Varianz), $Corr(x_p, x_q)$ die Korrelation der Testwerte. Die Berechnung setzt voraus, dass sich die Varianz und Reliabilität zu beiden Messzeitpunkten nicht verändert. Die Gleichung zeigt:

- r_{ttD} ist immer dann kleiner als r_{tt}, wenn $Corr(x_p, x_q)$ positiv oder > 0 ist.

- Wird $Corr(x_p, x_q)$ zunehmend größer, sinkt r_{ttD} kontinuierlich, da der Anteil wahrer Varianz der zwei Testungen zunimmt und die Differenz entsprechend nur noch Fehlervarianzanteile enthält.

- Ist die Korrelation von (x_p, x_q) maximal (ähnlich eines Paralleltests) spiegelt r_{ttD} nur noch Fehlervarianz wider.

- Ist die Korrelation zwischen den Testzeitpunkten (x_p, x_q) niedrig, wird u. U. kein stabiles Merkmal gemessen. Die Reliabilität der Differenzen wäre dann zwar hoch, aber von fragwürdiger Validität.

Diese Eigenschaften münden in einem Paradoxon: Die Reliabilität der Differenzwerte ist umso geringer, je höher die Reliabilität der Einzeltestungen ist. Daher eignet sich diese Reliabilität der Differenzwerte auch nur selten für Interpretationen bei Einzelfällen.

Eine andere Gleichung verallgemeinert die Berechnung mit Veränderungswerten auch für den Fall unterschiedlicher Streuung und Reliabilität zu den zwei Zeitpunkten (O'Connor, 1972):

$$r_{ttD} = \frac{Var_p \cdot r_{ttp} + Var_q \cdot r_{ttq} - 2 \cdot Corr(x_p, x_q) \cdot SD_p \cdot SD_q}{Var_p + Var_q - 2 \cdot Corr(x_p, x_q) \cdot SD_p \cdot SD_q}$$

Die Gleichung trägt damit dem Umstand Rechnung, dass sich infolge von Interventionen (Rehabilitationsmaßnahme, Training oder Therapie) zwischen der Messwiederholung veränderte Reliabilitäten einstellen können. Ebenso lässt sich damit auch die Reliabilität von Differenzen für verschiedene Merkmale (z. B. Leistungs- und Persönlichkeitsmerkmale) ermitteln. Bei identischen Streuungen (z. B. bei Untertests eines Testsystems) vereinfacht sich die Gleichung:

$$r_{ttD} = \frac{r_{ttp} + r_{ttq} - 2 \cdot Corr(x_p, x_q)}{2 \cdot (1 - Corr(x_p, x_q))}$$

Hohe Reliabilitäten der Differenzwerte sind demnach zu erwarten, wenn z. B. Subtests eine hohe Reliabilität aufweisen, die Skalen aber unkorreliert sind. Neben diesem Paradoxon gibt es Probleme, die eine Interpretation von Veränderungswerten erschweren:

- *Regression zur Mitte.* Die wiederholte Messung psychischer Merkmale kann zwar – Übungs- und Wiedererkennungseffekte ausgeschlossen – zur gleichen Gestalt einer Verteilung führen, das schließt aber nicht aus, dass anfänglich extrem hohe oder niedrige Messwerte bei der wiederholten Messung zur Mitte tendieren (regredieren). Ihren ursprünglichen Platz haben zum Zeitpunkt der Messwiederholung andere Messwerte eingenommen. Der Grund für das Auftreten dieser Extremwerte sind in diesem Fall ungewöhnliche situative Umstände, die ein bestimmtes Verhalten fördern oder verhindern und sich in dieser Form nicht wiederholt einstellen.

- *Ausgangswertgesetz.* Nach diesem Gesetz ist die Höhe eines Anfangswertes negativ mit dem Zuwachs korreliert. Dies kann aufgrund eines Skalen- oder Reliabilitätsproblems entstehen. Dazu ist vorgeschlagen worden, Anfangswerte aus Endwerten zu partialisieren und dabei entstehende Residualwerte zu betrachten. Allerdings stellen sich dadurch neue Probleme ein, wie die fragwürdige Reliabilität von Residualwerten, vor allem bei kleinen Stichproben.

- *Physikalismus-Subjektivismus-Dilemma.* Die Annahme eines intervallskalierten Merkmals unterstellt, dass numerisch identische Veränderungen auch auf den Abschnitten des Merkmalskontinuums Gleiches bedeuten. Ob einer trainingsbedingten Leistungssteigerung auf einer IQ-Skala um 10 Punkte bei extrem niedriger oder extrem hoher Intelligenz allerdings die gleiche Bedeutung zukommt, wie im mittleren Bereich, sei dahingestellt. Numerisch gleiche Differenzen stehen daher nicht selbstverständlich für gleiche Merkmalsveränderungen.

7.4 Poweranalyse

Die Teststärke (*power*) gibt die Wahrscheinlichkeit $(1 - \beta)$ an, mit der ein Signifikanztest bei Gültigkeit der Alternativhypothese zu einem signifikanten Ergebnis führt.

Praktisch kann jede Mittelwertdifferenz *d* als zufällig verworfen werden, wenn der Stichprobenumfang genügend groß gewählt wurde (**Abb. 7.4**). Die Nullhypothese als theoretische Aussage (Nulleffekt) ist daher praktisch chancenlos, da sie niemals exakt auf die Realität zutrifft. Soll eine Nullhypothese allerdings nur aufgrund einer praktisch bedeutsamen Differenz verworfen werden, ist es nahe liegend, einen Stichprobenumfang zu wählen, der diesen Effekt gerade signifikant werden lässt. Eindeutig lässt sich dies entscheiden, wenn ein Stichprobenumfang so festgelegt wird, dass beide Fehlerwahrscheinlichkeiten gleichgesetzt werden ($\alpha_{emp} < 5\%$ und $\beta_{emp} < 5\%$). Der Stichprobenumfang führt in diesem Fall zu einer Teststärke $(1 - \beta)$ von 0,95. Allerdings resultieren bei dieser Absicherung große Stichprobenumfänge. Ist auch inhaltlichen Überlegungen ein größeres β-Fehlerrisiko tolerierbar, können aus dem α/β-Verhältnis entsprechende Größen abgeleitet werden, z. B. $\alpha = 0,05$ und $\beta = 0,20$.

Effektgröße Diese Festlegungen sind Ausgangspunkt, um Effektgrößen (*effect size*) und (optimale) Stichprobenumfänge festzulegen. Bei der Effektgrößenbestimmung kommt hinzu, dass (erwartete) Differenzen zusätzlich an der Streuung relativiert werden müssen. Daraus resultieren Effektgrößen für eine Vielzahl von Signifikanztests.

Die Empfehlung der Evaluierung der praktischen Bedeutsamkeit von empirischen Ergebnissen ist nicht neu. Fisher schlägt bereits 1925 im Rahmen der ANOVA den Index *eta squared* vor. Kelley entwickelt 1935 das Maß *epsilon squared*. Umso erstaunlicher ist es, dass die Forderung zur Angabe von Effektgrößen im *APA Publication Manual* (1994) kaum auf Resonanz stößt (Vacha-Haase, Nilsson, Reetz, Lance & Thompson, 2000). Erst die wiederholte Aufforderung (*APA Publication Manual*, 2001) führt zu ersten Erfolgen.

Frage der Stichprobengröße Die häufig gestellte Frage „Wie groß muss eine Stichprobe gewählt werden?" kann allerdings nur mit der Gegenfrage geklärt werden: „… damit was erfüllt oder gewährleistet ist?" Es bedarf dazu einer *spe-*

zifischen Zielsetzung, z.B. *Schätzung eines Populationsparameters* oder Durchführung eines bestimmten *Signifikanz- oder Hypothesentests* mit vorgegebener Teststärke. Den optimalen Stichprobenumfang gibt es demnach nicht, sondern nur einen, der hinsichtlich eines spezifischen Effektes und statistischen Testverfahrens bei ebenso spezifischer Zielsetzung optimal ist (vgl. Faul, Erdfelder, Lang & Buchner, 2007).

Ergebnisse IQ-Test	Studenten eines Bundeslandes ($n=12.000$)	Studenten anderer Bundesländer ($n=188.000$)
Mittelwert	100,15	99,85
Standardabweichung	15	15

$Z_{CALC}=2,12$
$Z_{CRIT}=1,96$
$p \leq 0,05$

Abb. 7.4: Beispiel für die Bedeutsamkeit einer Differenz kleiner als ein IQ-Punkt. Obwohl eine Differenz kleiner als ein IQ-Punkt bei ausreichend großer Stichprobe statistisch signifikant wird, ist die Bedeutsamkeit in Relation zum Standardfehler von IQ-Tests zu sehen. Da für IQ-Tests das 2- bis 3-fache eines Standardfehlers an Mindestabstand gefordert ist, ist der hier festgestellte Unterschied ohne Bedeutung.

7.5 Effektgrößenbestimmung

Eine Effektstärke bzw. Effektgröße liefert ein statistisches Maß, das das relative Ausmaß eines Effektes angibt. Es verdeutlicht damit die praktische Bedeutsamkeit eines statistisch signifikanten Ergebnisses. Während der statistische Test über die Existenz eines Effektes (Ablehnung der Nullhypothese) entscheidet, liefert die Effektgröße darüber hinaus ein Maß dafür, wie dieser Effekt in seiner Relevanz einzuschätzen ist.

	Standardisierte Differenzen	Indizes für Varianzaufklärung
Unkorrigiert	Glass $g\,\grave{}$ oder Δ (Glass, 1976) Cohens d (Cohen, 1969)	R^2 (Cohen, 1968) eta^2 (η^2) (Fisher, 1925)
Korrigiert	Thompsons korrigiertes $d*$	Kelleys (1935) epsilon^2 (ϵ^2) Hays (1981) omega^2 (ω^2) Adjustiertes R^2 (Ezekiel, 1930)

Abb. 7.5: Effektstärkemaße unterteilen sich in eine Gruppe zu standardisierten Differenzen und Indizes für Varianzaufklärung. Ferner werden korrigierte und unkorrigierte Maße unterschieden.

Effektgrößen lassen sich – spezifisch für bestimmte Signifikanztests – vor der geplanten Untersuchung bestimmen, wenn die geforderten Angaben vorliegen. Auch auf die Ermittlung der tatsächlich ermittelten Effektgrößen sollte nach Durchführung der Untersuchung nicht verzichtet werden (*Ex-post-Bestimmung von Effektgrößen*). Liegen keine sicheren Größen für die Bestimmung von Effektgrößen vor, kann auf *Klassifikationstabellen von Effektgrößen* zurückgegriffen werden (Cohen, 1988). Hier reicht es dann aus, den Effekt als *klein*, *mittel* oder *stark* einzuordnen. Liegt auch diese Information nicht vor, sollte von einem *mittleren Effekt* ausgegangen werden.

Cohens d Zur Berechnung von Effektgrößen liegen zahlreiche Berechnungsvarianten vor, die in Teilen an bestimmte Signifikanztests gebunden sind. Grundsätzlich werden Indizes auf der Grundlage *standardisierter Differenzen* und Indizes für *Varianzaufklärung* unterschieden (**Abb. 7.5**). Das klassische Maß *Cohens d* relativiert dazu die Differenz zweier Mittelwerte an der Standardabweichung und ist typisch bei der Anwendung eines t-Tests für unabhängige Stichproben (Thompson, 2002):

$$d = \frac{\overline{x}_B - \overline{x}_C}{SD_{pooled}}$$

Cohens d kann auch in r^2 hin- und rückkonvertiert werden:

$$r^2 = \left(\frac{d}{\sqrt{(d^2+4)}}\right)^2$$

Das adjustierte R-Quadrat ergibt sich durch folgende Beziehung:

$$r^2_{adjusted} = r^2 - \left[(1-r^2) \cdot \left(\frac{v}{n-v-1}\right)\right]$$

Dabei sind v die Anzahl der Prädiktoren und n der Stichprobenumfang. Schließlich ergibt sich die korrigierte standardisierte Differenz $d*$ nach:

$$d* = \frac{2 \cdot r}{\sqrt{(1-r^2)}}$$

Glass g' relativiert die Mittelwertdifferenz auf die Standardabweichung einer Kontrollgruppe (da die Intervention hier keinen Effekt auf die Standardabweichung ausüben kann), während Cohens d die gepoolte Standardabweichung beider Gruppen verwendet (da beide Gruppen Informationen zur Werteveränderung liefern und aufgrund des größeren n eine stabilere Schätzung liefern). Die Interpretation dieser standardisierten Differenz (0,2 „klein", 0,5 „mittel", 0,8 „groß") gilt auch nach diversen Meta-Analysen als akzeptabel. Allerdings weist Cohen auch darauf hin, dass diese Richtlinie nicht blind verwendet werden darf (ähnlich der Rigidität des 5 %-α-Kriteriums).

Glass g'

Da nicht grundsätzlich Mittelwerte von Interesse sind, sondern auch die Variabilität von Werten (insbesondere für die nicht-experimentelle Forschung) gibt es alternativ Indizes für Varianzaufklärung. Ähnlich zu R-Quadrat bei der Regressionsanalyse (*Explained* Quadratsumme/ *Total* Quadratsumme) gibt es für Varianzanalysen *Eta-Quadrat* (Between Quadratsumme/*Total* Quadratsumme).

Eta-Quadrat

Alle bisher genannten Schätzer weisen einen positiven Bias auf, d. h. sie überschätzen den wahren Populationseffekt. Daher lassen sich Effektgrößen um den Stichprobenfehler korrigieren, z. B. über Thompsons korrigiertes $d*$.

Bias

Omega–Quadrat wird bei *fixed effects models* (hier wird angenommen, dass Abweichungen vom Mittelwert eines Panels individuell unterschiedlich sind) angewendet, während der Intraclass-Korrelationskoeffizient bei *random effects models* (hier wird angenommen, dass Abweichungen vom Mittelwert eines Panels eine normalverteilte Zufallsvariable darstellen) angewendet wird. Daher sollte Omega-Quadrat dann angewendet werden, wenn Inferenzen nur über spezifische Kategorien einer Nominalvariable gezogen werden sollen, während die Intraclass-Korrelation bei einzelnen Kategorien verwendet

Omega-Quadrat

Kelleys Epsilon-Quadrat

werden, die als Zufallsstichprobe aus einem größeren Set potenzieller Kategorien gezogen werden.

Kelleys Epsilon-Quadrat dient dem gleichen Zweck wie Omega-Quadrat, unterscheidet sich aber leicht in der Berechnung. Kelleys Epsilon Quadrat ist äquivalent zu Eta-Quadrat, während letzteres für die Freiheitsgrade korrigiert wurde.

7.6 Schätzung optimaler Stichprobenumfänge

Optimal ist ein Stichprobenumfang dann, wenn aufgrund eines empirischen Ergebnisses entweder die H_0 zu verwerfen ist, (weil $\alpha_{emp} < 5\,\%$) oder die H_1 zu verwerfen ist (weil $\beta_{emp} < 5\,\%$). Dieser Stichprobenumfang führt dann zu einer *Teststärke* von $1 - \beta = 1 - 0{,}05 = 0{,}95$, zugunsten von H_1 zu entscheiden, wenn H_1 zutrifft. Nach dieser Regel sollte verfahren werden, wenn *beide Fehlerrisiken* gleich hoch eingeschätzt werden. Die Konsequenz sind allerdings große Stichprobenumfänge. Um den Stichprobenumfang zu reduzieren, muss ein größeres β-Fehlerrisiko toleriert werden. Nach Cohen (1988) wiegt der α-Fehler etwa *viermal* so gravierend wie die Konsequenzen des β-Fehlers. Daraus ergibt sich $\alpha = 0{,}05$ und $\beta = 0{,}20$ und entsprechend für die Teststärke 0,80. Voraussetzungen für die Bestimmung sind:

1. Verwendeter statistischer Test;

2. Angabe zum *Alpha-Fehler* (je kleiner Alpha, desto größer n; Konvention: 0,05);

3. Angabe der *Teststärke* $(1 - \beta)$ (kleine Power, kleines n; Konvention: 0,80 bis 0,95);

4. Angabe zur *Effektstärke*: Mindestabweichung zwischen den Gruppen, Schätzung der Varianz in der Population (z. B. Effektstärke klein: 0,20; mittel: 0,50; groß: 0,80);

5. *Art der* Testung bzw. Hypothese (kleineres n bei einseitig, größeres n bei zweiseitig).

Power

Die Power hängt vom verwendeten *statistischen Test* ab: Bestimmte Tests besitzen eine größere Power als andere. Die Power hängt von der *Stichprobengröße* ab: Je größer die Stichprobe, desto größer die Power. Die Power ist abhängig vom Ausmaß *experimenteller Effekte*. Die Power ist abhängig vom *Ausmaß* des Fehlers bei der Messung.

Die Schätzung eines durchschnittlich erforderlichen Stichprobenumfangs bei festgelegter Effektgröße kann auch verwendet werden, um zwei Tests, die die gleiche Alternativhypothese testen und prüfen, hinsichtlich ihrer Teststärke zu vergleichen. Ein entsprechendes Maß, dass sich auf den Zusammenhang zwischen β und N beruft, ist die *relative Effizienz* eines Tests T_1 gegenüber einem Vergleichstest T_2. Im Effizienzindex werden die optimale Stichprobenumfänge dazu in Beziehung gesetzt: $E = N_2 / N_1$ (bei Annahme gleicher Teststärke).

relative Effizienz

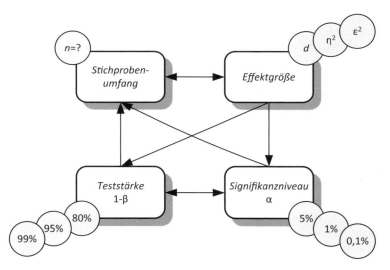

Abb. 7.6: Abhängigkeiten und Bestimmungsgrößen zur Effektgröße

Ein allgemeiner, von α und der Effektgröße unabhängiger Index ist die *asymptotische relative Effizienz* (ARE), der einen parametrischen (*p*) mit einem verteilungsfreien (*v*) Test vergleicht: $E = N_p / N_v$ für $N_p \to \infty$. Zur Bestimmung geht man zu immer größeren N_p-Werten über, und betrachtet für jeden Wert die Effektgröße, bei der der Test das Risiko β aufweist. Bei gleichem β und wachsendem N_p wird der Populationsunterschied dann immer kleiner. Zur Effektgröße wird der N_v-Wert für den verteilungsfreien Test bestimmt, der das gleiche Risiko aufweist. Die besten verteilungsfreien Tests erreichen für normalverteilte Populationen einen Wert von ARE = 0,955 zum stärksten parametrischen Analogon, d. h. unter vollständig parametrischen Bedingungen können 95,5 % der vom parametrischen Test als falsch zugewiesenen Nullhy-

asymptotische relative Effizienz

pothese auch vom verteilungsfreien Test zurückgewiesen werden. Dies heißt auch, dass bei einem verteilungsfreien Test in diesem Fall der Stichprobenumfang um 1:0,955 % vergrößert werden muss. Effizienzindizes sind allerdings grundsätzlich mit Vorsicht zu interpretieren, solange man einen Test nicht auf Daten anwendet, die in vollem Umfang die Bedingung einer parametrischen Auswertung erfüllen. Daher gilt: Nur unter parametrischen Bedingungen sind verteilungsgebundene Tests effizienter als verteilungsfreie Tests. Bei Verletzung der parametrischen Voraussetzungen und insbesondere bei kleinen Stichproben gelten verteilungsfreie Tests z. T. als deutlich effizienter. Auch ist der Vergleich im Hinblick auf die Unterschiedlichkeit der Hypothesen eingeschränkt, da sich bei einer Unterschiedshypothese bei der zentralen Tendenz bei Medianen eine Differenz einstellen kann, während die Mittelwerte dies nicht zeigen oder *vice versa*. Dies gilt allerdings nur für den Fall nicht-normalverteilter Populationen.

7.7 Strategien zur Vereinheitlichung von Effektgrößen

Meta-Analysen kennzeichnen (verschiedene) Verfahren, um Ergebnisse homogener Primäruntersuchungen mit gemeinsamer Thematik anhand statistischer Indikatoren zu aggregieren und zu komprimieren. Dabei spielt die Effektgröße bzw. der durch die Einzeluntersuchungen geschätzte wahre Effekt einer Maßnahme eine zentrale Rolle (Myers, 1991).

Meta-Analysen dienen damit nicht nur der Zusammenfassung aktueller Forschungsergebnisse, sondern auch der Vorbereitung von Evaluationsstudien, damit über gemittelte Effektgrößen auch Kosten-Nutzen-Relationen konkretisiert werden können.

Qualitätskriterien begründen

Unproblematisch sind Meta-Analysen allerdings nicht, wenn jede thematisch einschlägige Studie ohne Rücksicht auf ihre methodische Qualität berücksichtigt wird. Besonders wichtig ist daher, gewählte Qualitätskriterien zu begründen und anhand objektiver Kriterien nachvollziehbar zu machen. Der Einfluss der methodischen Qualität (z. B. Beeinträchtigungen der internen Validität) lässt sich zwar teilweise empirisch kontrollieren (z. B. durch Qualitätsratings bezüglich Vorhandensein einer Kontrollgruppe, Größe, Art und Auswahl der Stichprobe, Reliabilität der Messinstrumente, Fehlerkontrollen, Angemessenheit statistischer Verfahren), allerdings lassen sich methodisch gute und schlechte Untersuchungen in ihren Effektstärken dabei kaum unterscheiden. Lediglich die Variabilität von Effektgrößen ist in schlecht kontrollierten Studien (z. B. ohne Einsatz von Randomisierungstechniken) größer. Entscheidend bleibt, die Gütekriterien hinsichtlich der Auswahl gut begründet und nachvollziehbar (gegebenenfalls auch replizierbar) zu formulieren, so dass zumindest gewisse methodische Standards gewahrt bleiben.

Meta-analytische Fragestellungen sind gegenüber Einzeluntersuchungen umfassender und abstrakter, insbesondere bezüglich der unabhängigen Variable(n). Klare Abgrenzungskriterien sind in diesem Kontext aber wichtig. Lassen sich diese nicht definieren, sollten heterogene Operationalisierungen der unabhängigen Variablen durch Bildung homogener Untersuchungsgruppen gelöst werden, die dann getrennt analysiert werden. Für die Definition der abhängigen Variable(n) gelten demgegenüber strengere Regeln, da auch bei Verwendung verschiedener Indikatoren über mehrere Studien hinweg immer noch das gleiche inhaltliche Konstrukt gemessen werden muss (*„to compare apples and oranges"*). Die abhängige Variable ist daher exakt zu definieren und von ungeeigneten Operationalisierungen abzugrenzen.

Das Ergebnis einer Meta-Analyse basiert auf einer Gesamtstichprobe, die sich additiv aus den Einzelstichproben der Studien ergibt. Liegen zu einer Studie verschiedene Teilergebnisse vor, die an einer Stichprobe erhoben werden (abhängige Messungen), müssen diese für die meta-analytische Auswertung zu einem Gesamtergebnis (Durchschnittswerte) zusammengefasst werden.

Zur Vereinheitlichung von Effektgrößen bietet sich das Δ-Maß (Delta-Maß) an, das einer Schätzung der wahren Merkmalszusammenhänge (bivariaten Produkt-Moment-Korrelation) entspricht. Dabei sollten die einzelnen Effektgrößen Schätzungen für einen gemeinsamen Populationseffekt darstellen und damit homogen sein. Eingeschränkt sein kann diese Homogenität durch unterschiedliche Stichprobengrößen und Reliabilitäten. Das Δ-Maß lässt sich spezifisch für verschiedene statistische Tests ermitteln. Ob die ermittelten Δ-Maße ausreichend homogen sind, wird mit einem speziellen χ^2-Homogenitätstests (Hunter, Schmidt & Jackson, 1982) sowie der sogenannten 75 %-Regel ermittelt.

Delta-Maß und Homogenität

Allerdings können weitere Gründe die Streuung der Δ-Maße beeinflussen, wenn z. B. die zu korrelierenden Merkmale aus verschiedenen Studien in unterschiedlichen Messbereichen erhoben wurden, die Konstrukte unterschiedlich operationalisiert wurden, Störvariablen

75 %-Regel

unterschiedlich kontrolliert wurden usw. Daher wird neben dem Homogenitätstest zusätzlich als deskriptives Maß die Erfüllung der 75 %-Regel gefordert. Die Regel erwartet, dass mindestens 75 % der Varianz der Δ-Maße durch die Unterschiedlichkeit der Untersuchungen erklärbar ist, d. h. das Verhältnis von Fehlervarianz und der Varianz der Δ-Maße (dass sich aus der stichprobenbedingten Fehlervarianz und der Varianz der wahren Effektgrößen ergibt) muss ≥ 0,75 sein.

Im Falle der Erfüllung beider Kriterien – Homogenitätshypothese und 75 %-Regel – kann als Schätzwert der wahren Effektgröße ein (minderungskorrigierter) durchschnittlicher $\overline{\Delta}$-Wert ermittelt werden. Ob dieser Schätzwert signifikant von Null abweicht, kann durch Ermittlung eines 95 %igen Konfidenzintervalls überprüft werden. Liegt der Wert Null nicht im Intervall, kann davon ausgegangen werden, dass die ermittelte Gesamteffektgröße signifikant ist.

Moderatoren Bei heterogenen Δ-Maßen sollte der Einfluss möglicher Moderatoren geprüft werden. Zwischen Moderatoren und studienspezifischen Δ-Maßen werden dazu (multiple) Korrelationen berechnet. Über die Höhe der Korrelation kann dann der Einfluss der Studienmerkmale auf die Heterogenität der Δ-Maße abgelesen werden. Sind die Korrelationen statistisch signifikant und inhaltlich bedeutsam, sollten die Studien in homogene Untergruppen aufgegliedert (eventuell über eine Clusteranalyse abgesichert) und getrennte Meta-Analysen durchgeführt werden. Lässt sich bei einem signifikanten Homogenitätstest die Einteilung in homogene Subgruppen nicht sinnvoll begründen, sollte auf eine meta-analytische Auswertung verzichtet werden.

Abschließend sei erwähnt, dass die oben genannten Entscheidungskriterien, anhand derer über die Homogenität von Effektgrößen entschieden wird, auch ihre Schwächen besitzen. So erreicht die Power ($1 - \beta = 0{,}8$) des Homogenitätstests erst bei einer Differenz von 0,3 im Betrag der wahren Effektgrößen (Populationskorrelationen) akzeptable Werte, wenn die Anzahl der Studien mindestens 4 und die durchschnittliche Stichprobengröße 50 nicht unterschritten wird. Sind die Korrelationsdifferenzen geringer (z. B. 0,1 bis 0,2), müssen für akzeptable Teststärken deutlich mehr Studien (60 bis 160) mit deutlich größeren Stichprobenumfängen (≥ 200 bis ≥ 100) vorliegen. Alle Angaben gelten zudem nur unter der Idealbedingung perfekter Reliabilität. Auch die 75 %-Regel besitzt nur eine geringe Teststärke (auch wenn diese oberhalb des Homogenitätstests liegt). Dennoch entscheidet die 75 %-Regel bei homogenen Effektgrößen zu häufig zugunsten der Heterogenität (überhöhte α-Fehlerwahrscheinlichkeit) und bei heterogenen Effektgrößen zu selten zugunsten der Heterogenität. Im Vergleich liegt die Präferenz allerdings auf der 75 %-Regel, bedingt durch die vergleichsweise hohe Teststärke, die bei kleineren und mittleren Stichprobenumfängen und Betrachtung von maximal 30 Studien etwas drei bis viermal so hoch einzuschätzen ist als beim Homogenitätstest. Damit verringert sich hier auch das β-Fehlerrrisiko (einer fälschlichen Annahme von Homogenität, wenn die Effektgrößen tatsächlich heterogen sind).

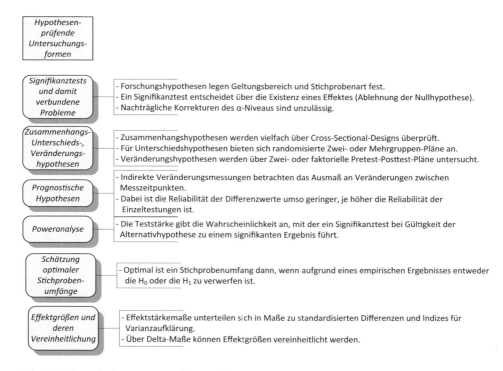

Abb. 7.7: Thesenhafte Zusammenfassung des 7. Kapitels

1. Warum kann ein statistischer Signifikanztest keine Aussagen über die Wichtigkeit eines Ergebnisses machen?
2. Warum sollten im Idealfall α- und ß-Fehler festgelegt werden?
3. Was unterscheidet ein Cross-sectional- von einem Cross-lagged-Design?

4. Was unterscheidet eine Dummy-, von einer Effekt- sowie einer Kontrastkodierung?
5. Warum lassen sich Zusammenhänge nicht kausal interpretieren?
6. Was charakterisiert einen randomisierten Zwei-Gruppen-Plan?
7. Welche Arten von Interaktionen gibt es bei Mehr-Gruppen-Plänen?
8. Welche zentralen Größen werden bei der Untersuchung von Veränderungshypothesen unterschieden?
9. Was unterscheidet indirekte von direkten Veränderungsmessungen?
10. Warum ist die Reliabilität von Differenzwerten umso geringer, je höher die Reliabilität der Einzeltestungen ist?
11. Welche Annahmen sind gerechtfertigt, wenn keine spezifischen Effektgrößen ermittelt werden können?
12. Was sind die Bestimmungsgrößen für ein optimales n?

8 Einzelfallprüfende Untersuchungsformen

Bei Einzelfalluntersuchungen werden drei Grundformen unterschieden: Interventionsstudien, diagnostische Untersuchungen und Forschungsexperimente. Interventionsstudien richten ihr Augenmerk auf die Wirkung therapeutischer Maßnahmen bei Patienten; zur Untersuchung dienen einzelfallanalytische Untersuchungsdesigns, die die interne Validität sicherstellen sollen. Diagnostische Untersuchungen dienen der statistischen Überprüfung diagnostischer Hypothesen und deren zufallskritischer Absicherung; zur Beurteilung entsprechender Befunde dienen hier Testnormen, die aus Referenzstichproben gewonnen wurden. Fallstudien als Forschungsexperimente gelten aufgrund der fehlenden Zufallsstichprobe als unvollständig und werden zumeist lediglich als Erkundungsexperimente akzeptiert. Die Frage der Übertragbarkeit eines Einzelfallbefundes auf andere Probanden ist dabei vom Verhältnis intra- und interindividueller Variation abhängig sowie vom Ausmaß und der Wirkung differentieller Effekte. Daher sind Replikationen bei anderen Probanden i. d. R. unverzichtbar. Eine Sonderform nehmen schließlich psychometrische Einzelfalluntersuchungen ein, da diese als diagnostische Untersuchung, Interventionsstudie oder auch als Forschungsexperiment konzipiert sein können.

8.1 Problematik von Einzelfallstudien

Die Forschung zu den Folgen klinischer Intervention testet im Allgemeinen die Wirkung eines Treatmenteffekts auf eine abhängige Variable, die als relevanter Indikator für die physische oder psychische Gesundheit oder Lebensqualität angesehen wird. Grob kann diese Forschung in klinische Studien oder Einzelfallstudien unterteilt werden, wobei Studien mit kleinen Stichproben ($n < 15$) eine Zwischenposition einnehmen.

Bei klinischen Forschungsdesigns ergeben sich dabei vor allem zwei zentrale Validitätsprobleme (Levin, Marasculio & Hubert, 1978): **interne und externe Validität**

- Die *interne Validität* bezieht sich auf konkurrierende Erklärungen jedes beobachteten Effekts: Ein gutes Design entfernt sämtliche Gefährdungen an der internen Validität, indem alternative Erklärungen eliminiert werden, die auf andere Treatments zurückzuführen sind (**Kap. 2.7**).

- Die *externe Validität* referiert auf allgemeine Anwendungen eines empirischen Ergebnisses: Viele Ergebnisse sind von geringem Interesse, solange sie sich nicht auf eine größere Grundgesamtheit anwenden lassen. Die externe Validität wird dabei auch an den Anspruch gekoppelt, mittels einer Zufallsstichprobe aus einer Population generalisierbare Ergebnisse zu erzielen. Nimmt eine Auswahl von Personen an einer Untersuchung teil, bleibt eine echte Zufallsstichprobe und damit das, was als ‚Repräsentativität einer Stichprobe' bezeichnet wird, ein unrealistisches Ideal. Externe Validität kann in dieser Hinsicht nur durch Wiederholung von Untersuchungen in anderen Kontexten erreicht werden (**Kap. 6.1**).

echtes Experiment Ein echtes Experiment ist dadurch gekennzeichnet, dass hier (möglichst) alle Einflüsse auf die interne Validität ausgeschaltet werden. In klinischer Anwendung wird ein neues Treatment mit einer Kontrollbedingung verglichen, die ein alternatives Treatment oder ein Placebo sein kann. Das Treatment bzw. die Kontrollbedingungen werden zufällig einer genügend großen Gruppe von Teilnehmern zugewiesen. Vor und nach Verabreichung des Treatments oder Placebos wird eine entsprechende Messung durchgeführt. Dies ist ein typisches *Pretest-Posttest-Kontrollgruppen-Design* (**Kap. 3**). Es kann durch Hinzufügen weiterer neuer Treatments, durch Kontrollbedingungen oder einer *Follow-up*-Erhebung erweitert werden. Dabei handelt es sich um eines von wenigen Designs, die es ermöglichen, Einflüsse auf die interne Validität zu eliminieren (Campbell & Stanley, 1966). Die Zufallszuweisung von Teilnehmern auf die Bedingungen charakterisiert dabei ein echtes Experiment.

Für die statistische Überprüfung der Treatmentwirkung bei echten Experimenten existieren gut etablierte Prozeduren, die eine zufällige Zuordnung einer großen Zahl von Versuchspersonen zu Untersuchungsbedingungen (Experimental- und Kontrollgruppe) aus einer definierten Grundgesamtheit erwarten. Parametrische Tests, wie t-Tests, Varianz- und Kovarianzanalysen stellen valide Verfahren zu diesen Designs dar, vorausgesetzt, dass einige Annahmen hinsichtlich der Grundgesamtheit annähernd erfüllt sind (**Kap. 7.2**).

single case studies In der klinischen Forschung hingegen ist die Verfügbarkeit von Fällen innerhalb genau definierter Ein- und Ausschlusskriterien (homogene Stichproben) begrenzt, so dass umfangreiche (*large-n*) klinische

Stichproben häufig unpraktisch bis unmöglich sind. Dabei besteht auch keine Lösung darin, die Größe einer klinischen Population dadurch zu erhöhen, indem die Kategoriengrenzen breiter definiert (und damit die Ein- und Ausschlusskriterien aufgeweicht) werden. Große funktionelle Differenzen zwischen den Fällen innerhalb einer breiten Kategorie (als Kennzeichen heterogener Stichproben) reduzieren möglicherweise die Teststärke eines Tests für große Stichproben. Die Notwendigkeit explorativer Forschung und eines fein justierten Fokus auf Veränderungen über die Zeit bei vielen Patientengruppen mit selektiven Beeinträchtigungen erfordern hingegen Studien mit kleinen Stichproben (sogenannte *intensive designs*) oder Einzelfällen (*single case studies*), wie sie insbesondere im klinischen Alltag auftauchen.

Bei sehr kleinen Stichproben und Einzelfallstudien können über parametrische Stichprobentests keine validen Schlussfolgerungen über Treatmenteffekte gezogen werden, da sie kritische Mindeststichprobengrößen voraussetzen. Obwohl es keine scharfe Grenze zwischen einer kleinen und großen Stichproben gibt, gilt: Je kleiner die Stichprobe, umso schwieriger wird es, die Voraussetzungen eines parametrischen Tests zu erfüllen (Siegel & Castellan, 1988).

In erster Konsequenz wird daher bei kleinen Stichproben vorzugsweise auf *nicht-parametrische* Tests zurückgegriffen (vgl. Bortz et al., 2008). Es gibt Schätzungen, dass bereits eine Einzelgruppengröße (Experimental- *oder* Kontrollgruppe) von $n < 15$ den Einsatz von nicht-parametrischen Tests erfordert (Bryman & Cramer, 1990). Die üblichen nicht-parametrischen Tests, die auf Rangwerten basieren – wie der Mann-Whitney-U-Test (als Alternative für den t-Test für unabhängige Stichproben), der Wilcoxon-Test (als Alternative für den t-Test für abhängige Stichproben), der Kruskal-Wallis-H-Test (als Alternative für eine einfaktorielle Varianzanalyse) oder der Friedman-Test (als Alternative für eine Varianzanalyse mit Messwiederholungen) – lösen dieses Problem allerdings nicht vollständig. Rangtests besitzen im Allgemeinen nur eine reduzierte Sensitivität (Teststärke oder *Power*; **Kap. 7.4**) gegenüber realen Treatmenteffekten, wenn die Anzahl der Fälle gering ist (vgl. aber alternative Berechnungen über *Exakte Tests* in **Kap. 9.5**). Ebenso wie die Unterscheidung mit großen und kleinen Stichproben unscharf ist, gibt es auch keine klare Grenze zwischen kleinen und sehr kleinen Stichproben. Typischerweise liegt bei einer sehr kleinen Stichprobe aber nur eine bestimmte Zahl von Beobachtungen pro Treatmentbedingung bei einem einzelnen Fall vor.

nicht-parametrische Tests

Randomisierungstests Für solche Untersuchungsdesigns mit sehr kleinen Stichproben, können sogenannte *Randomisierungs-* oder *Permutationstests* angemessene Alternativen mit einer größeren Sensitivität für die Daten liefern, da hier keinerlei Genauigkeit (aufgrund einer Transformation in Rangwerte) verloren geht (**Kap. 8.2**). Darüber hinaus lassen sich insbesondere Randomisierungstests für ein breites Spektrum von Einzelfall- oder Kleinstichprobendesigns einsetzen. Unabhängig davon lassen sie sich auch für größere Stichproben einsetzen, besitzen aber gegenüber den etablierten parametrischen Tests nicht die Verbreitung und Akzeptanz. Allerdings wird das Prinzip von Randomisierungstests inzwischen auch bei parametrischen Tests unter dem Stichwort *Bootstrapping* (**Kap. 9.4**) eingesetzt.

> ### Das Prinzip der Randomisierung
>
> Das Prinzip der Randomisierung gehört zu den wesentlichen Kennzeichen eines echten experimentellen Designs (gegenüber einem quasi-experimentellen Design). Dabei ist allerdings die zufällige Zuweisung (*random allocation*) von der Technik einer Zufallsziehung (*random sampling*) zu differenzieren.
>
> Eine Zufallsziehung aus einer großen definierten Grundgesamtheit stellt eine formale Voraussetzung für die Interpretation parametrischer Statistiken dar. Darin wird generell die Begründung der Generalisierbarkeit bzw. externen Validität der Ergebnisse gesehen. Es kann dabei allerdings extrem schwierig, wenn nicht unmöglich sein, die anvisierte Population exakt zu definieren und vollständig in ihren Elementen zu erfassen, um eine echte Zufallsstichprobe ziehen zu können (**Kap. 6.1**). Eine echte Zufallsstichprobe ist daher häufig nicht zu realisieren bzw. durch andere Ziehungstechniken zu ersetzen (**Kap. 6.3**). Tatsächlich besteht der Anspruch der Generalisierung von empirischen Ergebnissen eher in dem Nachweis der Invarianz von Replikationen (**Kap. 2.1**) oder außerstatistischen Argumentationen. Klinisch-psychologische Experimente sind zudem im Gegensatz dazu eher durch sogenannte *anfallende Stichproben* (z.B. vom Therapeuten freigestellte, freiwillig teilnehmende oder bezahlte Patienten) charakterisiert.
>
> Die besondere Wichtigkeit der Randomisierung bei experimentellen Studien liegt allerdings in ihrem Einfluss auf die interne Validität (der Kontrolle wettstreitender Erklärungen), weniger auf die externe Validität (der Generalisierung). In diesem Zusammenhang wird auch von *einer Urnen-Randomisierung* (*urn randomization*) gesprochen. Dabei wird jede (Treatment-, Kontroll-)Bedingung als eine Urne betrachtet, in die jeder Proband nach Zufall zugeordnet wird. Ein Test, der auf der Urnen-Randomisierung aufbaut, erwartet, dass bei der Zuordnung der Probanden zu den Untersuchungsbedingungen eine *zufällige Zuweisung* (*random assignment*) erfolgt.

> Mit Anwendung dieser Randomisierungsform in einem Untersuchungsdesign erfordert ein angemessener Test, dass die beobachteten Werte der Treatment- und Kontrollgruppe wiederholt den zwei Urnen zugewiesen werden. Eine empirische Verteilung der Mittelwertdifferenzen, die sich aus der zufälligen Zuordnung dieser Werte ergibt, kann dann als Vergleichskriterium für die beobachteten Mittelwertdifferenzen herangezogen werden. Die empirische Verteilung stellt dabei eine Häufigkeitsverteilung dar, bei der die wiederholt und zufällig zugewiesenen Werte der Treatment- und Kontrollbedingung in die zwei Urnen Unterschiede verschiedener Größe zwischen den Mittelwerten der Werte der beiden Urnen produzieren. Wenn gleich große Unterschiede in den Urnen und zwischen der Treatment- und Kontrollgruppe sehr selten auftauchen, wird daraus geschlussfolgert, dass die Unterschiede zwischen den Bedingungen mit einer gewissen Wahrscheinlichkeit auf den Effekt des Treatments zurückzuführen sind. Dieses Verfahren charakterisiert auch Permutations- und Randomisierungstests.

Angemerkt werden sollte noch, dass ein Kardinalproblem bei der zufallskritischen Beurteilung von Einzelfallbefunden darin besteht, eine erwartungstreue Schätzung der Fehlervarianz bei zeitabhängigen Beobachtungswerten anzugeben. Psychometrische Einzelfalluntersuchungen lösen dieses Problem in besonderer Weise, indem die Varianz der Beobachtungsfehler nicht am untersuchten Probanden selbst geschätzt wird, sondern aus normierten oder standardisierten Größen (z. B. Erwartungswert und Standardabweichung einer Eichpopulation, Reliabilitätskoeffizienten, Testinterkorrelationen etc.) übernommen werden.

8.2 Statistische Verfahren für Einzelfalldesigns

Für die statistische Analyse kleiner Stichproben oder von Einzelfällen bieten sich eine Reihe statistischer Alternativen an, die im Folgenden kurz vorgestellt werden sollen.

Zeitreihenanalyse

Vor allem die Zeitreihenanalyse – häufig unter dem Namen ARIMA (Autoregressive Integrated Moving Average) angegeben (Box & Jenkins, 1970) – beinhaltet verschiedene Prozeduren, die sich auf Einzelfallstudien mit Beobachtungen innerhalb verschiedener Untersuchungsphasen anwenden lassen. Allerdings muss für den Einsatz sichergestellt sein, dass eine ausreichende Zahl (ab 50, besser mindestens 100) von Beobachtungen vorliegt.

Adaptierte Formen von Varianz- und Regressionsanalysen

Auch Varianz- und Regressionsanalysen sind versuchsweise an die Bedürfnisse von Einzelfallanalysen adaptiert worden (Gentile, Roden & Klein, 1962; Michael 1974). Obwohl Voraussetzungen wie die Annahme der Normalverteilung und der Varianzhomogenität bekannt sind, haben sich die Prozeduren gegenüber Verletzungen dieser Voraussetzungen als relativ robust erwiesen (Howell, 1997). Das bedeutet, dass auch deutliche Abweichungen von diesen Voraussetzungen nur einen geringen Einfluss auf die Korrektheit statistischer Entscheidungen nehmen. Allerdings schränkt sich diese Aussage ein, wenn multiple Voraussetzungen verletzt sind und die Gruppengröße klein oder nicht unter allen Bedingungen gleich ist.

Unkorreliertheit der Residuen

Die Robustheit parametrischer Tests könnte nun zu der Annahme führen, auch für kleine Stichproben verwendbar zu sein. Allerdings darf dabei eine weitere wesentliche Voraussetzung nicht übersehen werden: die Unkorreliertheit der Fehler (Residuen). Das bedeutet, dass die Abweichung einer Beobachtung vom Mittelwert nicht durch Abweichungen vorangegangener Beobachtungen beeinflusst sein darf. In einem Design mit großer Stichprobe und Zufallszuweisungen zum Treatment gibt es keinen Grund anzunehmen, dass die Residuen der Versuchsteilnehmer innerhalb einer Gruppe durch die Testanordnung beeinflusst sind. Diese Situation ändert sich allerdings bei einem Einzelfalldesign, bei denen Beobachtungsphasen analog zu Gruppen und Beobachtungen analog zu Versuchspersonen aufgefasst werden. In diesem Fall, bei dem alle Beobachtungen von einem Fall stammen, liegt die Annahme nahe, dass die Residuen von zeitlich nahen Beobachtungen ähnlicher sind als von zeitlich entfernten Beobachtungen. Dieses serielle Abhängigkeitsproblem wird als *Autokorrelation* bezeichnet (Levin et al., 1978). Dabei führt eine positive Autokorrelation häufiger zu signifikanten Ergebnissen als gerechtfertigt. Aufgrund der hohen Wahrscheinlichkeit einer Autokorrelation in Einzelfalldesigns wird daher erwartet, vor Anwendung klassischer parametrischer Tests, Autokorrelationen in den verwendeten Daten auszuschließen. Die Robustheit parametrischer Verfahren (z. B. bei Varianzanalysen) kann bei Verletzungen der Annahme unkorrelierter Fehler in Einzelfall- und Stichprobendesigns demnach nicht angenommen werden.

Nicht-parametrische Tests

Auch wenn die Möglichkeit besteht, Zeitreihen und parametrische Tests adäquat bei der Analyse von Einzelfallstudien einzusetzen, bleibt ihre konkrete Verwendung und ihr praktischer Nutzen statistisch erfahrenen Nutzern vorbehalten, die sorgfältig alle notwendigen Voraussetzungen abgesichert haben. Alternativ bieten sich nicht-parametrische Tests an, die sich auf zahlreiche Versuchsdesigns anwenden lassen. Diese sogenannten Rangtests bieten sich insbesondere bei kleinen Stichproben an und sind bei großen Stichproben indiziert, wenn (mehrere) Voraussetzungen ernsthaft verletzt sind. Auch eine Anwendung bei Einzelfalldesigns ist möglich, wenn diese analog zu Gruppendesigns aufgefasst werden. Es gibt Designs, bei denen die Anzahl der Verabreichung jedes Treatments fixiert ist, ebenso wie die Stichprobengröße für Gruppendesigns fixiert sein kann, z. B. der Mann-Whitney-U- oder Kruskal-Wallis-H-Test für ein Einzelfalldesign mit alternativem Treatment und der Wilcoxon- und Friedman-Test für randomisierte Blockdesigns für Einzelfallstudien (Bortz et al., 2008).

Nicht-parametrische Tests verwenden allerdings nicht die Originaldaten, sondern führen vor jeder weiteren Berechnung eine Rangtransformation der Daten durch. Standard-Rangtests liefern daher lediglich Approximationen der exakten Wahrscheinlichkeiten, da mit der Rangtransformation ein Informationsverlust einhergeht. Darüber hinaus basieren statistische Tabellen von Rangtests auf neugeordneten Rängen (Permutationen) ohne verbundene Ränge, so dass sie bei verbundenen Rängen in den Daten auch nur noch approximativ valide sind.

Rangtransformation

Randomisierungstests

Randomisierungstests (auch Permutationstests genannt) stellen eine besondere Klasse von Verfahren dar, die auf dem Prinzip der Zufallszuweisung basieren, um eine Nullhypothese über den Effekt eines Treatments zu testen. Dabei wird folgendermaßen vorgegangen: Eine Teststatistik wird aus den empirischen Daten ermittelt. Die Daten werden dann wiederholt permutiert (d. h. eine Veränderung der Anordnung der Datenmenge durch Vertauschen einzelner Daten wird wiederholt vorgenommen, z. B. durch Unterteilung oder Neuanordnung der Daten), um so eine Teststatistik aus den resultierenden Datenpermutationen zu erhalten. Die Datenpermutationen, die das beobachtete Ergebnis einschließen, konstituieren die Referenzgröße zur Bestimmung der Signifikanz. Der Anteil an Datenpermutationen in der Referenz, die eine Teststatistik größer oder gleich (gegebenenfalls auch kleiner oder gleich) der empirisch beobachteten Teststatistik erzeugt, ergibt den *p*-Wert für die Signifikanz (Edgington, 1995).

Statistische Tests und ihre Beziehung zu Zufallsstichproben

Randomisierungstests eignen sich damit für jede Art von Stichprobe, unabhängig von ihrer Selektion. Dies erscheint besonders interessant, da nicht-zufällige Stichproben häufig vorkommen und parametrische Statistiktabellen (wie z. B. *t*- oder *F*-Tabellen) für solche Stichproben eigentlich unzulässig sind. Dabei besitzen weder die Größe, noch die angebliche Repräsentativität einer nicht-zufällig selegierten Stichprobe eine Konsequenz hinsichtlich der Frage der Zufälligkeit: Eine Zufallsstichprobe ist deshalb zufällig, weil eine spezifische Ziehungsprozedur aus einer definierten und abzählbaren Grundgesamtheit zum Einsatz kommt, und nicht, weil die Stichprobe besonders groß gewählt oder sich besonders zusammensetzt.

Verletzungen der Annahme einer echten Zufallsstichprobe können sich unterschiedlich manifestieren (**Kap. 6.4**):

1. Es werden alle verfügbaren Versuchspersonen ohne Anwendung einer Ziehungsprozedur rekrutiert.

2. Es findet eine systematische Auswahl bestimmter Versuchspersonen statt.

3. Es wird eine statistische Inferenz über eine Population getroffen, die eigentlich aus einer Zufallsstichprobe einer anderen Population stammt (Wenn z. B. Personen für psychologische Experimente per ‚Zufall' gezogen werden, so entstammen diese häufig einer Population von Studierenden einer bestimmten Universität, einer bestimmten Kohorte mit der Verpflichtung, Versuchspersonenstunden als Teil ihres Studiums sammeln zu müssen).

Es stellt sich daher auch die Frage der Relevanz von Zufallsstichproben in experimentellen Designs. Das Konzept der Population ist Teil der statistischen Analyse, weil die Ergebnisse eines statistischen Tests per Konvention in Begriffen von Inferenzen über Populationen interpretiert werden, aber nicht unbedingt, weil der Experimentator eine Stichprobe per Zufall aus einer Population zieht, auf die er generalisieren möchte. Die eigentlich interessierende Population ist dabei möglicherweise so geartet, dass aus ihr gar keine Zufallsstichprobe gezogen werden kann (denn dazu muss diese nicht nur in ihren Elementen abzählbar und endlich, sondern vor allem auch von konstanter Größe sein). Für Populationen mit lebenden Organismen würde das bedeuten, Inferenzen auf Individuen zu beziehen, die noch nicht geboren, gerade verstorben oder zur Zeit der Erhebung gerade leben. Populationen lebender Organismen verändern sich aber im Zuge ihrer Untersuchung kontinuierlich.

Die Unmöglichkeit des Ziehens echter Zufallsstichproben aus Populationen beschränkt statistische Inferenz über Treatmenteffekte auf die untersuchten Subjekte im Experiment. Inferenzen über den Effekt eines Treatments auf andere Subjekte müssten daher nicht statistischer Natur sein. Es wird auf Personen generalisiert, die zur untersuchten Gruppe (bezüglich relevanter Merkmale) ‚ähnlich' sind. Alternativ kann versucht werden, Treatmenteffekte wiederholt festzustellen (Replikationen), umso zumindest die Generalisierbarkeit des Effekts festzustellen (wenn auch nicht der Stichprobe).

Diese Problematik wird bei Randomisierungstests berücksichtigt: Sie basieren auf der Neuanordnung von Rohdaten. Sie liefern damit für ein einzelnes Experiment einen angemessenen Weg, um Fragen der Validität statistischer Entscheidungen beantworten zu können. Da es bei Randomisierungstests allerdings keine Zufallsziehung gibt, lassen sich Fragen der Validität außerhalb des einzelnen Experiments nicht beantworten; Inferenzen über eine Grundgesamtheit sind daher nicht zulässig (externe Validität). Damit sind nur Rückschlüsse hinsichtlich der internen Validität möglich. Ob das einen wirklichen Verlust darstellt, sei angesichts des hypothetischen Charakters einer echten (repräsentativen) Zufallsstichprobe, die formal statistischen Inferenzen durch klassische parametrische Tests zugrunde liegen soll, dahingestellt (Dugard, File & Todman, 2011; Todman & Dugard, 2001).

Dennoch bieten sich Randomisierungstests aufgrund ihrer Vielseitigkeit an, da sie sich an spezifische Einzelfalldesigns und kleine Stichproben anpassen lassen. Dies gilt insbesondere dann, wenn die Anzahl der Treatmentpräsentationen pro Bedingung nicht fixiert ist, wie dies in Designs mit Phasenübergängen üblich ist; Rangtests bieten für solche Designs keine äquivalenten Tests (Edgington, 1996).

200 Einzelfallprüfende Untersuchungsformen

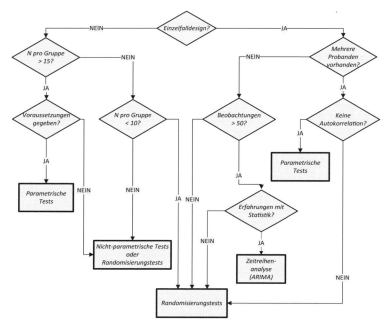

Abb. 8.1: Entscheidungsdiagramm zur Wahl der angemessenen Teststatistik

> **Zusammenfassung:**
> Zusammenfassend können folgende Leitlinien für die Wahl eines statistischen Tests aufgestellt werden (**Abb. 8.1**):
>
> 1. Für Designs mit großen Stichproben, bei denen die notwendigen Voraussetzungen erfüllt sind, liefern klassische parametrische Tests asymptotische Annäherungen an die exakten Wahrscheinlichkeiten, die sich durch Randomisierungstests erreichen lassen. Es gibt daher keinen Grund, unter diesen Voraussetzungen von den üblichen parametrischen Tests abzurücken.
>
> 2. Für Designs mit großen Stichproben, bei denen nachweislich die Voraussetzungen verletzt sind, liefern nicht-parametrische Tests angemessene asymptotische Approximationen an die exakten Wahrscheinlichkeiten, die sich mit Randomisierungstests erzielen lassen. Rangtests liefern in diesem Sinne befriedigende Resultate.
>
> 3. Für Designs mit kleinen Stichproben (weniger als 15 Beobachtungen pro Treatmentbedingung), für die nicht-parametrische Tests verfügbar sind, ist eine Verwendung von Rangtests akzeptabel, obwohl die Validi-

tät dieser Verfahren mit zunehmender Zahl verbundener Ränge in Frage gestellt wird. Es entsteht kein Nachteil, wenn bereits hier Randomisierungstests eingesetzt werden; vielmehr ist mit einem Zuwachs an Präzision hinsichtlich der Validität zu rechnen.

4. Für Designs mit sehr kleinen Stichproben (weniger als 10 Beobachtungen pro Treatmentbedingung) ist die Verwendung von Randomisierungstests dringend anzuraten. Diese Forderung steigt mit abnehmender Zahl an Beobachtungen pro Treatmentbedingung und zunehmender Zahl an Treatmentbedingungen.

5. Für Einzellfall-Designs sind klassische parametrische Tests akzeptabel, wenn ein Test auf Autokorrelation zu keiner nachweisbaren Korrelation führt. Bei Designs mit wenigen Beobachtungen ist die Voraussetzung allerdings häufig nicht erfüllt. Können parametrische Tests nicht eingesetzt werden, bleiben die Punkte 3 und 4 zu entscheiden, abhängig davon, wie viele Beobachtungen pro Treatmentbedingung vorliegen.

6. Für Einzelfalldesigns mit einer großen Zahl von Beobachtungen (mindestens 50) bieten Zeitreihenanalysen adäquate Verfahren (z. B. ARIMA-Modelle). Ein Vorteil besteht hier im effektiven Umgang mit Autokorrelationen, nachteilig ist gelegentlich der verfahrenstechnische Aufwand samt Ergebnisinterpretation.

7. Für Einzelfalldesigns mit einer geringeren Zahl von Beobachtungen (weniger als 50) und sehr kleinen Stichproben bieten Randomisierungstests adäquate Analysemöglichkeiten. Unsicherheiten bestehen hier allerdings angesichts der Teststärke und des Effekts von Autokorrelationen in Abhängigkeit vom Design.

8.3 Statistische vs. visuelle Analyse

In diesem Abschnitt wird es nun um die Frage gehen, ob bei Einzelfalldesigns überhaupt statistische Tests zum Einsatz kommen sollten, und wenn ja, unter welchen Bedingungen? Vorab sei dazu angemerkt, dass zumindest einige Forschungssituationen mit Einzelfällen denkbar sind, bei denen statistische Analysen eine zumindest wünschenswerte Zugabe zu visuellen Demonstrationen darstellen. Allerdings sollten auch bei Einzelfalldesigns Randomisierungsprozeduren zum Einsatz kommen, unabhängig davon, ob diese statistisch oder grafisch ausgewertet werden.

Operante Verhaltensanalyse

Die Tradition der operanten Verhaltensanalyse (*operant behavior analysis*) ist assoziiert mit Namen wie Frederic B. Skinner (1953) oder Murray Sidman (1960) und auf eine breite Spanne klinischer Interventionsstudien ausgeweitet worden. Zusammengefasst stehen bei der angewandten Verhaltensanalyse Techniken der Verhaltensmodifikation im Vordergrund. Die operante Tradition hat vor allem Argumente gegen übliche Gruppenstudien hervorgebracht, bei denen deskriptive Statistiken routinemäßig durch Zusammenfassung von Daten über Probanden eingesetzt werden. Insbesondere richtet sich die operante Sichtweise aber gegen die Anwendung von Inferenzstatistik bei Einzelfällen.

visual inspection Begründet wird diese Sichtweise mit folgenden Annahmen: Wenn es einem Experimentator gelingt, eine experimentelle Variable zu verwenden, um damit vollständige Kontrolle über eine Verhaltensvariable zu erhalten, ist keine Statistik notwendig, um eine Schlussfolgerung über die kausale Verbindung zwischen den beteiligten Variablen zu ziehen. Die visuelle Prüfung (*visual inspection*) der sich verändernden Rohdaten reicht in diesem Fall aus, um eine systematische Veränderung der Verhaltensvariablen unter dem Einfluss der experimentellen Variable nachzuweisen. Diese Kontrolle wird unter der operanten Sichtweise als das Ziel experimenteller Verhaltensanalysen angesehen. Jede Betonung einer statistischen Datenanalyse hingegen entbindet den Forscher nur von der entscheidenden Aufgabe, Kontrolle über Variablen zu erhalten.

Kontrolle über Variablen

Allerdings ist diese Charakterisierung von Kontrolle ebenso zentral für die Theorie experimenteller Designs (Campbell & Stanley, 1966): Die interne Validität eines Experiments hängt von den Möglichkeiten des Forschers ab, Kontrolle über äußere (störende) Variablen zu erhalten, die sonst Raum für alternative Erklärungen als die mutmaßliche kausale Beziehung zwischen der unabhängigen (manipulierten) und der verhaltensabhängigen Variable ließen.

ökologische Validität Praktisch wird diese Kontrolle allerdings zunehmend problematisch, wenn die ökologische Validität eines Experimentes gesteigert werden soll. Damit sind vor allem Interventionen gemeint, die nicht nur in einer hoch beschränkten Laborsituation, sondern auch in einer realweltlichen Umgebung einen robusten Effekt zeigen sollen (z. B.

bei Felduntersuchungen; vgl. **Kap. 2.7**). In Abwesenheit eines extrem hohen Grades an Kontrolle über potenzielle Störvariablen, kann nur durch eine Randomisierung der Treatments eine ausreichende interne Validität im Experiment sichergestellt werden.

Die interne Validität eines Experiments hängt vom Eliminieren umgebender Faktoren ab, die einen verzerrenden (biasing) oder konfundierenden (confounding) Effekt ausüben können. Diese Variablen werden als systematische Störvariablen bezeichnet und sind von zufälligen (unsystematischen) Störvariablen zu unterscheiden (**Kap. 1.4**). Eine zufällige Störvariable liegt immer dann vor, wenn sich Treatments und die Zuordnung von Probanden zufällig verteilen. Demgegenüber können aber durch kriterien- oder zeitbedingte Zuordnungen zu Treatmentbedingungen verzerrende Effekte resultieren. Die interne Validität kann dann nicht mehr über statistische Tests gerettet werden. Die einzige Lösung für dieses Problem stellt die Verwendung einer zufälligen Zuweisung zu Beginn der Untersuchung dar, da nur dadurch mögliche systematische Störvariablen in zufällige Störvariablen überführt werden können.

Störvariablen

Wenn potenziell systematische Störvariablen in zufällige Störvariablen durch eine Prozedur der Zufallszuweisung konvertiert wurden, dann verbleibt die Störung zwar in der Untersuchung, ohne dabei aber die interne Validität zu mindern. Vielmehr handelt es sich dann um eine Störung, die Zufallsvarianz (z. B. zwischen den Untersuchungsgruppen) erzeugt. Diese zufällige (nicht erklärte) Variation erschwert es allerdings, Effekte bei der unabhängigen Variablen eindeutig zu entdecken.

Zufallszuweisung

Diese Kontrollmechanismen gegenüber systematischen und zufälligen Störvariablen für Gruppenstudien gelten gleichermaßen für Einzelfallstudien. Nur durch eine ausgewiesene zufällige Zuordnung zu Treatments in Experimenten kann die interne Validität gesichert werden. Diese Frage ist somit unabhängig davon, ob Statistik verwendet wird, da durch die Randomisierung valide statistische Inferenzen erst möglich werden. Je größer die Kontrolle des Experimentators über zufällige Störvariablen (z. B. durch Einschränkung der experimentellen Umgebung), umso geringer ist die Notwendigkeit, auf Statistik zurückzugreifen. Bei Designs mit großen Stichproben wird allgemein akzeptiert, dass keine vollständige Kontrolle von Zufallsvariablen (auch keine Zufallsvariation zwischen Probanden) möglich ist. Nach der operanten Sichtweise sollte versucht werden, ausreichende Kontrolle über zufällige Störvariablen zu erhalten, um statistische Analysen überflüssig zu machen. Teile der klinischen Forschung rechtfertigen ihre Abneigung gegenüber der Verwendung von Inferenzstatistik auf dem Hintergrund ihres Interesses an großen (klinisch bedeutsamen) Effekten, die sich durch eine visuelle Prüfung sofort nachweisen lassen, auch wenn Zufallsvarianz in den Daten vorhanden ist.

Reaktionsgeleitetes Experimentieren bei Einzelfällen

Die operante Forschung legt besonderen Wert auf reaktionsgeleitetes Experimentieren. Dabei bestimmt das Verhalten des Probanden die Sequenz bzw. das Tempo an zu durchlaufenden Prozeduren. Hieran orientiert der Untersucher seine Entscheidungen für die nächsten Schritte und insbesondere hinsichtlich des Timings der Ereignisse, die auf den akkumulierten Verhaltensdaten basieren. Jeder Schritt wird dabei dem vorangegangenen Ergebnis angepasst.

Phasen-Designs

Das reaktionsgeleitete Experimentieren stellt eine übliche Technik bei den angewandten Verhaltenswissenschaften dar, wenn Phasen-Designs (**Kap. 8.4**) zum Einsatz kommen. Die Entscheidung für den Sprung von einer Phase zur nächsten, insbesondere von der Baseline-Phase zur Treatment-Phase, basiert auf einem kumulierten Verhaltensmuster der vorherigen Phase. Akzeptierte Praxis dabei ist, die Beobachtung in der Baseline-Phase fortzuführen, bis sich diese stabilisiert hat, also keinen erkennbaren Trend mehr zeigt oder wenigstens keinen Trend in die Richtung zeigt, der durch das Treatment vorhergesagt wird. Hierin besteht die Grundlage durch die Interpretation der Antworten während der Treatmentintervention, die auf die Baseline-Phase folgt.

Solange sich die Antworten auf der Baseline hoch variabel zeigen und einen ähnlichen Trend zum vorhergesagten Treatmenteffekt zeigen, bleibt es schwierig, das Treatment als ‚effektiv' zu bezeichnen. Auf die zeitliche Planung der reaktionsgeleiteten Intervention zurückzugreifen, stellt in diesem Kontext allerdings keine Lösung dar: Wenn die Entscheidung für die zeitliche Planung auf einer Regel basiert, die durch das Muster der Baseline-Antworten bestimmt wird, verliert die Untersuchung jeden Anspruch auf interne Validität.

Eine interne Validität kann somit allerdings nicht etabliert werden, solange das Timing der Intervention reaktionsgeleitet ist, da keine Vorhersage über den weiteren Verlauf der Baseline (bei weiteren Beobachtungen) möglich ist. Plausibel erscheint nur, dass wahrscheinlich eine geringere Stabilität geherrscht hätte, wenn die Beobachtungen zu einem früheren Zeitpunkt eingestellt worden wären. Besitzt das Treatment aber keinen Effekt, kann der Eindruck geringerer Stabilität entstehen. Danach wäre es besser gewesen, noch einige weitere Beobachtungen auf der Baseline-Stufe abzuwarten, bevor die Intervention startet.

Die Schwierigkeit dieser eher intuitiven Entscheidung hinsichtlich des Beginns eines Phasenübergangs führt oft zu einem Missverständnis, wenn es um Wahrscheinlichkeiten geht: Es ist bei diesem Vorgehen nicht möglich, Angaben zur Wahrscheinlichkeit einer Folge ähnlicher Reaktionen zu machen, die von der Folge ansteigender oder absteigender Reaktionen abgelöst werden; sämtliche Reaktionen können reine Zufallsvariablen sein. Tatsächlich ist für eine Zufallssequenz von Reaktionen typisch, dass eine Folge ähnlicher Werte von einer Folge abgelöst wird, die wie ein ansteigender oder abfallender Trend aussehen. Mit diesem Dilemma sind Forscher grundsätzlich konfrontiert, die sie bei der Zuweisung der Treatments zu den Probanden oder Beobachtungseinheiten keine Randomisierung vornehmen.

Zufallsgesteuertes Experimentieren bei Einzelfällen

Eine mögliche Alternative für A-B-Designs (Designs mit einer Baseline- und darauf folgender Interventionsphase) kann darin bestehen, die Gesamtzahl an verfügbaren Sitzungen vorab festzulegen, unter Berücksichtigung der notwendigen Anzahl von Baseline- und Interventionsphasen (vgl. Beispiel in **Kap. 8.4**). Per Zufall wird dann die Sitzung festgelegt, ab der die Intervention einsetzt. Sind z. B. insgesamt 15 Sitzungen geplant, wobei jede Baseline- oder Interventions-Phase wenigstens 4 Sitzungen umfassen soll, kann die Einführung einer Intervention durch eine Zufallsauswahl aus den Sitzungen 5 bis 12 erfolgen. Um das Problem einer Entscheidung zu umgehen, vorab die Anzahl der Baseline-Sitzungen festlegen zu müssen, um eine stabile Ausgangssituation zu schaffen, ist eine einfache Modifikation des zufälligen Interventions-Designs möglich: Es werden Prebaseline-Sitzungen durchlaufen, bis ein Stabilitätskriterium erreicht ist, dann beginnen die Baseline-Sitzungen, gefolgt von den Treatment-Sitzungen, die nun – um die Prebaseline verspätet – zum zufällig bestimmten Interventionszeitpunkt beginnen. Dies erhöht die Gesamtzahl der notwendigen Sitzungen, stellt allerdings einen akzeptablen Mehraufwand hinsichtlich der gewonnenen internen Validität dar.

Wird die reaktionsgeleitete Prozedur verwendet, ist ein ansteigender Fehler 1. Art (die Wahrscheinlichkeit für die Schlussfolgerung, dass ein Effekt vorliegt, obwohl dieser tatsächlich nicht besteht) die Folge. Dies gilt unabhängig davon, ob Inferenzen anhand grafischer oder

Fehler 1. Art

visueller Analysen vorgenommen werden. Bei der visuellen Analyse wurde wiederholt festgestellt, dass es diesem Verfahren als Methode an Replizierbarkeit mangelt (Beasley, Allison & Gorman, 1996). Die Anzahl falscher positiver Entscheidungen ist hier substanziell und wesentlich von charakteristischen Merkmalen in den Daten, wie das Ausmaß an Autokorrelationen oder Lern- oder Trainingseffekten, die unabhängig von der Intervention des Treatments auftreten, abhängig.

Ein konventionelles A-B-Design wird beim reaktionsgeleiteten Experimentieren häufig verwendet, um die Effektivität einer Intervention auf das Verhalten zu messen. Dabei wird zumeist solange mit der Baseline-Messung fortgefahren, bis ein Stabilitätskriterium erreicht ist, z. B. durch fünf aufeinanderfolgende nahezu gleiche Werte. Bei rein visuellen Analysen können Trends dadurch leicht als ‚Effekt' fehlinterpretiert werden. Tatsächlich besteht der systematische Effekt dabei u. U. in einem allgemeinen ansteigenden Trend über die Sitzungen, mit einer Zufallsvariation positiver und negativer Verschiebungen entlang einer Trendlinie. Solche Daten sind damit konsistent mit einem beständigen Übungseffekt ohne zusätzlichen Effekt eines Trainings.

Replikation

Ein weiteres Argument der operanten Sichtweise gegen die Verwendung von Inferenzstatistik bezieht sich auf die Aussage, dass die Replikation die beste Bestätigung für die Reliabilität eines Treatmenteffektes darstellt. Mit Reliabilität wird dabei die Zuverlässigkeit einer beständigen Differenz zwischen Treatments bezeichnet (**Kap. 4.4**). Traditionell wird die Reliabilität durch statistische Mittel geklärt. Die Reliabilität – egal wie sie geklärt wird – stellt aber lediglich eine notwendige, aber keine hinreichende Bedingung für interne Validität dar. Sie erlaubt eine Schlussfolgerung, dass eine systematische Variable wahrscheinlich die beobachtete Differenz zwischen den Treatments beeinflusst. Für ein intern valides Experiment ist es erforderlich, dass die Variable, die den Unterschied zwischen den Bedingungen verursacht, die einzige manipulierte (unabhängige) Variable darstellt.

A-B-A-B-Design Die operante Sichtweise versteht die Replikation als ein probates Mittel, um die Reliabilität eines Treatmenteffekts festzustellen und dies sowohl für Einzelfall- als auch für Zwischensubjekt-Designs. In einem gewissen Sinne sind Replikationen in Einzelfalldesigns bereits integriert, wenn über die Zeit ein A-B-A-B-Design (Multiple Baseline-Design; hierbei wechseln sich zwei Baseline- und zwei Interventionsphasen ab, vgl. **Kap. 8.4**) o. Ä. verwendet wird. Gelegentlich wird hier die Auffassung vertreten, dies als Alternative zu statistischen Analysen anzuwenden.

Replikationen stellen sicherlich eine sinnvolle Verfahrensweise bei Einzelfall- und Stichprobenstudien dar. Dennoch bleibt die Frage, ob Replikationen, bei denen jeder Einzelvergleich in einem Einzelfalldesign durchgeführt wird, in Abwesenheit eines statistischen Tests als reliabel betrachtet werden können.

Visuelle Analysten verwenden explizite oder implizite Heuristiken, um kausale Schlussfolgerungen zu ziehen, denen sie dann Reliabilität zuschreiben (Parsonson & Baer, 1992). Dabei wird nach großen, leicht zu entdeckenden (klinisch bedeutsamen) Effekten gesucht. Sind diese Effekte einer solchen visuellen Technik wirklich zugänglich, entsteht daraus zunächst kein Problem. Allerdings sehen Daten in der Realität häufig anders aus, so dass Fehlentscheidungen hinsichtlich eines Effekts, die durch visuelle Analysen getroffen werden, als häufig zu bezeichnen sind (Franklin, Allison & Gorman, 1996). Dies liegt nicht zuletzt an der geringeren Sensitivität dieser Verfahren, als auch in einem Bias, große und generalisierbare Effekte finden zu wollen, die sich möglichst replizieren lassen und von klinischer Bedeutung sind.

klinisch-bedeutsame Effekte

Bei Stichprobendesigns besteht ein grundsätzliches Bedürfnis nach direkter Replikation, um die Reliabilität von Effekten, die über statistische Verfahren identifiziert wurden, abzusichern und nach systematischer Replikation (z. B. durch geplante Bedingungsvariation in einer Folge von Experimenten), um die Generalisierbarkeit von Effekten nachweisen zu können. Dieses Vorgehen ist ein Stück weit die Folge der üblichen Zufallsziehung aus einer Population, auf die die Ergebnisse generalisiert werden sollen. Bei Einzelfalldesigns besteht dieser Anspruch einer Zufallsziehung aus einer Grundgesamtheit nicht. Ebenso besteht keine Notwendigkeit einer Replikation, um die Reliabilität und Generalisierbarkeit abzusichern, weder innerhalb noch zwischen Experimenten. Das entbindet den Forscher allerdings nicht von der Notwendigkeit, eine ausreichende Reliabilität und interne Validität für jeden festgestellten individuellen Effekt sicherzustellen.

direkte vs. systematische Replikation

> **Zusammenfassung:**
> Zusammenfassend können die Argumente der operanten Sichtweise gegen statistische Analysen bei Einzelfallexperimenten also auf drei Aspekte bezogen werden:
>
> 1. Kontrolle. In den meisten Einzelfallstudien ist das Argument, das Kontrolle statistische Analysen ersetzt, nur aufrechtzuerhalten, wenn große (klinisch signifikante) Effekte das exklusive Ziel darstellen.

> 2. **Reaktionsgeleitetes Experimentieren.** Zufallsprozeduren sollten (anstelle oder in Kombination mit reaktionsgeleiteten Prozeduren) zur Gewährleistung interner Validität verwendet werden, wann immer dies bei Einzellfall-Designs möglich ist. Sie sind notwendig, um Verzerrungen beim Favorisieren unechter Effekte vorzubeugen. Valide statistische Tests für Einzelfalldesigns sind daher kaum ohne Randomisierungsprozeduren zu realisieren.
> 3. **Replikation.** Die Verwendung integrierter Replikationen in Einzelfalldesigns befreit den Forscher nicht von der Notwendigkeit für ausreichende Reliabilität und interne Validität bei Einzelvergleichen zu sorgen.

Klinische und statistische Signifikanz

Bei vielen Interventionsstudien besteht das Ziel darin, einen Unterschied bei einer Einzelperson hinsichtlich eines psychologischen bzw. physiologischen Treatments nachzuweisen. Klinische Signifikanz wird nach der Wichtigkeit einer Veränderung bewertet und führt zur Fokussierung wirkungsvoller (evidenter) Variablen mit möglichst großen, robusten Effekten. Neben diesem prinzipiellen Ziel klinischer Signifikanz von Einzelfallforschung obliegen dem klinischen Kriterium aber auch objektive behaviorale Komponenten.

experimentelles Kriterium

Zusätzlich zur Notwendigkeit, dass Personen in ihrer natürlichen Umgebung ein bestimmtes Verhaltensziel zeigen (die sich möglicherweise auch nur mit außerstatistischen Kriterien belegen lassen), gibt es ebenso eine Notwendigkeit für objektive Daten, die eine Veränderung belegen. Dies kann als das *experimentelle Kriterium* bezeichnet werden, welches die Reliabilität einer Veränderung anzeigt, die durch eine Intervention hervorgerufen wird; die interne Validität ist dabei Teil dieses experimentellen Kriteriums. Es reicht allerdings nicht aus zu zeigen, dass eine systematische Variable reliabel ist. Es muss ebenso eindeutig sein, dass der Effekt exklusiv (kausal) auf das verabreichte Treatment und nicht auf andere systematische Einflüsse zurückzuführen ist.

Traditionelle Stichprobendesigns erfüllen das experimentelle Kriterium durch Kontrolle (Konstanthaltung) potenzieller konfundierender Variablen und der statistischen Überprüfung von Differenzen zwischen Gruppen. Die Verwendung statistischer Analysen können zur Absicherung reliabler Effekte gegebenfalls dann entfallen, wenn sich die Variablen substanziell unter der Kontrolle des Experimentators befinden oder die Effekte substanziell sind. Dieser Verzicht kann aber auch durch die Tradition visueller Analysen bei Einzelfallstudien bedingt sein. Bei Abwesenheit einer zufälligen Zuweisungsprozedur kann aber die interne Validität nicht garantiert werden, unabhängig davon, ob eine visuelle oder statistische Analyse verwendet wurde. Wenn die Zuordnung von Treatments zu möglichen Beobachtungszeitpunkten nicht zufällig passiert, entsteht ein Bias, niedrige Beobachtungswerte als Ende der Baseline zu verwenden, die dem Interventionspunkt vorangehen. Demgegenüber kann es auch passieren, dass eine stabile Baseline gar nicht zustande kommt, da das betroffene Verhalten stark fluktuiert. Dies ist typisch für natürliche Umgebungen, in denen die experimentelle Kontrolle eingeschränkt ist. Insbesondere in diesen Situationen kann nur eine statistische Analyse klären, ob das experimentelle Kriterium erreicht wurde.

> **Zusammenfassung:**
> Zusammenfassend ist festzustellen, dass klinische Signifikanz allgemein dann als überlegen angesehen werden kann, wenn bei Einzelfällen die Wirkung eines Treatments nachgewiesen werden soll. Das Ausklammern statistischer Analysen beschränkt aber zukünftige Möglichkeiten, neue, klinisch signifikante Treatments frühzeitig identifizieren zu können. Zudem gibt es keine Notwendigkeit, zwischen visuellen und statistischen Analysen zu trennen. Da es keine einfachen Regeln für oder gegen statistische Analysen gibt, können nur folgende Regeln an die Hand gegeben werden:
>
> - Je größer die experimentelle Kontrolle, umso geringer die Notwendigkeit statistischer Analysen.
> - Große Variabilität in den Daten deutet auf eine geringe experimentelle Kontrolle hin.
> - In natürlichen Umgebungen ist die experimentelle Kontrolle geringer.
> - Je größer der erwartete Effekt, umso geringer das Bedürfnis nach statistischer Bestätigung.
> - Kleine Effekte und geringe Kontrolle sind häufig mit neuen (experimentellen) Variablen assoziiert.
> - Replikationen stellen ein finales Entscheidungskriterium dar, dennoch ist die interne Validität und Reliabilität bei jedem Einzelvergleich herzustellen.

Die interne Validität ist beim reaktionsgeleiteten Vorgehen grundsätzlich gefährdet. Die zufällige Zuweisung von Treatments zu Zeitpunkten sollte solange bevorzugt werden, bis die Variabilität so gering und der Effekt so deutlich ist, dass nur noch eine minimale Wahrscheinlichkeit für einen systematischen Bias besteht, der durch die nicht zufällige Zuweisungsprozedur für die Treatmenteffekte entstehen könnte. Wird eine zufällige Zuweisungsprozedur verwendet, steht immer ein valider

Gefährdung der internen Validität

Randomisierungstest zur Verfügung, der in diesem Fall angewendet werden kann. Damit lassen sich visuelle Analysen hinsichtlich der Existenz eines Treatmenteffekts überprüfen und Fehlentscheidungen vermeiden.

8.4 Randomisierungs- und Permutationstests

Für experimentelle Designs mit Einzelfällen oder sehr kleinen Stichproben stellen somit Randomisierungs- und Perumutationstests eine valide und praktische Variante eines statistischen Tests dar (Dugard et al., 2011; Todman & Dugard, 2001).

Zur Verdeutlichung des Prinzips von Permutationstests, wird eingangs als Beispiel der Fisher-Pitmans-Randomisierungstest für zwei unabhängige Stichproben vorgestellt (vgl. Bortz et al., 2008).

Zunächst werden alle Möglichkeiten betrachtet, mit denen $n = n_1 + n_2$ Messwerte auf zwei Stichproben mit den Umfängen n_1 und n_2 verteilt werden können. Dabei ergeben sich $\binom{n}{n_1}$ Möglichkeiten. Ist $n_1 = 3$ und $n_2 = 5$ ergeben sich 8 × 7 × 6 / 3 × 2 × 1 = 56 Aufteilungen. Jede der 56 Aufteilungen tritt bei Gültigkeit von H_0 mit einer Wahrscheinlichkeit von 1 / 56 auf.

Die Prüfgröße S des Randomisierungstests für zwei unabhängige Stichproben entspricht der Summe der in der kleineren Stichprobe beobachteten Messwerte, wobei die Vereinbarung gilt: $n_1 \leq n_2$. Es wird dann geprüft, bei wie vielen Aufteilungen eine auf die kleinere Stichprobe bezogene Messwertsumme resultiert, die genauso groß ist wie die beobachtete Summe S. Diese Anzahl wird z genannt. Ferner wird ausgezählt, wie viele Aufteilungen zu einer größeren (bzw. – je nach Alternativhypothese – zu einer kleineren) Messwertsumme in der kleineren Stichprobe führen. Diese Anzahl wird mit Z bezeichnet.

Die einseitige Überschreitungswahrscheinlichkeit für $Z + z$ Summen, die größer (kleiner) oder gleich groß sind wie S, ergibt sich also bei Gültigkeit von H_0 nach:

$$p = \frac{Z+z}{\binom{n}{n_1}}$$

Beim zweiseitigen Test sind die S-Werte zu berücksichtigen, die den Wert $S' = T - S$ überschreiten und S unterschreiten (mit T = Gesamtsumme aller Messwerte und $S < S'$); wegen der Symmetrie der Prüfverteilung ergibt sich:

$$p' = \frac{2 \cdot Z + z}{\binom{n}{n_1}}$$

Der resultierende p- bzw. p'-Wert wird schließlich mit dem vereinbarten Alpha-Risiko verglichen und H_0 verworfen, wenn: $p \leq \alpha$ bzw. $p' \leq \alpha$. Man spricht daher von einem exakten Test. Die Prüfverteilung von S ist entsprechend dem Charakter eines bedingten Tests ganz von den jeweils spezifischen $n_1 + n_2 = n$ Messwerten determiniert und daher nicht tabelliert bzw. selbst für sehr kleine Stichproben praktisch nicht zu tabellieren. Der exakte Test ist nur für kleine Stichproben ($n \leq 15$) ökonomisch anwendbar; für größere Stichproben geht der Randomisierungstest asymptotisch in den parametrischen t-Test über.

Rechenbeispiel: $x_1 = 18\ 24\ 25$ und $x_2 = 21\ 29\ 29\ 30\ 31\ 31\ 31$ (Problem: kleines, ungleiches n; Verteilung rechtssteil).

Die Prüfgröße als die Summe der Messwerte der kleineren Stichprobe ist $S = 18 + 24 + 25 = 67$. Die Frage ist nun, wie viele der $\binom{10}{3} = 120$ möglichen x_1-Summen (zu je drei Messwerten) die beobachtete Prüfgröße $S = 67$ erreichen oder überschreiten. Die niedrigste der 3-Wertekombinationen ist $S = 18 + 21 + 24 = 63$, die folgende $S = 18 + 21 + 25 = 64$; die folgende $S = 18 + 24 + 25 = 67$ entspricht bereits der beobachteten Kombination. Die nächste wäre $S = 18 + 21 + 29 = 68$ und damit > 67. Die Wahrscheinlichkeit, dass die beobachtete oder eine im Sinne der H_1 extremere Prüfgröße bei Geltung von H_0 zustande gekommen ist, beträgt also $Z = 2$ (S-Werte < 67) und $z = 1$ ($S = 67$):

$$p = \frac{Z+z}{\binom{n}{n_1}} = \frac{2+1}{\binom{10}{3}} = \frac{3}{120} = 0{,}025$$

Da $p \leq \alpha$, wird H_1 angenommen und H_0 abgelehnt.

Äquivalente Tests existieren auch als (Fishers) Randomisierungstest mit zwei abhängigen Stichproben oder als Randomisierungsvarianzanalyse.

Das fundamentale Problem statistischer Inferenz besteht in der Aufgabe, einzelne Befunde zu gewichten. Mit deduktiver Logik kann dieses Problem nicht bewältigt werden. Eine Methode, dieses Problem zu lösen, besteht aber in der Verwendung von Randomisierungs- oder Permutationstests. Der Vorteil besteht dabei darin, dass keine Annahmen hinsichtlich der Verteilung der Daten gemacht werden. Wird ein Experiment korrekt durchgeführt, wobei die Treatments per Zufall den experimentellen Einheiten zugewiesen werden (z. B. den teilnehmenden Personen oder den zeitlichen Beobachtungseinheiten), steht einer Anwendung nichts im Wege.

Allerdings sind Randomisierungstests nicht einfach zu klassifizieren und werden häufig – da unbekannt – als neues Problem aufgefasst. Ebenso problematisch ist, dass sich die Berechnungen lange Zeit nur mit Aufwand automatisieren ließen. Seit den 1970er Jahren hat sich dieses Problem allerdings gelegt, so dass Randomisierungstests ähnlich wie andere Resampling-Techniken wie Bootstrap- (**Kap. 9.4**) oder Monte-Carlo-Methoden (**Kap. 9.5**) inzwischen automatisiert werden können.

Verteilung der Teststatistik

Randomisierungstests schöpfen alle Informationen hinsichtlich der Verteilung aus den Daten aus. Dabei wird akzeptiert, dass diese Daten die beste und einzige Grundlage für eine Schätzung der Verteilung darstellen. Aus den Daten wird (mit einigem Rechenaufwand) die Verteilung der Teststatistik unter der Nullhypothese generiert. Hierin liegt ein entscheidender Unterschied zu den klassischen Ansätzen, die mathematische Analysen verwenden, um die Verteilungen der Teststatistik aus der gewünschten Verteilung zu ermitteln, aus der die Daten als Zufallsstichprobe stammen (sollen). Die Statistik unter Verwendung des Randomisierungstests bleibt dabei mathematisch einfacher und näher an der Hypothese.

Der finale Schritt zwischen beiden Ansätzen ist zudem identisch: Um zu einer Hypothesenentscheidung zu gelangen, wird geprüft, wo die empirische Teststatistik in der zugehörigen Verteilung liegt. Liegt sie am Rand der Verteilung, wird geschlussfolgert, dass ein Zufallseffekt keine gute Erklärung liefert. Der Randomisierungstest umgeht somit die zwei Annahmen, eine Annahme über die Natur der Verteilung aufstellen zu müssen und die Ziehung einer Zufallsstichprobe daraus. Da in gewisser Weise durch Entfallen dieser beiden Annahmen eine gewisse ‚Unwirklichkeit' aus dem Verfahren genommen wird, erhalten die Daten mehr Gewicht.

Die prinzipielle Voraussetzung, die für die Anwendung eines Randomisierungstests gefordert wird, ist, dass die Datenanordnung, die im Test verwendet wird, zur Prozedur der zufälligen Zuweisung von Treatments zu Beobachtungen passen muss. Das bedeutet, jede Umstellung der Daten muss einer der Anordnungen entsprechen, die als Ergebnis der zufälligen Zuweisungsprozedur entstehen könnte.

Zwei besondere Aspekte sind dabei erklärungsbedürftig: Zum einen der Umstand, dass Randomisierungstests keine Annahmen über die Form der Verteilung erwarten und zum anderen die mögliche Verletzung der Annahme der Unabhängigkeit der Beobachtungen.

Verteilungsannahmen

Einerseits ist es zutreffend, dass Randomisierungstests keine Annahmen über die Verteilung erfordern, aus der die Daten stammen, andererseits gilt aber auch, dass die Form von Verteilungen statistische Entscheidungen beeinflussen kann. Nicht-parametrische Tests, einschließlich der Randomisierungstests, zeigen sich sensitiv gegenüber jedem Unterschied zwischen Verteilungen und nicht nur gegenüber (den interessierenden) Unterschieden zwischen Mittelwerten. Der zentrale Punkt dabei ist, dass das Testen einer einfachen Hypothese die Annahme impliziert, dass es keinen weiteren Unterschied zwischen den zu vergleichenden Gruppen gibt. Besitzen zwei Verteilungen eine unterschiedliche Form, dann liefert die Beobachtung des Mittelwertunterschieds dafür keine erschöpfende Erklärung. Dies ist ein bekanntes Problem bei der parametrischen Statistik, dass auch dadurch zum Ausdruck kommt, dass der Effekt auf einer bestimmten Ebene die Interpretation einfacherer Effekte darunter liegender Ebenen einschränken oder sogar verbieten kann (z. B. spezifische Interaktionen bei einer ANOVA oder multiplen Regression hinsichtlich der Interpretation der Haupteffekte; vgl. **Kap. 7.2**). Randomisierungstests erwarten keine Annahmen über die Form der Verteilung (es wird auch nicht erwartet, dass die Form für alle experimentellen Gruppen gleich ist). Sie betrachten daher jede Differenz zwischen Verteilungen ebenso wie die Differenzen, die nach der Hypothese von Interesse sind. Ein Unterschied in der Form gilt analog zum komplexeren (Interaktions-) Effekt bei einer ANOVA oder multiplen Regression.

Ein Beispiel mag dies verdeutlichen: Angenommen eine Intervention (z. B. ein Entspannungstraining) in einem A-B-Phasen-Design zeigt bei den meisten Beobachtungen (z. B. den Anteil aktiver Teilnahme an einer Gruppendiskussion) in der Post-Interventionsphase keine Wirkung, während sich bei wenigen Probanden höhere Werte einstellen. Dies erhöht zwar den Mittelwert in der Treatmentgruppe, allerdings ist die Verteilung der Treatmentgruppe dadurch schief, so dass eine andere Verteilung als in der Kontrollgruppe entsteht. Daraus könnte geschlussfolgert werden, dass die Intervention mit einer unkontrollierten Variable interagiert (z. B. dem Thema der Diskussion, dass nur wenige Probanden interessiert hat) und dass potenzielle Störvariablen in weiteren Untersuchungen kontrolliert werden sollten. Ein Randomisierungstest, der den Unterschied zwischen den Mittelwerten verwendet, greift diesen Effekt auf. Die Behauptung, es ergäbe sich eine Veränderung im Mittelwert, verkennt die wahre Natur dieses Effekts. Obwohl also Randomisierungstests für Unterschiede in der zentralen Tendenz auch bei Verteilungen unterschiedlicher Form eingesetzt werden können, sollten die zwei (oder mehr) Treatmentbedingungen, die verglichen werden, die die gleiche Form und Varianz besitzen

(Gorman & Allison, 1996). Obwohl es richtig ist, dass, wenn diese Bedingungen nicht erfüllt sind, es unmöglich ist, die Natur des Effekts eindeutig zu identifizieren, kann der Test in Verbindung mit visuellen Inspektionstechniken eingesetzt werden, um hilfreiche Informationen zu sammeln.

Autokorrelation

Bekanntermaßen steckt in Messwiederholungs- und Zeitreihendaten häufig eine serielle Abhängigkeit. Werden an der gleichen Person wiederholte Beobachtungen erhoben, besteht die Wahrscheinlichkeit, dass der Messfehler (Residuum), der mit den Werten an einem Datenpunkt assoziiert ist, eine Vorhersage für die Fehler nachfolgender Messpunkte erlaubt. Allgemein gilt: Je näher eine Beobachtung in einer Reihe an der Nachfolgenden liegt, umso höher ist die Wahrscheinlichkeit, dass die Residuen der Werte korreliert sind. Dieser Umstand wird als *Autokorrelation* bezeichnet (Rinne & Specht, 2002). Die Korrelation zwischen residualen Werten, die in einer Zeitreihe aneinander angrenzen (z.B. Beobachtung 1 verglichen mit Beobachtung 2, Beobachtung 2 verglichen mit Beobachtung 3 usw.), wird als *lag-1 Autokorrelation* (um einem Schritt versetzt) bezeichnet. Die Korrelation zwischen residualen Werten, bei der eine Messung dazwischen ausgelassen wird, wird als *lag-2 Autokorrelation* bezeichnet (z.B. Beobachtung 1 verglichen mit Beobachtung 3, Beobachtung 2 verglichen mit Beobachtung 4 usw.). Mit Ausnahme von zyklischen Variationen, tendieren Autokorrelationen bei höheren Lags dazu, kleiner zu werden.

Unabhängigkeit von Beobachtungen

Das Vorhandensein einer Autokorrelation verletzt die Annahme der Unabhängigkeit von Beobachtungen, die bei allen hypothesentestenden Methoden vorausgesetzt wird. Bekannt ist, dass die Präsenz einer positiven Autokorrelation bei einem parametrischen Test zu einer Unterschätzung von Wahrscheinlichkeiten führt. D.h. es besteht eine Tendenz, mehr signifikante Effekte zu finden, obwohl die Nullhypothese zutrifft (Fehler 1. Art), als durch den Alphafehler angezeigt wird. Das könnte bedeuten, dass Ergebnisse, die auf dem 1%-Niveau als signifikant betrachtet werden, tatsächlich nur auf dem 5%-Niveau oder gar nicht signifikant sind.

Es wurde bereits angedeutet, dass Randomisierungstests in ihrer Anwendung auf seriell abhängige Daten in Einzelfalldesigns immun gegenüber diesem Effekt serieller Abhängigkeit sind, da der Test auf der Nullhypothese basiert, dass identische Antworten über Ereignisse auftreten, wenn die Bedingungen in unterschiedlicher Anordnung präsentiert werden. Obwohl dieses Argument im Vergleich zu alternativen

Designs (bei denen Zeiten den Treatments zufällig zugeordnet werden) aufrechterhalten werden kann, ist es dennoch angewendet auf Phasendesigns nicht überzeugend (bei denen Treatments in Phasen geblockt werden und nur der Punkt der Intervention zufällig gewählt wird). Der Randomisierungstest muss dazu in der Randomisierungsprozedur abgebildet werden. Eine unvollständige Randomisierungsprozedur (wie die zufällige Bestimmung des Interventionspunkts in einem Phasendesign) schützt also nicht vor dem Effekt einer Autokorrelation innerhalb der experimentellen Einheiten (Phasen).

Die Präsenz einer Autokorrelation wirft erneut die Frage auf, wann die Baseline-Phase beendet werden soll. Existiert eine positive Autokorrelation in der Baseline-Phase, wird der Verlauf ähnlicher Messungen (z. B. zur Erreichung eines Stabilitätskriteriums) wahrscheinlicher, als bei einem zufälligen Wahrscheinlichkeitsmodell zu erwarten wäre. In diesem Fall kann die augenscheinliche Stabilität eine Nichtunabhängigkeit der Beobachtungen und weniger die Nichtvariabilität im Verhalten anzeigen.

Zurück zu der Frage, ob Autokorrelationen zu viele signifikante Ergebnisse bei Einzelfalldesigns erzeugen können: Simulationen haben bei A-B-Phasendesigns mit vier bis sechs Beobachtungen pro Phase ergeben, dass, je größer die lag-1-Residual-Autokorrelation (mit einer Spanne von 0,0 bis 0,9) ist, desto größer der Fehler 1. Art wird (Gorman & Allison, 1996). Dieser Effekt kann zudem noch dadurch verstärkt werden, wenn einzelne Beobachtungen z. B. nicht jeden Tag, sondern möglicherweise jede Stunde vorgenommen werden. Auch wenn daraus scheinbar mehr Daten resultieren, müssen nicht notwendigerweise auch mehr Informationen entstehen. Je höher die Autokorrelation, desto weniger verwertbare Daten existieren wirklich.

Der Effekt der Autokorrelation reduziert sich in Designs mit wechselnden Treatments, kann aber auch hier nicht ausgeschlossen werden. Zudem können sich solche Designs als nicht praktikabel herausstellen. Liegt eine positive Autokorrelation vor, sollte eine Anpassung des Signifikanzniveaus in Betracht gezogen werden. Als vermeintlich bester Schutz bleibt nur, Schritte zu unternehmen, die Wahrscheinlichkeit einer Autokorrelation zu minimieren. Dies kann z. B. durch eine Maximierung der Beobachtungs- bzw. Messintervalle erfolgen.

Zusammenfassung:

Die Angemessenheit von Randomisierungstests kann zusammenfassend an folgenden Punkten konkretisiert werden:

- Die analytische Power – wie sie bei klassischen (oder Wahrscheinlichkeits-)Tests besteht – ist notwendig, solange eine gewisse computationale Power (zur Erzeugung empirischer Verteilungen) fehlt. Randomisierungstests ersetzen analytische durch computationale Power. Dadurch kann eine Statistik (z. B. für Unterschiede zwischen Mittelwerten) verwendet werden, die sowohl einfacher als auch in direkterer Beziehung zur Hypothese steht. Gleichzeitig wird eine aktuelle Verteilung der Statistik anstatt einer hypothetischen Verteilung verwendet, die nur durch mathematische Analysen zustande kommt. Parametrische Annahmen über die Form der Verteilung werden nicht benötigt. Obwohl die aktuelle Form der Verteilung die Interpretation der Testergebnisse beeinflusst, gilt dies gleichermaßen für alle Hypothesentests.

- Klassische Tests verlangen eine Zufallsziehung aus einer definierten Grundgesamtheit. Dadurch soll gewährleistet sein, dass sich signifikante Unterschiede zwischen Stichproben auf die Grundgesamtheit verallgemeinern lassen. Tatsächlich begnügt man sich allerdings häufig mit einer zufälligen Zuweisung der Probanden zu den Versuchsbedingungen. Dazu passend ist die Forderung nach einer Randomisierung bei einem Randomisierungstest, die auch auf Einzelfalldesigns zutrifft, wenn das Treatment innerhalb der verfügbaren Zeiten zufällig zugewiesen wird. Ohne die schwer zu erfüllende Annahme einer Zufallsziehung, fokussieren Randomisierungstests damit exakt auf die gestellte Hypothese: Ist der Unterschied zwischen Werten aus verschiedenen Bedingungen dem Zufall oder einem systematischen Effekt zuzuschreiben?

- Ist die Voraussetzung einer Zufallsziehung nicht erfüllt, dann liefern klassische Tests (wie auch nicht-parametrische Tests) Approximationen an die exakten Wahrscheinlichkeiten, die durch einen Randomisierungstest geliefert werden. Diese Approximationen sind bei large-n-Designs angemessen, bei small-n-Designs sollten hingegen exakte Wahrscheinlichkeiten bevorzugt werden. Unabhängig davon, gibt es keinen parametrischen oder nicht-parametrischen Test, der sich auf viele mögliche Einzelfalldesigns anwenden lässt.

- Das Problem der Autokorrelation entsteht durch Zeitreihendesigns. Sie stellt allerdings für Randomisierungstests ein geringeres Problem dar als für klassische Tests. Die Problematik reduziert sich insbesondere dann, wenn die Zuweisung zu Treatments über Beobachtungszeiten randomisiert erfolgt, wie bei alternierenden Treatmentdesigns. ARIMA-Modelle können Autokorrelationen entfernen, benötigen aber für eine sinnvolle Anwendung deutlich mehr Beobachtungen. Der beste Schutz, um eine mögliche Autokorrelation zu reduzieren, besteht in einem angemessenen Abstand zwischen den Messungen.

Das „Lady Tasting Tea Experiment" (Fisher, 1935)

Die Grundzüge des Randomisierungstests können an einem hypothetischen Experiment dargestellt werden, dass als „The Lady Tasting Tea Experiment" (Fisher, 1935) bekannt geworden ist: Dabei geht es um die Fähigkeit einer Dame, im Geschmack zu unterscheiden zwischen einem Tee, bei dem zuerst die Milch (M) eingegossen wurde, gegenüber einem Tee, bei dem zuerst der Tee (T) eingegossen wurde. In diesem theoretischen Experiment werden je vier Tassen Tee vorgegeben, einmal mit Milch als erste Zutat und einmal mit Tee als erste Zutat und dies in zufälliger Reihenfolge. Die Anzahl an Möglichkeiten, mit der die acht Tassen vorgegeben werden können (unter Berücksichtigung der ersten Zutat) kann anhand von Kombinationen errechnet werden. Damit wird die Anzahl möglicher Anordnungen bestimmt, wenn nicht zwischen Tassen mit Tee unterschieden wird, die in gleicher Weise zubereitet wurden. Ist die Zahl möglicher Reihenfolgen aller acht Tassen gefragt, berechnet man die Permutationen. Um Verwechslungen zwischen den beiden Formen zu verhindern, wird im Rahmen von Randomisierungstests häufig von Anordnungen (arrangements) gesprochen, um alle möglichen Umstellungen zu erfassen.

Die Anzahl der möglichen Anordnungen von 8 Dingen, wenn 4 zur gleichen Zeit verwendet werden, wird mit der Fakultät der Zahl angegeben. Fakultät 4 (4!) berechnet sich aus der Multiplikation der Zahl 4 mit allen ganzzahligen Werten darunter (4 × 3 × 2 × 1). Die Anzahl möglicher Kombinationen von 8 Tassen mit Tee, mit 4 vom Typ M und 4 vom Typ T ergibt sich durch 8! / (4! × 4!) = (8 × 7 × 6 × 5) / (4 × 3 × 2 × 1) = 70.

Die Angabe 4! gibt die Anzahl möglicher Anordnungen von 4 verschiedenen Objekten an. Demnach gibt es 4 Möglichkeiten für die Wahl des ersten Objektes, 3 Möglichkeiten zur Wahl des zweiten und sie können in jeder Kombination auftauchen, so dass es 4 × 3 Möglichkeiten für die Wahl der ersten beiden Objekte gibt. Es bestehen zwei Möglichkeiten für das dritte Objekt, entsprechend 4 × 3 × 2 Möglichkeiten für die ersten drei Objekte. Schließlich gibt es nur eine Möglichkeit, den vierten Platz zu belegen. Genauso gibt es 8! verschiedene Möglichkeiten (8 × 7 × 6 × 5 × 4 × 3 × 2 × 1) Möglichkeiten, 8 verschiedene Objekte in einer Reihe anzuordnen, wenn allerdings 4 der 8 Objekte identisch sind, dann sind 4! der möglichen Anordnungen die gleichen in 8!. Somit gibt es 8! / 4! verschiedene Arrangements. Wenn die verbleibenden 4 ebenfalls gleich sind, aber von den ersten 4 verschieden, resultieren 8! / (4! × 4!) verschiedene Anordnungen von 8 Objekten, mit jeweils verschiedenen 4 Objekten gleicher Art.

Durch eine Randomisierung der Anordnung wird eine der 70 möglichen Anordnungen für die Präsentation der Tassen gewählt. Die Nullhypothese des Experiments besagt, dass die Dame nicht in der Lage ist, den Unterschied zwischen den Tassen der Typen M und T zu erkennen. Bei Zutreffen der Nullhypothese sollte der Durchschnitt der Sequenz ihrer Entscheidungen (T, M, M, T, M usw.) ohne Beziehung zur Abfolge der Tassen sein, so dass bei Präsentation der Tassen in einer anderen Anordnung, die produzierte Sequenz an M und T die gleiche ist. Demnach kann gefragt werden, wie viele korrekte Antworten für die aktuelle Ordnung vorliegen, bei der die Tassen vorgegeben werden und wie viele korrekte Antworten in anderen möglichen Anordnungen möglich sind. Angenommen, die maximale korrekte Zahl von Antworten wird erreicht (alle 8 Tassen werden korrekt erkannt), dann wäre eine korrekte Identifikation entweder nur durch Zufall entstanden (mit einer Wahrscheinlichkeit von 1/70) oder die Dame kann den Unterschied wirklich erkennen und die Nullhypothese ist abzulehnen. Wir schlussfolgern daher, dass das Ergebnis signifikant ist, wenn 100 × 1 / 70 = 1,43 %-Niveau (also p = 0,0143 und damit p < 0,05).

Die Demonstration nach Fisher schildert ein Prinzip, dass auch Randomisierungstests bei Einzelfalldesigns verwenden, wenn ein alternierendes Treatmentdesign vorliegt. In diesem Beispiel ist die Teststatistik die Anzahl korrekt erkannter Tassen.

Im nachfolgenden Datenbeispiel sollen statt nominaler Werte (falsch oder richtig) numerische Messwerte verwendet werden. Das Design ist analog zu einem vollständig randomisierten Design, bei dem zwei alternative Treatments zufällig den Probanden zugewiesen werden. Allerdings gibt es zwei wichtige Unterschiede:

Die Annahme einer Zufallsziehung aus der Grundgesamtheit kann eindeutig vernachlässigt werden.

Anstelle der Zuweisung von Treatments zu verschiedenen Personen, werden Treatments per Zufall den Beobachtungszeiten zugewiesen, die für eine einzelne Person vorhanden sind.

Das Beispiel wird zeigen, wie die Statistik aus den Daten berechnet wird und wie die Region bestimmt wird, um die Nullhypothese abzulehnen (Dugard et al., 2011; Todman & Dugard, 2001).

Alternierendes Treatment (3 Beobachtungen mit jeweils 2 Treatments)

In einer Untersuchung soll der Effekt des Lobes auf die Anzahl von Minuten eines Kindes untersucht werden, sich einer Aufgabe zu widmen und dies in Abhängigkeit davon, ob das Lob durch einen Gleichaltrigen (G) oder durch einen Erwachsenen (E) erfolgt. Die Hypothese lautet, dass die Zeit, an einer Aufgabe zu verweilen, größer ist, wenn das Lob von einem Gleichaltrigen ausgesprochen wird. Die Aufgabe wird zu 6 Anlässen dargereicht, so dass 3 G und 3 E Treatments den 6 Anlässen zufällig zugewiesen werden. Gemessen werden (zur Vereinfachung) die Werte 1, 2, 3, 4, 5, und 6 Minuten. Für die 6 Werte bestehen 6!/(3! × 3!) = 720 / 6 × 6 = 720 / 36 = 20 Möglichkeiten, sie zufällig den beiden Treatments E und G zuzuordnen. Aus den Werten können die Differenzen zwischen den G und E Mittelwerten für jede Anordnung errechnet werden (**Abb. 8.2**).

Anordnungen	E	G	Mittelwert G — Mittelwert E	Differenz
1	1|2|3	4|5|6	5,00 – 2,00	+3.00
2	1|2|4	3|5|6	4,67 – 2,33	+2.34
3	1|3|4	2|5|6	4,33 – 2,67	+1.66
4	1|2|5	3|4|6	4,33 – 2,67	+1.66
5	1|2|6	3|4|5	4,00 – 3,00	+1.00
6	1|3|5	2|4|6	4,00 – 3,00	+1.00
7	2|3|4	1|5|6	4,00 – 3,00	+1.00
8	1|3|6	2|4|5	3,33 – 3,33	+0.33
9	1|4|5	2|3|6	3,67 – 3,33	+0.33
10	2|3|5	1|4|6	3,67 – 3,33	+0.33
11	2|3|6	1|4|5	3,33 – 3,67	–0.33
12	2|4|5	1|3|6	3,33 – 3,67	–0.33
13	1|4|6	2|3|5	3,33 – 3,67	–0.33
14	1|5|6	2|3|4	3,00 – 4,00	–1.00
15	2|4|6	1|3|5	3,00 – 4,00	–1.00
16	3|4|5	1|2|6	3,00 – 4,00	–1.00
17	2|5|6	1|3|4	2,67 – 4,33	–1.66
18	3|4|6	1|2|5	2,67 – 4,33	–1.66
19	3|5|6	1|2|4	2,33 – 4,67	–2.34
20	4|5|6	1|2|3	2,00 – 5,00	–3.00

Abb. 8.2: Anordnungen einer Aufgabe mit 6 möglichen Werten, die 2 Treatmentbedingungen (G und E) zugewiesen wurden

Eine Betrachtung der Werte hinsichtlich ihrer Verteilung zwischen den 2 Bedingungen ergibt beispielsweise, dass in der zweiten Anordnung die aktuellen Werte für die G-Bedingung 3, 5 und 6 (M = 4,67) und für die E-Bedingung 1, 2 und 4 (M = 2,33) sind. Die Differenz aus den Mittelwerten ist 2,34 und damit in die vorhergesagte Richtung. Die Wahrscheinlichkeit für eine Anordnung von Werten, die rein zufällig entsteht (wenn die Nullhypothese zutrifft) ergibt eine positive Differenz dieser Größe oder größer und betrifft 2 der 20 möglichen Anordnungen (die ersten beiden Anordnungen in der Tabelle). Wenn diese Wahrscheinlichkeit größer als 0,05 ist (z. B. p = 0,1), dann ist diese Differenz in einem Randomisierungstest nicht statistisch signifikant (z. B. p > 0,05), wenn eine gerichtete (einseitige) Vorhersage vorgenommen wird. Betrachtet man nun den Fall der ersten Anordnung, dass für G die Werte 4,5 und 6 (M = 5,00) und für E die Werte 1,2 und 3 (M = 2,00) resultieren, dann ist die Differenz zwischen den Mittelwerten 3,00 in die vorhergesagte Richtung und die Wahrscheinlichkeit für eine positive Differenz dieser Größe aus einer zufälligen Anordnung der Werte ist 1 von 20 (die erste Anordnung in der Tabelle). Dieser Unterschied wäre in einem gerichteten Randomisierungstest signifikant

($p < 0,05$). D. h., nur die größte Differenz zwischen den Mittelwerten kann in diesem Beispiel die Signifikanzgrenze erreichen, wenn nur 20 Anordnungen der Daten möglich sind. Hinzu kommt, dass es im Falle einer zweiseitigen Testung nicht zu einem signifikanten Unterschied kommen kann, weil es für jede Anordnung mit der größten möglichen positiven Differenz eine entgegengesetzte Anordnung mit der gleichen negativen Differenz gibt (z. B. die 1. und 20. Anordnung in der Tabelle).

Bei Experimenten, bei denen viele Anordnungen möglich sind, gibt es entsprechend eine Spanne von Differenzen zwischen Bedingungen, die mit einer Wahrscheinlichkeit auftreten können, die diese in den Ablehnungsbereich für die Nullhypothese platzieren. Bei einer großen Zahl möglicher Anordnungen ist es allerdings unpraktisch, die vollständige Liste aller Anordnungen zu betrachten, um den Ablehnungsbereich zu bestimmen. Stattdessen werden Ergebnisklassen gebildet, die aus Sets von Anordnungen bestehen und zu gleichen Mittelwertdifferenzen führen.

So kann das Beispiel in Abbildung 8.2 in 10 Ergebnisklassen zusammengefasst werden (**Abb. 8.3**). Die Tabelle zeigt zudem die Häufigkeit eines Resultats innerhalb jeder Klasse und die Wahrscheinlichkeit für ein Resultat, dass in dieser Klasse auftreten kann. Dabei handelt es sich um die Summe der Wahrscheinlichkeiten für ein Einzelergebnis innerhalb der Klasse. So gibt es z. B. 3 Anordnungen in den Daten, die zu einer Differenz von −1,00 führen, so dass die Wahrscheinlichkeit für ein Ergebnis in dieser Klasse 0,05 + 0,05 + 0,05 = 0,15 beträgt. In der letzten Spalte werden die kumulierten Häufigkeiten für die Ergebnisklassen ausgegeben, wenn die vorhergesagte Richtung angenommen wird. Nur die kumulierte Wahrscheinlichkeit für eine positive Differenz von +3,00 ist in der kritischen Region von 0,05 für den Ablehnungsbereich einer gerichteten (einseitigen) Hypothese.

Differenz zwischen Mittelwerten	Häufigkeit	Wahrscheinlichkeit	Kumulierte Wahrscheinlichkeit
+3,00	1	0,05	0,05
+2,34	1	0,05	0,10
+1,66	2	0,10	0,20
+1,00	3	0,15	0,35
+0,33	3	0,15	0,50
-0,33	3	0,15	0,65
-1,00	3	0,15	0,80
-1,66	2	0,10	0,90
-2,34	1	0,05	0,95
-3,00	1	0,05	1,00
Summe: 0,00	20	1,00	

Abb. 8.3: Ergebnisklassen der möglichen Datenanordnungen aus Abbildung 8.2 (der Ablehnungsbereich mit α = 0,05 und einseitiger Testung ist grau hinterlegt)

Alternierendes Treatment (4 Beobachtungen mit jeweils 2 Treatments)

Im Folgenden soll eine Illustration für einen Randomisierungstest mit simulierten Daten für das gleiche Design des vorherigen Beispiels, aber mit einer größeren Zahl an Anordnungen dargestellt werden. In diesem Beispiel gibt es für jede Treatmentbedingung 4 Beobachtungsperioden; damit resultieren 8! / (4!4!) = 40320 / (24 × 24) = 40320 / 576 = 70 mögliche Anordnungen. 4 G- und 4 E-Treatments werden zufällig den 8 Ereignissen zugewiesen. Wie im vorherigen Beispiel werden die Werte anstelle binärer Entscheidungen generiert. Anstatt einer Liste aller möglichen Anordnungen und der Differenzen zwischen den Mittelwerten, die daraus resultieren, zeigt Abbildung 8.4 die Liste der Resultate, ihre Häufigkeiten, Wahrscheinlichkeiten und kumulierten Wahrscheinlichkeiten.

Differenz zwischen Mittelwerten	Häufigkeit	Wahrscheinlichkeit	Kumulierte Wahrscheinlichkeit
+1,50	2	0,0286	0,0286
+1,00	6	0,2571	0,1143
+0,50	18	0,2571	0,3714
0,00	18	0,2571	0,6285
-0,50	18	0,2571	0,8856
-1,00	6	0,0857	0,9713
-1,50	2	0,0286	0,9999

Abb. 8.4: Ergebnisklassen der möglichen Datenanordnungen für 2 Gruppen mit je 4 Werten (der Ablehnungsbereich mit α = 0,05 und einseitiger Testung ist grau hinterlegt)

In diesem Beispiel zeigt die erste Zeile die Differenz der aktuellen Werte 5, 6, 6, 6 (M = 5,75) für die G-Bedingung und 5, 4, 4, 4 (M = 4,25) für die E-Bedingung. Wie im vorherigen Beispiel ist die Vorhersage, dass die Werte unter der G-Bedingung höher sein sollen. Aus der Tabelle ist zu ersehen, dass es zwei Möglichkeiten (Häufigkeit = 2) in den Anordnungen gibt, die extremste positive Differenz von +1,50 zu erzielen. Werden die Werte (5, 6, 6, 6, 5, 4, 4, 4) vom ersten bis zum achten (im Beispiel 5 = erste, 6 = zweite, 6 = dritte, 6 = vierte, 5 = fünfte, 4 = sechste, 4 = siebte und 4 = achte Position) identifiziert, ergeben sich zwei Wege, eine Differenz von +1,50 zu erzielen: a) mit dem ersten, zweiten, dritten und vierten Wert in der G-Bedingung oder b) mit dem zweiten, dritten, vierten und fünften Wert in der G-Bedingung (im Beispiel die drei 6er-Werte und eine 5). Da die kumulierte Wahrscheinlichkeit für diese Resultat 0,0286 beträgt, fällt diese Differenz in den Ablehnungsbereich ($p < 0,05$) bei einer gerichteten Hypothese, G > E. Liegen in der G-Bedingung die Werte 5, 6, 6, 6 und in der E-Bedingung die Werte 5, 4, 4, 4 vor, wird die Differenz durch den Randomisierungstest als signifikant bewertet. Anders ausgedrückt: Die Wahrscheinlichkeit für eine zufällig gewählte Anordnung von Werten eines G-Stapels und eines E-Stapels, die eine positive Differenz (G – E) produziert, die so groß wie die beobachtete ist, ist kleiner als 0,05. Damit wird die Nullhypothese als unwahrscheinlich abgelehnt. Bei einer ungerichteten Hypothese (G ≠ E) ist die kombinierte Wahrscheinlichkeit für das extremste positive (+1,50) und das extremste negative (–1,50) Ergebnis: 0,0286 + 0,0286 = 0,0572. Die beobachtete absolute Differenz von 1,50 ist demnach nicht signifikant bei einem zweiseitigen Randomisierungstest.

Klinische Designs

A-B-Pläne Für eine Anwendung von Randomisierungstests im Kontext klinischer Einzelfallanalysen bedarf es allerdings spezifischer Designs mit Phasenübergängen (A-B-Pläne). Bei den Messwiederholungen lösen sich

Erhebungsphasen ohne Intervention (A-Phasen) von Phasen mit Intervention (B-Phasen) ab. Ferner wird in einer Baseline-Messung (Pretestphase) der abhängigen Variablen das Ausgangsverhalten (zumeist über mehrere Messungen, um Zufallsschwankungen auszugleichen) gegenüber den B-Phasen festgestellt. Typische Untersuchungspläne für Einzelfälle sind (**Abb. 8.5**):

- A-B-Plan. Eine Baseline-Messung gefolgt von einer Interventionsphase ist für die Hypothesenprüfung nur wenig geeignet.
- A-B-A-Plan. Ein Vergleich der zwei A-Phasen erlaubt eine Aussage über die Wirkungsdauer der Intervention.
- B-A-B-Plan. Ein klinisch günstiges Design, allerdings eingeschränkt hinsichtlich der Frage der Baseline (vor der Intervention).
- A-B-A-B-Plan. Hiermit lassen sich die Konsequenzen eines Abbruchs der Intervention und das erneute Einsetzen überprüfen (Replikation des Interventionseffekts).
- A-BC-B-BC-Plan. Kombination zweier Interventionen (BC), die kombiniert und einzeln überprüft werden. Damit kann der Anteil der Kombinationswirkung von BC auf B zurückgeführt werden.
- Multiples Baseline-Design. Ein zeitversetzter Plan für mehrere Variablen, die einzeln in die Behandlung einbezogen werden (**Abb. 8.6**).

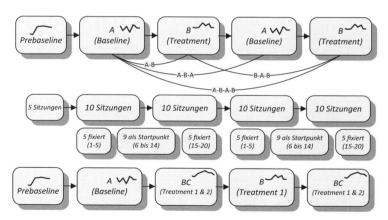

Abb. 8.5: Beispieldarstellung von Sitzungen (Block), Baseline- (B) und Treatment- (T) Phasen und den zugehörigen (fiktiven) empirischen Daten (vgl. Todman & Dugard, 2001)

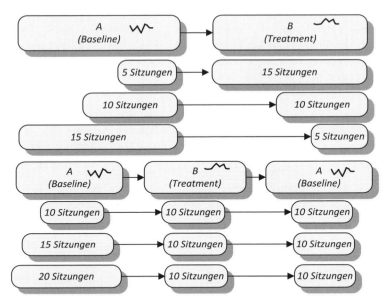

Abb. 8.6: Beispiele für Multiple-Baseline Designs, bei denen die Anzahl der Sitzungen pro Phase systematisch variiert wird

Phasendesign (Baseline – Treatment)

Phasendesigns können ebenso mit Randomisierungstests ausgewertet werden. Im folgenden Beispiel ist die Randomisierungsprozedur dazu nicht wertebeschränkt (Edgington, 1995). In einem hypothetischen Experiment soll die Effektivität einer Bekräftigungsprozedur hinsichtlich der Steigerung des gewünschten Verhaltens untersucht werden. Dazu werden 20 Treatmentblöcke spezifiziert, in denen die Häufigkeit des Zielverhaltens aufgezeichnet wird. Sobald das Treatment eingeführt ist, sollen alle folgenden Blöcke einen anhaltenden Effekt zeigen. Um sicherzustellen, dass sowohl in der Baseline- (B) als auch in der Treatmentphase (T) nicht zu wenige Beobachtungen auftreten, legt der Experimentator fest, dass jede Phase ein Minimum von 5 aufeinander folgenden Beobachtungen umfassen muss. Innerhalb dieser Grenzen wählt der Experimentator per Zufall den Startpunkt für den Beginn der Intervention. D. h. einer der Blöcke zwischen 6 und 16 kommt als zufälliger Startpunkt für den ersten Interventionsblock infrage. Damit resultieren 11 mögliche Anordnungen für die Treatmentintervention in diesen Blöcken. Würde sich per Zufall Block 8 als Beginn der Treatmentphase ergeben, könnte sich eine Datenlage ergeben, wie in Abbildung 8.7 dargestellt.

Block	1	2	3	4	5	6	7	8	9	10	11	12	13	14	15	16	17	18	19	20
Phasen	B	B	B	B	B	B	B	T	T	T	T	T	T	T	T	T	T	T	T	T
Daten	2	3	4	3	2	3	4	8	9	8	9	10	8	9	9	8	10	9	8	8

Abb. 8.7: Beispieldarstellung von Sitzungen (Block), Baseline- (B) und Treatment- (T) Phasen und den zugehörigen (fiktiven) empirischen Daten (vgl. Todman & Dugard, 2001)

Die Differenz zwischen dem Baseline- und dem Treatmentmittelwert (T − B) stellt eine angemessene Statistik für einen einseitigen Test dar, wenn die Vorhersage T > B lautet. Es gibt 11 mögliche Anordnungen für die Daten, die mit den 11 möglichen Startpunkten für die Intervention korrespondieren. Die Statistik (T − B) wird für jede dieser Anordnungen berechnet. Der Wert der Teststatistik für die erste Anordnung ergibt sich aus dem Mittelwert der ersten 5 Blöcke abzüglich des Mittelwerts der restlichen 15 Blöcke: (120 / 15) − (14 / 5) = 5,20). Der Wert für die zweite Anordnung ist: (117 / 14) − (17 / 6) = 5,52. Der Wert für die dritte Anordnung ist: (113 / 13) − (21 / 7) = 5,69: Dies ist die Anordnung, die zufällig gewählt wurde, um die Baseline- von den Treatmentblöcken zu trennen. Die Berechnung der Werte der Statistik für die verbleibenden Anordnungen zeigt, dass nur die aktuelle Datenunterteilung in einer Statistik mit einem Wert größer als 5,69 resultiert. Daher ist die Wahrscheinlichkeit für eine zufällige Anordnung von Datenunterteilungen, die eine Statistik produziert, die wenigstens so groß ist, wie die beobachtete 1 / 11 = 0,091. Dies ist die geringste Wahrscheinlichkeit, die sich bei 20 Blöcken mit wenigstens 5 Blöcken pro Phase beobachten lässt. Um einer einseitigen Signifikanzprüfung auf dem 5 %-Niveau eine Chance zu geben, wird ein Minimum von 20 möglichen Interventionspunkten benötigt, aus denen einer per Zufall ausgewählt wird.

Obwohl die absolute Differenz zwischen den B- und T-Phasen eine angemessene Statistik für einen zweiseitigen Test darstellen, verliert das Verfahren an Sensitivität, wenn ein konsistenter ansteigender oder abfallender Trend über die Dauer der Studie auftritt. Unter diesen Umständen kann gegebenenfalls die Analyse der Kovarianzen über die F-Statistik anstelle der absoluten Differenzen der Phasenmittelwerte verwendet werden, wobei die Blockziffern (1 bis 20) als Kovariate eingesetzt werden.

8.5 Verallgemeinerte Prinzipien des Randomisierungstests

Die vorangehenden Beispiele sollen belegen, dass das Design und Überlegungen zum Hypothesentest untrennbar mit dem Ansatz des Randomisierungstests verbunden sind. Die allgemeinen Anforderungen für einen Randomisierungstest – angewendet auf Einzelfall- oder Stichprobendesigns – sind im Folgenden aufgelistet.

Randomisierungsprozedur

Es ist notwendig, einige Aspekte des experimentellen Designs zu randomisieren. Für ein A-B-Einzelfalldesign kann dies bedeuten, eine Zufallsauswahl für den Punkt zu wählen, an dem der Wechsel von der Baseline- zur Interventionsphase erfolgt. Für ein alternierendes Treatmentdesign kann das bedeuten, die zufällige Zuweisung der Treatments zu den verfügbaren Zeiten vorzunehmen. Eine bestimmte Form von zufälliger Zuweisungsprozedur ist eine notwendige Bedingung für einen validen Randomisierungstest. Die Art und Weise, mit der eine zufällige Zuweisung vorgenommen wird, bestimmt die Präzision des angestrebten Randomisierungstests.

Wahl einer Teststatistik

Die Teststatistik wird aus den beobachteten Daten ermittelt. Diese kann – wie im „Lady Tasting Tea Experiment" – die Anzahl korrekt erkannter Tassen sein oder wie in den anderen Beispielen die Differenz zwischen den Mittelwerten in der Treatment- und Kontrollbedingung. Dabei kann F aus einer Kovarianzanalyse eine Alternative darstellen, wenn ein Trend in den Daten die absolute Differenz zwischen Mittelwerten insensitiv für einen Treatmenteffekt macht. Dabei ist es prinzipiell möglich, eine Statistik wie t oder F, wie sie in parametrischen Tests zur Überprüfung von Mittelwertdifferenzen eingesetzt wird, zu verwenden. Alternativ können auch andere Statistiken, wie die Summe der quadrierten Abweichungen (QS), diese Statistiken ersetzen.

In einigen Fällen kann eine alternative Statistik zu äquivalenten Ergebnissen führen, wenn daraus identische Wahrscheinlichkeiten (p) für einen Randomisierungstest resultieren. Demgegenüber existieren auch Designs, bei denen nicht äquivalente Resultate entstehen können. Dies ist insbesondere für Einzelfalldesigns nach dem A-B-Typ möglich, für die keine analogen parametrischen Tests vorliegen. In diesen Fällen sind Statistiken, die auf t oder F basieren nicht äquivalent zu alternativen Statistiken, wie die Differenz zwischen Mittelwerten. Auf jeden Fall sollte die Statistik zum Einsatz kommen, die den erwarteten Treatmenteffekt mit der höchsten Teststärke nachweisen kann. Diese Entscheidung hängt im Allgemeinen davon ab, ob unterschiedliche Varianzen bei den Kontroll- und Treatmentwerten, ein Unterschied zwischen den Mittelwerten oder beides zu erwarten sind.

Berechnung der Teststatistik

Systematische Anordnung der Daten: Eine Möglichkeit besteht darin, die Statistik für alle möglichen Anordnungen der beobachteten Daten zu berechnen. Aus der Verteilung aller Anordnungen lassen sich Werte für die Statistik errechnen, die so groß oder größer sein muss, wie der beobachtete Wert, um als signifikant zu gelten. Daraus resultiert die Wahrscheinlichkeit für die Entscheidung, ob der beobachtete Wert rein zufällig entstanden ist.

Zufällige Stichproben von Anordnungen der Daten: Anstatt der systematischen Berechnung einer Teststatistik aus allen möglichen Anordnungen der Daten (wie bei Permutationstests) ist es möglich, Zufallsstichproben (mit Zurücklegen) aus allen möglichen Anordnungen zu ziehen. Für viele Designs ist die Gesamtzahl der möglichen Datenanordnungen astronomisch groß. Würde z. B. die Anzahl der Tassen im Tee-Experiment verdoppelt, stiege die Anzahl aller möglichen Anordnungen von 70 auf 600 Millionen. In diesem Fall stellt das Ziehen einer Zufallsstichprobe aus allen möglichen Anordnungen eine sinnvolle und nützliche Alternative dar. Durch das Prinzip der Zufallsziehung aus allen möglichen Datenanordnungen beim Randomisierungstest entsteht – im Vergleich zum exakten Test – aber kein approximativer Test: Die aus der Zufallsziehung resultierenden p-Werte sind valide. Die einzige Einschränkung liegt in der Teststärke (Power) dieser Tests, da diese von der Größe der Zufallsziehungen der Anordnungen abhängig ist. Je größer die Stichprobe an verwendeten Datenanordnungen, desto größer die Teststärke des Tests, einen Effekt zu erkennen, der bei Betrachtung aller möglichen Anordnungen signifikant würde.

Die beobachteten Daten werden (unter der Nullhypothese) als erste Zufallsstichprobe aus allen möglichen Anordnungen betrachtet. Unter der Annahme, dass eine Stichprobengröße von etwa 1.000 notwendig ist, werden weitere 1.000 Anordnungen zufällig generiert. Die Wahrscheinlichkeit, die aktuellen Daten zu beobachten, wenn die Nullhypothese zutrifft, wird durch den Anteil der 1.001 Teststatistikwerte produziert, die so groß wie der beobachtete Wert sind.

Im Interesse der Konsistenz werden Zufallsstichproben von möglichen Datenanordnungen für alle Randomisierungstests verwendet. Die Frage, wie viele Stichproben benötigt werden, ist eine Kompromissfrage zwischen Wünschenswertem (einer möglichst hohen Teststärke) und Machbarem (Zeit für den benötigten Rechenaufwand). Um eine akzeptable Teststärke bei vertretbarer Rechenzeit zu gewährleisten, sind Zufallsziehungen zwischen 1.000 und 2.000 üblich.

Randomisierungstests in Publikationen

Um Verwirrungen mit statistischen Entscheidungen zu vermeiden, die auf Interpretationen von Statistiken auf der Grundlage konventioneller statistischer Tabellen basieren, ist es ratsam, die statistische Entscheidung eines Randomisierungstests in einer Weise zu präsentieren, die darlegt, wie diese Entscheidung gefällt wurde. Bezugnehmend auf die Ergebnisse in Abbildung 8.7 könnten die Ergebnisse so berichtet werden:

> „Mittels eines Randomisierungstests wurde die Vorhersage überprüft, ob sich Kinder einer bestimmten Aufgabe längere Zeit widmen, wenn die Bestärkung für dieses Verhalten anstatt von Erwachsenen von Gleichaltrigen ausgeübt wird. Dabei ergab sich für den Anteil der Datenbereiche, der bei gegebener Zeitdifferenz in vorhergesagter Richtung wenigstens so groß ist wie die experimentell beobachtete Differenz, eine Wahrscheinlichkeit von $p = 0{,}029$. Damit ist die beobachtete Zeitdifferenz bei einer Verstärkung von Gleichaltrigen und Erwachsenen statistisch signifikant ($p < 0{,}05$, bei einseitiger Testung)."

Zusammenfassung der Anforderungen

Eine Randomisierungsprozedur muss mit dem experimentellen Design eingeführt werden. Eine Teststatistik wird gewählt und für die experimentelle Datenunterteilung berechnet. Je nach Vorliegen von alternativen Statistiken wird die Variante gewählt, welche die Voraussetzungen am besten erfüllt und für den Nachweis des Effekts geeignet ist. Die Teststatistik wird für alternative Datenanordnungen berechnet, die sich aus der Randomisierungsprozedur, in Abhängigkeit vom Design, ergibt. Die Anordnungen können systematisch und erschöpfend sein oder einer Zufallsziehung aus allen möglichen Anordnungen der Daten entsprechen. Im letzteren Fall steigt die Teststärke mit dem Anteil an Zufallsziehungen. Im Allgemeinen liefern 1.000 bis 2.000 Anordnungen eine adäquate Teststärke. Der Anteil an Datenunterteilungen, der einen Wert der Teststatistik ergibt, der wenigstens so groß ist wie der experimentell beobachtete Wert, liefert das statistische Signifikanzniveau. Dieses Ergebnis wird so berichtet, dass klar wird, dass sich die statistische Entscheidung aus der Neuanordnung der Daten ergibt und nicht aus einer konventionellen statistischen Tabelle.

8.6 Einzelfalldiagnostik

Die Einzelfalldiagnostik steht vor einem Grundsatzproblem, wenn von gruppenstatistischen Kennwerten auf einen Einzelfall geschlossen werden soll. Diese Problematik ergibt sich immer dann, wenn die Reliabilität und/oder Validität eines Verfahrens kleiner als 1,0 ist. Dies liegt daran, dass sich mathematische Wahrscheinlichkeitsaussagen per definitionem nicht auf Einzelfälle, sondern immer nur auf Klassen von Elementen bestimmten Umfangs beziehen (Aussagen, die auf sogenannten *Aggregatdaten* basieren).

Dieses Problem resultiert vor allem aus dem Umstand, dass psychologische Testverfahren in ihrer theoretischen Konzeption, ihrer Testkonstruktion und in ihren Gütekriterien auf Kennwerten basieren, die aus Stichproben gewonnen werden. Angewendet auf den Einzelfall ist die Aussagekraft solcher Kennwerte deshalb erheblich begrenzt bzw. nicht anwendbar.

Ein Korrelationskoeffizient erlaubt nur dann eine Übertragbarkeit auf Einzelfälle, wenn die Korrelation $r = \pm 1$ beträgt, denn nur dann ist die Interpretation des Zusammenhangs zwischen zwei Variablen eindeutig. Eine Korrelation $r = 0$ hingegen erlaubt verschiedene Interpretation für das Zustandekommen: Eine wechselseitige Überlagerung positiver und negativer Korrelationen (unechte Nullkorrelation) oder einen rein zufälligen Zusammenhang zwischen Variablen (echte Nullkorrelation). Somit sagt ein an einer Gesamtgruppe ermittelter Koeffizient unterhalb der Extremwerte nichts über etwaige Subgruppen oder sogar Einzelfälle aus.

Generell gilt, dass sich statistische Maße wie ein Korrelationskoeffizient oder ein Standardschätzfehler immer auf eine Klasse von Elementen (ein Aggregat), aber nicht auf einzelne Elemente der Klasse beziehen. Daraus folgt, dass z. B. der Grad einer Vorhersagegenauigkeit (im Sinne einer prädiktiven Validität) bzw. der Vorhersagefehler für den Einzelfall nicht bestimmt werden kann.

Eine Konsequenz dieser Problematik ist, das insbesondere bei Einzelfalldiagnostiken eine hohe Reliabilität der Messwerte bzw. des verwendeten Messverfahrens vorauszusetzen ist: Je höher die Reliabilität, desto höher ist die Wahrscheinlichkeit, dass der wahre Wert einer Person nahe an dem beobachteten Messwert einer Person liegt. Eine Abschätzung dazu erlaubt die Bestimmung eines *Konfidenzintervalls* (Vertrauens-/Sicherheitsintervalls), also die Bestimmung des Bereichs um einen beobachteten Wert, der mit einer bestimmten (Sicherheits-)Wahrscheinlichkeit (z. B. 95 oder 99 Prozent) die Lage des wahren

Werts überdeckt. Bei einem Einzelfall bedeutet das, dass der wahre Wert einer einzelnen Person eine Konstante darstellt, also keine Wahrscheinlichkeitsverteilung besitzt.

Standardmessfehler

Typische Maße zur Absicherung beobachteter Testwerte liefern der *Standardmessfehler* und der *Standardschätzfehler* (Pospeschill, 2010). Mit dem Standardmessfehler (gebildet nach der *Äquivalenzhypothese*, nach der der beobachtete Wert eine gute Schätzung für den wahren Wert darstellt) wird derjenige Anteil an der Streuung eines Tests wiedergegeben, der auf seine Ungenauigkeit zurückzuführen ist.

Ermitteln lässt sich der Standardmessfehler aus der Standardabweichung der Messwerte multipliziert mit der Wurzel der Unreliabilität (der Anteil eines Tests, der auf seinen zufälligen Messfehler zurückzuführen ist):

$$SD(\varepsilon_x) = SD(x) \cdot \sqrt{1 - Rel}$$

Standardschätzfehler

Wird ein Test hingegen eingesetzt, um die Ausprägung eines Kriteriums zu prognostizieren, kann ein *Standardschätzfehler* ermittelt werden (gebildet nach der *Regressionshypothese*, nach der der wahre Wert eine Schätzung aus dem beobachteten Wert ist). Der Standardschätzfehler liefert damit ein Maß für die Vorhersagegenauigkeit des geschätzten wahren Werts:

$$SD(\varepsilon_r) = SD(x) \cdot \sqrt{Rel \cdot (1 - Rel)}$$

Konfidenzintervall

Beide Maße können verwendet werden, um Konfidenzintervalle zu bestimmen. Dabei bewegen sich Konfidenzintervalle nach der Regressionshypothese in engeren Grenzen (bedingt durch die Regression zur Mitte) als solche, die nach der Äquivalenzhypothese errechnet wurden. Die Breite des Intervalls wird ferner durch die Art der Fragestellung (gerichtet oder ungerichtet) bestimmt. Bei einer einseitigen Testung fällt das Intervall kleiner aus als bei zweiseitiger Testung. Bei einer

Bestimmung für Einzelfälle wird ferner der Reliabilitätskoeffizient des Testverfahrens (z. B. der äquivalenten Normstichprobe) benötigt. Je höher die Reliabilität (also je messgenauer das Verfahren), desto enger liegen die Grenzen des Konfidenzintervalls (da sich dadurch der Messfehler verringert). Bei Längsschnittdiagnosen (Veränderungs- oder prognostischen Hypothesen) bieten sich Retest-Korrelationen als Reliabilitätsschätzung an, während bei Querschnittdiagnosen eher Maße der internen Konsistenz, Split-Half-Koeffizienten oder (idealerweise) die Paralleltest-Reliabilität heranzuziehen sind (Pospeschill, 2010).

Bei Verwendung des Standardmessfehlers kann (laut Äquivalenzhypothese) der beobachtete Normwert x_v als Punktschätzung für ein *Konfidenzintervall* bei zweiseitiger und einseitiger Fragestellung verwendet werden:

Zweiseitig: $\quad Konf = x_v \pm SD(\varepsilon_x) \cdot z_{1-\frac{\alpha}{2}}$

Einseitig: $\quad Konf_u = x_v - SD(\varepsilon_x) \cdot z_{1-\alpha}$
$\quad\quad\quad\quad\; Konf_o = x_v + SD(\varepsilon_x) \cdot z_{1-\alpha}$

Ein Proband erzielt in einem IQ-Test einen IQ von 111. Der Mittelwert der IQ-Norm ist 100, bei einer Standardabweichung von 15. Die Reliabilität (Cronbach's alpha) für diesen Test sei 0,94. Für eine Wahrscheinlichkeit von 95 % soll nun entschieden werden, in welchem Vertrauensintervall der wahre Wert bei zweiseitiger Testung überdeckt wird.

$SD(\varepsilon_x) = 15 \cdot \sqrt{1 - 0{,}94} = 3{,}67 \quad\quad Konf = 111 \pm 3{,}67 \cdot 1{,}96 = 103{,}8 - 118{,}2$

Die Berechnung des Konfidenzintervalls erfolgt über den *Standardmessfehler*, bei zweiseitiger Testung und einer 95 %igen Sicherheitswahrscheinlichkeit. Als Reliabilitätsschätzung dient das Maß Cronbach's alpha. Bei Verwendung des beobachteten IQ-Werts von 111 ergibt sich ein Konfidenzintervall von 103,80 bis 118,20. Die gezeigte Leistung kann (bei Vergleich mit einer Äquivalentnorm) als durchschnittlich bis überdurchschnittlich interpretiert werden.

Allerdings ist diese Berechnung über den Standardmessfehler an spezifische Voraussetzungen gekoppelt, die (da weder wahre Werte noch der Messfehler für jede Person bekannt sind) nur schwer zu prüfen sind. Dazu gehören die Homoskedastizität (d. h. die Gleichheit der Fehlervarianzen) aller Skalenbereiche, die Normalverteilung der Messfehler und der wahren Werte. Auch sollten sich die Messfehler bei differenzierten Normgruppen (nach Alter oder Geschlecht usw.) idealerweise nicht unterscheiden.

Voraussetzungen für Standardmessfehler

Bei Verwendung des Standardschätzfehlers werden (laut Regressionshypothese) ebenfalls der beobachtete Wert x_v, die Reliabilität sowie zusätzlich der Mittelwert der Rohwerte bzw. der Normwerte μ_x verwendet. Ist die Verteilung der beobachteten Werte in der Grundgesamtheit bekannt, stellt der wahre Wert der Grundgesamtheit den Erwartungswert der Verteilung der beobachteten Werte dar. Da Messwerte allerdings nie perfekt reliabel sind, wird eine Korrektur des beobachteten Werts benötigt, um als Schätzung für den wahren Wert zu erhalten. Diese Korrektur fällt dabei umso stärker aus, je unreliabler der Messwert ist:

$$\hat{\tau}_v = Rel \cdot x_v + \mu_x \cdot (1 - Rel)$$

Unter Verwendung dieser Korrektur kann nun das Konfidenzintervall geschätzt werden:

Zweiseitig: $Konf = \hat{\tau}_v \pm SD(\varepsilon_r) \cdot z_{1-\frac{\alpha}{2}}$

Einseitig: $Konf_u = \hat{\tau}_v - SD(\varepsilon_r) \cdot z_{1-\alpha}$
$Konf_o = \tau_v + SD(\varepsilon_r) \cdot z_{1-\alpha}$

Ein Proband erzielt in einem IQ-Test einen IQ von 111. Der Mittelwert der IQ-Norm ist 100, bei einer Standardabweichung von 15. Die Reliabilität (Cronbach's alpha) für diesen Test sei 0,94. Für eine Wahrscheinlichkeit von 95 % soll nun entschieden werden, in welchem Vertrauensintervall der wahre Wert bei zweiseitiger Testung überdeckt wird.

$$\hat{\tau}_v = 0{,}94 \cdot 111 + 100 \cdot (1 - 0{,}94) = 110{,}34$$

$$SD(\varepsilon_r) = 15 \cdot \sqrt{0{,}94 \cdot (1 - 0{,}94)} = 3{,}67$$

$$Konf = 110{,}3 \pm 3{,}56 \cdot 1{,}96 = 103{,}3 - 117{,}3$$

Die Berechnung des Konfidenzintervalls erfolgt über den *Standardschätzfehler*, bei zweiseitiger Testung und einer 95 %igen Sicherheitswahrscheinlichkeit. Als Reliabilitätsschätzung dient das Maß Cronbach's alpha. Bei Verwendung des beobachteten IQ-Werts von 111 ergibt sich ein Konfidenzintervall von 103,30 bis 117,30. Die gezeigte Leistung kann (bei Vergleich mit einer Äquivalentnorm) als durchschnittlich bis überdurchschnittlich interpretiert werden.

Unter Verwendung des Standardschätzfehlers ist – neben den gleichen Voraussetzungen wie bei Verwendung des Standardmessfehlers – zusätzlich die bivariate Normalverteilung der Messfehler und der wahren Werte zu prüfen; dabei müssen beide Größen unkorreliert sein.

Voraussetzungen für Standardschätzfehler

Praktisch beschränken sich die Voraussetzungsprüfungen allerdings darauf, die Normalverteilung des Testkennwerts zu überprüfen. Demgegenüber sind aber Ansprüche an möglichst präzise Schätzungen von Mittelwerten, Standardabweichungen und Reliabilitäten hoch anzusetzen, die nur über ausreichend große, repräsentative und zufällig gezogene Normstichproben und konstruktionstechnisch ausgereifte und ausreichend lange Tests mit guten psychometrischen Eigenschaften zu erfüllen sind.

Kritische Differenz und diagnostische Valenz

Aus der Berechnung des Standardmessfehlers können zudem Gleichungen abgeleitet werden, mit denen die Differenz zweier einzelner Testwerte (unterschiedlicher Skalen) auf Signifikanz geprüft werden kann. Vorauszusetzen bei diesen Berechnungen ist allerdings, dass die Reliabilitäten nicht zu stark voneinander abweichen und die Messfehler der Messwerte unkorreliert sind. Bei der statistischen Absicherung von Testwertdifferenzen sind zwei Fragen zu klären:

- Kann die Ursache für Messwertdifferenzen auf einen Messfehler zurückgeführt werden? Diese Frage wird durch Bildung der sogenannten *kritischen Differenz* beantwortet.

- Vorausgesetzt, es besteht eine kritische Differenz, kommt die beobachtete Messwertdifferenz in der Normstichprobe selten vor? Diese Frage wird durch einen Vergleich der kritischen Differenz mit der beobachteten Differenz beantwortet.

1. Die kritische Differenz berechnet sich bei ähnlichen Reliabilitäten wie folgt (Fisseni, 2004):

$$Diff_{crit} = z_{1-\frac{\alpha}{2}} \cdot SD(x) \cdot \sqrt{2 - (Rel_1 + Rel_2)}$$

Bei identischen Reliabilitäten (z. B. bei einem Retest) vereinfacht sich die Formel zu:

$$Diff_{crit} = z_{1-\frac{\alpha}{2}} \cdot SD(x) \cdot \sqrt{2 - Rel}$$

Der Abstand zweier Testwerte x_1 und x_2 wird dann als signifikant (z. B. bei $\alpha = 0{,}05$ ist $z_\alpha = 1{,}96$) betrachtet, wenn dieser größer ist als Diff_{crit}.

Eine kritische Differenz darf auf diese Weise nicht berechnet werden, wenn die Annahme unkorrelierter Messfehler verletzt ist. Ein solcher Fall liegt z. B. vor, wenn ein Subtest- und ein Gesamttestwert oder Subtests mit gemeinsamen Items auf Unterschiede geprüft werden. Da sich in diesen Fällen in beiden Tests gemeinsame Items befinden, ist die Annahme unkorrelierter Messfehler verletzt.

2. Um nun zu entscheiden, ob die beobachtete Differenz selten in der Normstichprobe auftaucht, kann die diagnostische Valenz statistisch abgesichert werden. Dabei wird die beobachtete Differenz mit der kritischen Differenz nach folgender Gleichung verglichen:

$$\text{Diff}_{crit} = z_{1-\frac{\alpha}{2}} \cdot SD(x) \cdot \sqrt{1 - r^2}$$

r^2 ist dabei der sogenannte *Determinationskoeffizient*, also die quadrierte Korrelation zwischen den Tests. Zur Berechnung wird vorausgesetzt, dass die Standardabweichungen in beiden Tests gleich sind, die Messwerte bivariat normalverteilt und die Reliabilität der Messwerte gleich ist.

Ein Proband erzielt in Subtest A einen IQ von 121, in Subtest B einen IQ von 100. Der Mittelwert der IQ-Norm ist 100, bei einer Standardabweichung von 15. Die Reliabilität (Cronbach's alpha) für Subtest A sei 0,97, für Subtest B 0,91. Die Korrelation der beiden Subtests beträgt 0,73. Für eine Wahrscheinlichkeit von 95 % soll nun entschieden werden, ob dieser Unterschied durch einen Messfehler erklärt werden kann und ob dieser Unterschied statistisch bedeutsam ist.

Als beobachtete Differenz ergibt sich: $\text{Diff}_{beob} = 121 - 100 = 21$

Nach der Äquivalenzhypothese resultiert:

$\text{Diff}_{crit} = 1{,}96 \cdot 15 \cdot \sqrt{2 - (0{,}97 + 0{,}91)} = 10{,}18$

Die kritische Differenz zeigt, dass eine Differenz, die noch durch den Messfehler erklärbar wäre, maximal 10,18 Punkte betragen darf. Die beobachtete Differenz liegt mit 21 Punkten allerdings höher.

Nach der Regressionshypothese resultiert:

$\text{Diff}_{crit} = 1{,}96 \cdot 15 \cdot \sqrt{1 - 0{,}73^2} = 20{,}09$

Das Ergebnis deutet auf einen diagnostisch bedeutsamen Leistungsunterschied zwischen den beiden Subtests hin.

Zwischen beiden Berechnungen (kritische Differenz und diagnostische Valenz) besteht folgender Unterschied: Während die messfehlerkritische Absicherung durch die kritische Differenz prüft, ob Differenzen in den Messwerten zweier Tests auf Messfehler zurückzuführen sind, führt die valenzkritische Absicherung durch die diagnostische Valenz zur einer Prüfung der Differenzen bedingt durch Unterschiede in den gemessenen Merkmalen.

Im Falle einer hohen Korrelation der Testverfahren ist die Wahrscheinlichkeit für die Beobachtung von Merkmalsunterschieden eher als gering einzustufen. Daher wäre eine Abweichung in den Messwerten bei einer Person als ‚auffällig' zu bewerten. Im Falle einer geringen Korrelation der beiden Tests ist die Wahrscheinlichkeit für die Beobachtung von Merkmalsunterschieden höher einzustufen. Daher wäre eine Abweichung in den Messwerten bei einer Person weniger überraschend.

> **Zusammenfassung:**
> Bedingt durch die Tatsache, dass Messwerte zweier Tests immer fehlerbehaftet sind, empfiehlt es sich, eine statistische Absicherung immer anhand der Prüfung eines beobachteten Unterschieds auf Messfehler bzw. mangelnde Reliabilität (kritische Differenz) und der Auffälligkeit (in Abhängigkeit von der Korrelation der Skalenwerte) im Vergleich zu einer Normstichprobe (diagnostische Valenz) vorzunehmen. Dabei sollten für die oben genannten Berechnungen gleiche Reliabilitäten der (Sub-)Tests vorliegen.

τ-Normierung

Unterschiedliche Reliabilitäten in den Untertests können durch eine spezielle x- oder τ-Normierung gelöst werden (Huber, 1973). Während die x-Normierung einen Vergleichsmaßstab für beobachtete Werte (Rohwerte) liefert (Standardnormen, Prozentrangnormen), orientiert sich die τ-Normierung an der Verteilung der wahren Testwerte in der Population, für die eine ähnliche Verteilung wie die beobachteten Werte angenommen wird.

Eine τ-Normierung erfolgt nach folgender Gleichung (Bortz & Döring, 2006):

$$\tau = \frac{x_v}{\sqrt{Rel}} + \mu \cdot \left(1 - \frac{1}{\sqrt{Rel}}\right)$$

Während bei der (üblichen) x-Normierung die beobachtete Standardabweichung (der Stichprobe) in die Normierungsgleichung eingeht, ist es bei der τ-Normierung die Standardabweichung der geschätzten

x- vs. τ-Normierung

wahren Werte (der Population). Diese geschätzte Standardabweichung ergibt sich aus dem Produkt aus beobachteter Standardabweichung mit der Quadratwurzel der Reliabilität:

$$SD_\tau = SD(x) \cdot \sqrt{Rel}$$

Für die messfehlerkritische Absicherung kann unter Verwendung der τ-normierten Testwerte eine z-verteilte Prüfgröße errechnet werden:

$$z = \frac{\tau_1 - \tau_2}{SD(x) \cdot \sqrt{\left(\frac{1 - Rel_1}{Rel_1}\right) + \left(\frac{1 - Rel_2}{Rel_2}\right)}}$$

Bei valenzkritischer Absicherung erfolgt die Prüfung auf einen Unterschied durch folgende Gleichung:

$$z = \frac{\tau_1 - \tau_2}{SD(x) \cdot \sqrt{\left(\frac{1}{Rel_1}\right) + \left(\frac{1}{Rel_2}\right) - \left(\frac{2 \cdot r}{Rel_1 \cdot Rel_2}\right)}}$$

Ein Proband erzielt in Subtest A einen IQ von 121, in Subtest B einen IQ von 100. Der Mittelwert der IQ-Norm ist 100, bei einer Standardabweichung von 15. Die Reliabilität (Cronbach's alpha) für Subtest A sei 0,97, für Subtest B 0,91. Die Korrelation der beiden Subtests beträgt 0,73.

Die τ-Normierung ergibt:

$$\tau_A = \frac{121}{\sqrt{0{,}97}} + 100 \cdot \left(1 - \frac{1}{\sqrt{0{,}97}}\right) = 121{,}3$$

$$\tau_B = \frac{100}{\sqrt{0{,}91}} + 100 \cdot \left(1 - \frac{1}{\sqrt{0{,}91}}\right) = 100$$

Messfehlerkritisch abgesichert resultiert:

$$z = \frac{121{,}3 - 100}{15 \cdot \sqrt{\left(\frac{1 - 0{,}97}{0{,}97}\right) + \left(\frac{1 - 0{,}91}{0{,}91}\right)}} = 3{,}94$$

Da die z-verteilte Prüfgröße mit |3,94| ≥ $z_{1-\alpha/2}$ = 1,96, handelt es sich um eine IQ-Differenz, die nicht durch die mangelnde Reliabilität der Messskalen erklärt werden kann.

Bei valenzkritischer Absicherung resultiert:

$$z = \frac{121{,}3 - 100}{15 \cdot \sqrt{\left(\frac{1}{0{,}97}\right) + \left(\frac{1}{0{,}91}\right) - \left(\frac{2 \cdot r}{0{,}97 \cdot 0{,}91}\right)}} = 2{,}06$$

Da die z-verteilte Prüfgröße mit |2,06| ≥ $z_{1-\alpha/2}$ = 1,96, handelt es sich um eine IQ-Differenz, die nicht durch die unterschiedliche diagnostische Valenz erklärt werden kann. Der Unterschied deutet stattdessen auf unterschiedliche Fähigkeitsausprägungen hin.

Differenz bei korrelierten Testwerten (Untertest- und Gesamttestwert)

Da die Berechnung der kritischen Differenz keine korrelierten Messfehler zulässt, ist für den Fall eines Vergleichs eines Subtestwerts mit einem Gesamttestwert die Korrelation zwischen Subtest und Gesamttest gesondert zu berücksichtigen. Unter Verwendung dieser Korrelation wird regressionsanalytisch ermittelt, welcher Subtestwert bei einem Gesamttestwert zu erwarten ist (Bortz & Döring, 2006):

$$\hat{y}_u = \mu_u + \frac{SD(u)}{SD(G)} \cdot r_{uG} \cdot (y_G - \mu_G)$$

Dabei sind μ_u der Mittelwert des Untertests, $SD(u)$ und $SD(G)$ die Standardabweichung des Untertests und Gesamttests, r_{uG} die Korrelation zwischen Untertest und Gesamttest und y_G der Gesamttestwert. Alle Angaben (außer y_G) sollten dem Testmanual zu entnehmen sein. Liegen diese Angaben vor, kann die Differenz zwischen erwarteten und erzielten Subtestwerten geprüft werden:

$$z = \frac{y_u - \hat{y}_u}{SD(u) \cdot \sqrt{1 - r_{uG}^2}}$$

Ein Proband erzielt in einem Subtest den Testwert 14 und einen Gesamt-IQ von 96. Der Mittelwert des Untertests beträgt 10 und die Streuung 3. Für den Gesamttest ergibt sich ein Mittelwert von 100 und eine Standardabweichung von 15. Untertest und Gesamttest sind mit 0,63 korreliert. Es stellt sich nun die Frage, ob die Abweichung zwischen Subtest und Gesamt-IQ auf eine besondere Begabung oder auf ein zufälliges Ergebnis hindeutet.

Regressionsanalytisch wird zuerst geprüft, welcher Subtestwert bei einem IQ von 96 zu erwarten ist: $\hat{y}_u = 100 + \frac{3}{15} \cdot 0{,}63 \cdot (96 - 100) = 9{,}5$

Für die statistische Bedeutsamkeit der Differenz ergibt sich:

$$z = \frac{14 - 9{,}5}{3 \cdot \sqrt{1 - 0{,}63^2}} = 1{,}93$$

Da die z-verteilte Prüfgröße mit |1,93| ≤ $z_{1-\alpha/2}$ = 1,96, ist die Differenz zwischen dem erwarteten und dem erzielten Untertestwert nicht signifikant von Null verschieden. Es kann daher nicht ausgeschlossen werden, dass diese Abweichung zufällig zustande gekommen ist.

Reliable Change Index (RCI)

Steht die Veränderung von Testwerten bei einer Person (*Prä-Posttest-Design*) im Vordergrund, ist auch hier die Frage zu klären, ob die beobachtete Veränderung möglicherweise durch einen Messfehler hervorgerufen wurde. Benötigt dazu werden die Messwerte der Prä- (x_1) und Postmessung (x_2) einer Person sowie der Standardmessfehler $SD(\varepsilon_x)$; dieser wiederum erfordert Angaben zur Retest-Reliabilität des Tests sowie zur Standardabweichung der Normstichprobe:

$$RCI = \frac{x_2 - x_1}{\sqrt{2 \cdot (SD(\varepsilon_x))^2}}$$

Im Nenner steht dabei der Standardmessfehler der Differenz: Darin geht der Standardmessfehler des Pretestwertes als auch der Standardmessfehler des Posttestwertes ein. Erreicht wird dies durch eine Multiplikation mit 2 und der anschließenden Ziehung der Wurzel.

Der RCI-Index stellt einen z-Wert dar. Ist sein Betrag größer als der kritische z-Wert ($z_{1-\alpha/2}$), ist die Veränderung nicht auf den Messfehler der Messung zurückzuführen.

Ein Proband erzielt vor Intervention in einem Pretest ein Ergebnis von 80 und nach der Intervention ein Ergebnis im Posttest von 94. Das entspricht einer Änderung von 14 Punktwerten. Die Retest-Reliabilität des Verfahrens beträgt 0,88 und die Standardabweichung 10. Für eine Wahrscheinlichkeit von 95 % soll nun entschieden werden, ob dieser Unterschied durch einen Messfehler erklärt werden kann. Da ein Zuwachs erwartet wird, erfolgt die Testung einseitig.

Für den Standardmessfehler ergibt sich: $SD(\varepsilon_x) = 10 \cdot \sqrt{1 - 0{,}88} = 3{,}464$

Der Index ermittelt sich damit nach: $RCI = \dfrac{94 - 80}{\sqrt{2 \cdot (3{,}464)^2}} = 2{,}86$

Da die z-verteilte Prüfgröße mit |2,86| ≥ $z_{1-\alpha}$ = 1,64, fällt damit der RCI-z-Wert signifikant höher aus, als der kritische z-Wert. In der Konsequenz kann die Änderung nicht auf die mangelnde Reliabilität des Testverfahrens zurückgeführt werden.

Übungseffekt

Veränderungen in Messwerten können sich auch als reiner Übungseffekt (und weniger als Trainingseffekt infolge der Intervention) einstellen. Insbesondere in Kapitel 8.3 wurde darauf bereits Bezug genommen. Sind Übungseffekte bei wiederholter Testung zu erwarten, sind diese, entweder durch ein Untersuchungsdesign mit einer Pre-Baseline zu kontrollieren oder beim Ausmaß der Veränderung als Korrekturgröße zu berücksichtigen, indem ein entsprechender Betrag auf den Ausgangswert addiert wird. Entscheidend dabei ist die Frage, wie viel Prozent der Leistungssteigerung durch reine Übung angenommen werden kann. Würde man im obigen Beispiel einen 10-prozentigen

Übungsgewinn annehmen, müsste der Pretest-Wert auf 88 angehoben werden. In der Folge wäre der RCI dann nur noch bei einer 20-prozentigen Irrtumswahrscheinlichkeit signifikant.

Kritische Differenz zwischen Personen

Sollen die Testergebnisse zwischen Einzelfällen verglichen werden, kann ebenso eine kritische Differenz ermittelt werden:

$$Diff_{crit} = z_{1-\frac{\alpha}{2}} \cdot SD(x) \cdot \sqrt{2 \cdot (1 - Rel)}$$

Proband A erzielt einen IQ von 94, während Proband B einen IQ von 108 erzielt. Bei einer Reliabilität des Verfahrens von 0,91 und einer Standardabweichung von 15 stellt sich nun die Frage, ob die beobachtete Abweichung von 14 IQ-Punkten statistisch bedeutsam ist. Die Irrtumswahrscheinlichkeit beträgt 5 % bei zweiseitiger Testung:

$$Diff_{crit} = 1,96 \cdot 15 \cdot \sqrt{2 \cdot (1 - 0,91)} = 12,5$$

Die beobachtete IQ-Abweichung von 14 Punkten ist damit größer als die kritische Differenz von 12,5 IQ-Punkten. Der Leistungsunterschied ist demnach nicht auf den Messfehler des Verfahrens zurückzuführen.

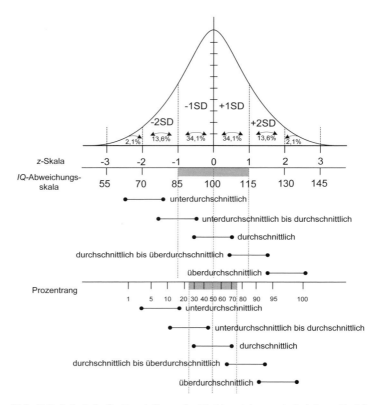

Abb. 8.8: Beispielhafte Darstellung der IQ-Abweichungsskala (obere Skala) unter der Standardnormalverteilung als Abweichungsnorm (über Standardabweichungen) für verschiedene Konfidenzintervalle eines Einzelfalls; alternativ die Darstellung einer Prozentrangnorm (untere Skala) mit den mittleren 50 % als Durchschnittsbereich

Normvergleich

Um einzelne Personen beurteilen zu können, werden zumeist Normtabellen herangezogen, um qualitative Abweichungen (unterdurchschnittliche, unterdurchschnittliche bis durchschnittliche, durchschnittliche, durchschnittlich bis überdurchschnittliche oder überdurchschnittliche Merkmalsausprägungen oder Eigenschaften) z. B. anhand von Standardabweichungen (SD) zu quantifizieren (**Abb. 8.8**, obere Skala):

- Unterdurchschnittlich (leistungs- oder merkmalsschwach) ist eine Leistung dann, wenn das Konfidenzintervall eines Einzelfalls vollständig unterhalb einer SD des Mittelwerts der Normstichprobe entfernt liegt.

- Unterdurchschnittlich bis durchschnittlich ist eine Leistung dann, wenn das Konfidenzintervall eines Einzelfalls vom Bereich < 1 SD bis ± 1 SD um den Mittelwert der Normstichprobe liegt.

- Durchschnittlich ist eine Leistung dann, wenn das Konfidenzintervall eines Einzelfalls vollständig in den Bereich ±1 SD um den Mittelwert der Normstichprobe liegt. Dies gilt auch, wenn im Konfidenzintervall eines Einzelfalls der Mittelwert der Normstichprobe enthalten ist.

- Durchschnittlich bis überdurchschnittlich ist eine Leistung dann, wenn das Konfidenzintervall eines Einzelfalls im Bereich ± 1 SD bis > 1 SD um den Mittelwert der Normstichprobe liegt.

- Überdurchschnittlich (leistungs- oder merkmalsstark) ist eine Leistung schließlich dann, wenn das Konfidenzintervall eines Einzelfalls vollständig im Bereich > 1 SD um den Mittelwert der Normstichprobe liegt.

Eine Alternative für den Durchschnittsbereich stellen die mittleren 50 Prozent dar (**Abb. 8.8**, untere Skala). Auch sind Merkmale denkbar, in denen größere Durchschnittsbereiche definiert werden (z. B. die Einstufung einer unter- oder überdurchschnittlichen Eigenschaft außerhalb des Bereichs von ± 2 SD). Welche Definition bei einem konkreten Testverfahren verwendet wird, ist eine statistische Entscheidung und sollte in den Testmanualen beschrieben sein.

Von entscheidender Bedeutung für die Breite des Konfidenzintervalls ist die Wahl der Prozentangabe, mit der die Sicherheit der Angabe festgelegt wird. Eine Entscheidung muss sich insbesondere im diagnostischen Kontext immer an den Folgen möglicher Fehlerrisiken orientieren, d.h. die Absicherung von Testergebnissen ist keine statistische, sondern eine inhaltliche Entscheidung. In der Diagnostik gelten damit keine statistischen Konventionen, sondern die sorgsame Abwägung möglicher nachteiliger Folgen, die aus einer Fehldiagnose erwachsen können. Hier unterscheiden sich Entscheidungsstrategien eines Grundlagenforschers von denen eines Diagnostikers: Für den Wissenschaftler ist es ‚günstiger', einen Effekt zu übersehen als irrtümlich die Behauptung aufzustellen, ein neues Phänomen entdeckt zu

Breite von Konfidenzintervallen

haben; daher wiegt hier der Fehler 1. Art auch (etwa viermal) schwerer, als der Fehler 2. Art. Der Diagnostiker hingegen muss die Wahrscheinlichkeit, bestehende Symptome zu übersehen, gering halten; daher ist der Beta-Fehler hier u. U. höher anzusetzen. Beta-Risiken lassen sich wiederum aber nur dann berechnen, wenn exakte Alternativhypothesen vorliegen (**Kap. 7.1**).

Praktisch bedeutet dies für den Diagnostiker, den Fehler 1. Art klein zu halten, wenn die Konsequenzen, die aus diesem Fehler erwachsen, weitreichend und folgenschwer sind. Bei diagnostischen Implikationen erscheinen Werte von α = 0,10 bis 0,20 gerechtfertigt (Huber, 1973). Weiterhin ist festzulegen, ob eine gerichtete oder eine ungerichtete Fragestellung vorliegt, damit z. B. Unterschiede eindeutig interpretiert werden können. Schließlich muss sich der Anwender darüber im Klaren sein, dass (entgegen der Annahmen der Klassischen Testtheorie) die Breite eines Konfidenzintervalls nicht unabhängig vom Ausprägungsgrad eines Merkmals ist. Testverfahren, die nach der Klassischen Testtheorie konstruiert wurden, besitzen im mittleren Merkmals- oder Eigenschaftsbereich die höchste Messgenauigkeit. Diese nimmt aber zu den Extremen des Ausprägungsbereichs kontinuierlich ab (vgl. Pospeschill, 2010). Durchschnittliche Messergebnisse sollten daher eigentlich ein kleineres Konfidenzintervall aufweisen, als extreme Werte. Daher sollte bei extremen Messresultaten eine höhere Sicherheitswahrscheinlichkeit festgesetzt werden, um die geringere Messgenauigkeit ein Stück weit zu kompensieren. Verfahren, die nach der Probabilistischen Testtheorie konstruiert wurden, erlauben es hingegen, pro Merkmalsbereich (bei unterschiedlicher Messgenauigkeit) Konfidenzintervalle zu bestimmen. Schließlich sollte berücksichtigt werden, dass die Unter- oder Überschreitung von statistisch definierten Durchschnittsbereichen lediglich eine (statistische) Auffälligkeit im Hinblick auf bestimmte Fähigkeiten oder Eigenschaften signalisiert, nicht aber etwa ‚krank'.

Konfidenzintervalle für Reliabilitätskoeffizienten

In der Testkonstruktion sind Angaben zur Reliabilität zwar eher deskriptive Maße, in einer zufallskritisch orientierten Einzelfalldiagnostik aber sogenannte *Präkursorgrößen* (Vorstufe oder Vorläufer) zur Herleitung des Stichprobenfehlers individueller Testwerte. Der (zufällige) Stichprobenfehler von Reliabilitätsschätzungen kann aber erst ab einem Stichprobenumfang von > 400 – 500 vernachlässigt werden (Huber, 1973). Daher werden für (Äquivalent-)Normierungen auch

Stichprobenumfänge in dieser Größenordnung verlangt. Basieren die Reliabilitätsangaben auf kleineren (Norm-)Stichproben, ist die Heranziehung des Standardmessfehlers zur zufallskritischen Beurteilung eines Einzelfalls nicht unproblematisch. Für die Zuverlässigkeit eines Tests ist aber entscheidend, den Bereich, in welchem der Reliabilitätsparameter tatsächlich liegt, mit großer Sicherheit abzudecken.

Wird eine Produkt-Moment-Korrelation als Schätzung für die Paralleltest-Reliabilität verwendet, ist der Wert zunächst einer Fischer'schen Transformation zu unterziehen:

$$z' = \frac{1}{2} \cdot (ln(1+r) - ln(1-r))$$

Das Konfidenzintervall bestimmt sich dann nach:

$$Konf = tanh\left(z' \pm \frac{z_{1-\frac{\alpha}{2}}}{\sqrt{n-3}}\right)$$

tanh stellt dabei die hyperbolische Tangensfunktion dar (Umkehrtransformation zu z').

Liegen M unabhängige aus jeweils N_l Beobachtungspaaren geschätzte Reliabilitäten vor, kann der hyperbolische Tangens zur Schätzung verwendet werden:

$$\bar{z}' = \frac{\sum_{l=1}^{M}(N_l - 3) \cdot z_{,l}}{\sum_{l=1}^{M}(N_l - 3)}$$

Als Prüfgröße mit $df = M - 1$ dient dann:

$$\chi^2 = \sum_{l=1}^{M}(N_l - 3) \cdot (z_l' - \bar{z})^2$$

Hinsichtlich der Wahl des günstigsten Reliabilitätsmaßes gilt: Prinzipiell ist jeder Reliabilitätskoeffizient zur Schätzung des Standardmessfehlers geeignet, der sich als Schätzung aus dem Quotienten aus wahrer Merkmalsvarianz und beobachteter Varianz interpretieren lässt. Entscheidender für die Wahl ist hingegen die Fragestellung (z. B. für Differenzen von parallelen Testformen eher Paralleltestreliabilität, für die Beurteilung von Leistungsunterschieden innerhalb eines Testprofils eher Split-Half-Reliabilität bzw. Konsistenzanalyse). Schließlich sollte eine Entscheidung daran gekoppelt werden, welchem Reliabilitätsmaß die robusteste (gemäß Größe und Repräsentativität) Eichstichprobe zugrundeliegt.

Testprofile

Testprofile ergeben sich immer dann, wenn Tests aus mehreren Einzeltests oder Testskalen zum Einsatz kommen und zu einem Testsystem kombiniert werden. Dabei sollten die Subtests oder Testskalen ein Höchstmaß an Eigenständigkeit bewahren. Aus den Ergebnissen eines Testprofils entsteht ein Profilverlauf, der auf Auffälligkeiten im Sinne stark abweichender Einzeltestresultate zu überprüfen ist. Da sich bei Gesamttestwerten extreme Ausprägungen ausmitteln, spiegelt bei hoher Variabilität der Einzeltestwerte der Gesamttestwert keine Einzelleistung angemessen wider. Dazu sollten die Skalen eines Testprofils hinreichend reliabel, aber möglichst niedrig interkorrelieren. Im Hinblick auf ein Außenkriterium sollten sie allerdings validitätshomogen sein (Huber, 1973).

Im Gegensatz dazu besitzen Subtests in Testbatterien keine Eigenständigkeit, da sie an ein gemeinsames Validitätskriterium gebunden sind. Entsprechend werden hier nicht nur ausreichende Reliabilitäten der Subtests, sondern auch möglichst hohe Testinterkorrelationen der Subtests gefordert.

Insbesondere inhaltlich ähnliche Tests sollten vergleichbare Ergebnisse aufweisen. Abweichende Leistungen in Einzeltestergebnissen können bei Einsatz von Breitbanddiagnostika allerdings bei Übereinstimmung mit inhaltsähnlichen Subtests auch als spezifische Stärke oder Schwäche eines Probanden interpretiert werden. Nur bei diskrepanten Ergebnissen in inhaltsähnlichen Verfahren sollte über eine Nachuntersuchung nachgedacht werden. Finden Testungen allerdings zu verschiedenen Zeitpunkten statt, müssen gegebenenfalls beeinflussende Faktoren und Übungseffekte berücksichtigt werden.

Profilhöhe Liegt bei einer Ad-hoc-Kombination von Einzeltests kein Gesamtwert vor, kann dieser für ein Individualprofil ermittelt werden (die *Profilhöhe*). Im einfachsten Fall wird – gleiche Skalenreliabilitäten vorausgesetzt – einfach das arithmetische Mittel der Profilwerte (oder auch τ-normierten Subtestwerte) gebildet:

$$\overline{x}_i = \frac{1}{m} \cdot \sum_{j=1}^{m} x_{ij} \quad oder \quad \overline{x}_j^\tau = \frac{1}{m} \cdot \sum_{j=1}^{m} x_{ij}^\tau$$

Im Falle einer x-Normierung und bei Berücksichtigung (der Gewichtung mit) der jeweiligen Reliabilität ergibt sich die Profilhöhe nach:

$$h_i^x = \frac{\sum_{j=1}^{m} \frac{x_{ij}}{1 - Rel_j}}{\sum_{j=1}^{m} \frac{1}{1 - Rel_j}}$$

Analog wird bei τ-normierten Subtestwerten die Profilhöhe eines individuellen Testprofils wie folgt ermittelt:

$$h_{\tau i}^\tau = \frac{\sum_{j=1}^{m} \frac{x_{ij}^\tau \cdot Rel_j}{1 - Rel_j}}{\sum_{j=1}^{m} \frac{Rel_j}{1 - Rel_j}}$$

Im nächsten Schritt kann nun ein Konfidenzintervall für das Individualprofil ermittelt werden (die Berechnung für τ-normierte Werte erfolgt analog):

$$Konf = h_i^x \pm z_{1-\frac{\alpha}{2}} \cdot \sqrt{\frac{(SD(x)^2)}{\sum_{j=1}^{m} \frac{1}{1 - Rel_j}}}$$

Profilstreuung

Stellen Schwankungen in den Untertestwerten allerdings tatsächlich vorhandene Merkmalsunterschiede dar, kann geprüft werden, ob diese Differenzen zufällig entstanden sind (Profilstreuung). Bei unterschiedlichen Reliabilitäten der Untertests sollte dann vor Berechnung eine τ-Normierung der Testwerte vorgenommen werden. Alle Untertests sollten dazu gleiche Mittelwerte und Standardabweichungen aufweisen. Für m Untertests kann dann über eine χ^2-Prüfgröße die Nullhypothese geprüft werden:

$$\chi^2 = \frac{1}{(SD(x))^2} \cdot \sum_{j=1}^{m} \left(\frac{Rel_j}{1 - Rel_j} \cdot (\tau_j - \overline{\tau})^2 \right)$$

Die Voraussetzungen für die Anwendung sind die Annahme unkorrelierter Messfehler und deren Normalverteilung. In diesem Fall besitzt die Prüfgröße $m - 1$ Freiheitsgrade.

Ein Proband erzielt in $m = 6$ Untertests die Ergebnisse 38, 44, 42, 49, 35 und 51. Alle Untertests weisen den Mittelwert 50 und die Standardabweichung 5 auf. Für die Tests werden die Reliabilitäten 0,72, 0,64, 0,80, 0,78, 0,67 und 0,76 berichtet.

Nach der τ-Normierung ergeben sich folgende Werte:

$\tau_1 = 35{,}86$; $\tau_2 = 42{,}50$; $\tau_3 = 41{,}06$; $\tau_4 = 48{,}87$; $\tau_5 = 31{,}67$ und $\tau_6 = 51{,}15$.

$$\chi^2 = \frac{1}{(5)^2} \cdot \left(\left(\frac{0{,}72}{1-0{,}72} \cdot (35{,}86 - 41{,}85)^2\right) + \ldots\right.$$

$$\left. + \left(\frac{0{,}76}{1-0{,}76} \cdot (51{,}15 - 41{,}85)^2\right)\right) = 30{,}18$$

Mit $df = 6 - 1 = 5$ Freiheitsgraden ergibt sich für die Prüfgröße eine Irrtumswahrscheinlichkeit von 1 %. D. h. es kann davon ausgegangen werden, dass die beobachteten Merkmalsunterschiede nicht durch Zufall, sondern durch tatsächliche Unterschiede zu erklären sind.

Profilveränderung In Ergänzung zum *Reliable Change Index* können Merkmalsveränderungen auch mehrere Untertests beinhalten (*Profilveränderung*), die wiederholt eingesetzt werden. Sind alle Testskalen wiederum gleich normiert und die Reliabilitäten bekannt, kann folgende Prüfgröße verwendet werden:

$$\chi^2 = \frac{1}{2 \cdot (SD(x))^2} \cdot \sum_{j=1}^{m} \left(\frac{x_{j1} - x_{j2}}{1 - Rel_j}\right)$$

Für die χ^2-verteilte Prüfgröße werden m Freiheitsgrade angenommen.

Ein Proband erzielt in $m = 5$ Untertests bei der ersten Testvorgabe die Ergebnisse $x_1 = 18, 22, 25, 20$ und 19 und bei der zweiten Testvorgabe die Ergebnisse $x_2 = 17, 22, 20, 22$ und 18. Alle Untertests weisen den Mittelwert 20 und die Standardabweichung 3 auf. Für die Tests werden die Reliabilitäten 0,72, 0,89, 0,81, 0,90 und 0,85 berichtet. Es stellt sich nun die Frage, ob die festgestellten Veränderungen über alle Untertests im Zufallsbereich liegen.

$$\chi^2 = \frac{1}{2 \cdot (3)^2} \cdot \sum_{j=1}^{m} \left(\left(\frac{(18-17)^2}{1-0{,}72}\right) + \ldots \left(\frac{(19-18)^2}{1-0{,}85}\right)\right) = 10{,}10$$

Mit $df = 5$ Freiheitsgraden ergibt sich für die Prüfgröße eine Irrtumswahrscheinlichkeit von über 5 %. D. h. es kann nicht davon ausgegangen werden, dass die in den Untertests festgestellten Veränderungen vom Zufall verschieden sind.

Profildeckung Eine weitere Anwendung kann schließlich im Vergleich eines Individualprofils mit einem Referenzprofil (*Profildeckung*) gesucht werden. Sind Äquivalenznormen für Profile bestimmter Subpopulationen bekannt, kann der Vergleich mit einer solchen Referenz darüber informieren, ob eine Person zur Referenzpopulation gehört oder nicht. Auch hier dient wiederum eine spezifische Prüfgröße:

$$\chi^2 = \frac{n}{(1+n)\cdot(SD(x))^2} \cdot \sum_{j=1}^{m}\left(\frac{(x_j - \bar{x}_j)^2}{1 - Rel_j}\right)$$

Die im Durchschnittsprofil zusammengefassten Personen sollten sich nur zufällig unterscheiden. Auch hier gilt wiederum, dass die Messfehler voneinander unabhängig und normalverteilt sind. In der Folge besitzt die χ^2-verteilte Prüfgröße dann m Freiheitsgrade.

Ein Proband erzielt in m = 5 Untertests bei einer Testvorgabe die Ergebnisse x = 17, 22, 20, 22 und 18. Aus dem Testmanual wird für eine Stichprobe von n = 60 folgendes Durchschnittsprofil angegeben $\bar{x}$=18, 23, 21, 24 und 16. Alle Untertests weisen die Standardabweichung 3 auf. Für die Tests werden die Reliabilitäten 0,72, 0,89, 0,81, 0,90 und 0,85 berichtet. Es stellt sich nun die Frage, ob die Abweichungen der erzielten Testwerte des Probanden gegenüber dem Durchschnittsprofil der Stichprobe im Zufallsbereich liegen.

$$\chi^2 = \frac{60}{(1+60)\cdot(3)^2} \cdot \sum_{j=1}^{m}\left(\left(\frac{(18-17)^2}{1-0,72}\right) + \ldots + \left(\frac{(18-16)^2}{1-0,85}\right)\right) = 9,30$$

Mit df = 5 Freiheitsgraden ergibt sich für die Prüfgröße eine Irrtumswahrscheinlichkeit von über 5 %. Demnach wäre das Ergebnis nicht signifikant.

Typisch für das obige Beispiel ist allerdings, dass die statistische Prüfgröße lediglich die Frage beantwortet, ob das Einzelprofil signifikant vom Referenzprofil abweicht. Es beantwortet aber nicht die (interessantere) Frage, ob das Einzelprofil dem Referenzprofil genügend ähnlich ist, um davon ausgehen zu können, dass der Proband zur Referenzpopulation gehört. Um diese Frage zu beantworten, müsste allerdings der β-Fehler (die H$_1$ fälschlicherweise abzulehnen) kontrolliert werden, der wiederum die Angabe eines erwarteten Parameters (Höchstabweichung zwischen den Profilen) bei Gültigkeit der H1 voraussetzt. Liegt eine solche Angabe nicht vor, kann die Wahrscheinlichkeit, die H$_0$ irrtümlich zu akzeptieren, nur dadurch gering gehalten werden, indem das α-Fehlerniveau heraufgesetzt wird (z. B. auf 10 oder 25 %).

> **Zusammenfassung:**
> Einzelfallstudien sind durchaus für Hypothesenprüfungen geeignet, sofern eine spätere statistische Prüfung im Versuchsdesign adäquate Berücksichtigung findet. Einzelfälle können dabei sogar in gewisser Weise repräsentativ sein, wenn das beobachtete Verhalten diese Verallgemeinerung erlaubt. Typische Designs sind zumeist Messwiederholungs- bis hin zu Zeitreihendesigns, deren Systematik in Abhängigkeit von den applizierten Treatments, Interventionen oder Ereignissen betrachtet werden. Aussagen zur externen Validität finden dabei selten statt, es sei denn, das gezeigte Verhalten kann in irgendeiner Weise als ‚prototypisch' charakterisiert werden. Die interne

248 Einzelfallprüfende Untersuchungsformen

> Validität hingegen ist vor allem durch Übungseffekte und durch den Zeitpunkt des Beginns der Behandlung zu kontrollieren. Gegebenenfalls kann auch über einzelne parallelisierte Kontrollpersonen (ohne Treatment) eine Kontrollbedingung eingeführt werden; dies gelingt in der Praxis allerdings nur selten.

Abb. 8.9: Thesenhafte Zusammenfassung des 8. Kapitels

1. Welches sind die zentralen Validitätsprobleme bei klinischen Forschungsdesigns?
2. Welche Mindeststichprobengrößen werden bei parametrischen, nicht-parametrischen und Randomisierungstests vorausgesetzt?
3. Was verbirgt sich hinter der Bezeichnung „Randomisierungstests"?
4. Wann wirken Voraussetzungsverletzungen für Varianz- und Regressionsanalysen kritisch?
5. Was unterscheidet die analytische von der computationalen Power?
6. Was versteht man unter Autokorrelationen und was ist der Effekt positiver Autokorrelationen?
7. Was ist die Problematik nicht-parametrischer Tests?
8. Worin besteht die Problematik mangelnder Reliabilität von Einzelfällen?

9 Besondere Probleme und Herausforderungen

> Das abschließende Kapitel thematisiert einige gesonderte Probleme und Aspekte forschungsmethodischen Arbeitens, u.a. Kriterien für die Wahl geeigneter Tests, Verfahren zur Agglutination von statistischen Einzelentscheidungen, den Aspekt der α-Fehler-Adjustierung und schließlich das Prinzip des Bootstrapping und der Verfahren sogenannter exakter Tests.

9.1 Parametrische vs. verteilungsfreie Tests

Grundsätzlich sind drei Entscheidungen beim statistischen Testen zu treffen (**Kap. 7.1**):

1. Die Entscheidung über eine ein- oder zweiseitige Fragestellung (ein Teilaspekt des Fehlers 2. Art),
2. die Festlegung des Signifikanzniveaus (eine Festlegung des Fehlers 1. Art) und schließlich
3. die Auswahl eines bestimmten statistischen Tests (eine Festlegung zur Effizienz des Verfahrens).

Für die Entscheidungsfindung, ob parametrisch oder verteilungsfrei (bzw. non- oder nicht-parametrisch) getestet werden soll, sind drei Aspekte von besonderer Relevanz: Die *skalentheoretische Voraussetzung der Daten* (das Skalenniveau), *statistisch-mathematische Voraussetzungen des Tests* (Normalverteilung, Varianzhomogenität, Unabhängigkeit der Beobachtungen bzw. die Unkorreliertheit der Residuen etc.) und die *Robustheit des Verfahrens* gegen Voraussetzungsverletzungen.

Das Skalenniveau der erhobenen Daten ist zwar keine statistische Voraussetzung von Tests (darauf wurde bereits an anderer Stelle hingewiesen; vgl. **Kap. 4.3**), aber Voraussetzung für eine sinnvolle inhaltliche Interpretation von Ergebnissen (z.B. bei kardinalen Daten). Dabei stellt sich das besondere Problem einer eindeutigen Festlegung insbesondere bei der Rechtfertigung der Annahme eines Kardinalskalenniveaus (strittig z.B. bei Schulnoten, Testwerten, Ratingskalen). Über

Skalenniveau

die Skalendignität einer Messung entscheiden dabei die Art der Messoperation und ihre theoretische Begründung, aber nicht die Zuordnung von numerischen Werten zu Eigenschaften von Objekten („*the numbers do not know where they come from*").

Entscheidend für die Annahme von kardinalen Daten ist die Äquidistanz der Intervalle einer Messskala (**Kap. 2.6**). Lässt sich diese nicht plausibel belegen, sollte man auf Verfahren verzichten, die Mittelwerte, Varianzen etc. für Kardinaldaten verwenden.

Mathematisch-statistische Voraussetzungen

Korrekte statistische Entscheidungen setzen bei allen Signifikanztests die Einhaltung spezifischer mathematisch-statistischer Bedingungen voraus. Bei parametrischen Tests ist dies die (uni- oder multivariate) Normalverteilung der zu prüfenden Kennwerte bzw. bei kleineren Gruppengrößen ($n < 15$) des untersuchten Merkmals und bei stichprobenvergleichenden Tests die Varianzhomogenität der jeweiligen Referenzpopulation.

Für verteilungsfreie Tests wird eine stetig verteilte Variable und vielfach die *Homomerität* der Populationsverteilungen erwartet. Zwei Populationen sind dabei homomer, wenn für die untersuchten Populationen der gleiche Verteilungsfunktionstyp (z. B. beide normalverteilt) besteht.

9.2 Zusammenfassung statistischer Einzelentscheidungen

Agglutinationstests

Im Kontext von Einzelfalluntersuchungen liegen häufig getrennte Hypothesentests pro Individuum vor. Dann stellt sich die Frage, wie sich die Ergebnisse hinsichtlich ihrer statistischen Entscheidung zusammenfassen lassen. Dafür eignen sich sogenannte *Agglutinationstests* (aus dem Lateinischen „agglutinatio" für ,Anleimen' oder ,Ankleben', hier im übertragenen Sinne für die Aneinanderreihung von statistischen Ergebnissen verwendet), die in drei Fällen anwendbar sind (Bortz et al., 2008):

1. *Die Anzahl signifikanter Ergebnisse auf dem gleichen α-Niveau ist bekannt.* Führen bei k Untersuchungen x zu einem signifikanten Ergebnis, kann über die Binomialverteilung die Wahrscheinlichkeit für x oder mehrere signifikante Ergebnisse bestimmt werden. Allgemein gilt als Verteilungsfunktion:

$$p(x \leq k) = \sum_{x=0}^{k} \binom{n}{x} \cdot \pi^x \cdot (1 - \pi)^{n-x}$$

Dabei werden $\pi = \alpha$ und $n = k$. Sinnvoll ist die Anwendung allerdings nur, wenn entweder alle Hypothesen ungerichtet oder einheitlich gerichtet sind. Widersprechen sich bei einem zweiseitigen Test die signifikanten Ergebnisse, muss die Nullhypothese beibehalten werden.

Bei $k = 6$ durchgeführten Untersuchungen mit $\alpha = 0,05$ ergeben sich $x = 2$ signifikante Resultate. Nach oben genannter Gleichung resultiert:

$$p(x \geq 2) = \sum_{x=2}^{6} \binom{6}{x} \cdot 0,05^x \cdot (0,95)^{6-x}$$

$$= \binom{6}{2} \cdot 0,05^2 \cdot 0,95^4 + \binom{6}{3} \cdot 0,05^3 \cdot 0,95^3 + \ldots + \binom{6}{6} \cdot 0,05^6 \cdot 0,95^0 \approx 0,0328$$

Da $P < \alpha$, können das Gesamtergebnis auf der 5%-Stufe als signifikant betrachtet werden.

Bei größeren Stichprobenumfängen kann alternativ die Wahrscheinlichkeitsfunktion der Poisson-Verteilung verwendet werden:

$$p(x) = \frac{\mu^x}{x!} \cdot e^{-\mu}$$

Dabei ist $\mu = n \cdot \pi$ bzw. $k \cdot \alpha$ und $e = 2,7183$ (Basis des natürlichen Logarithmus).

$$p(2) = \frac{0,3^2}{2!} \cdot 2,7183^{-0,3} = \frac{0,09}{2} \cdot 0,7408 \approx 0,0333$$

2. *Ein- oder zweiseitige Überschreitungswahrscheinlichkeiten liegen bei gleich gerichteten Alternativhypothesen vor.* In diesem Fall können die gefundenen Überschreitungswahrscheinlichkeiten P' (die Wahrscheinlichkeiten des Auftretens eines bestimmten Ereignisses und extremerer Ereignisse) in eine χ^2-verteilte Zufallsvariable mit $df = 2$ überführt werden:

$$\chi^2 = -2 \cdot \ln P'$$

Da die Summe von k unabhängigen, χ^2-verteilten Zufallsvariablen ebenfalls dieser Verteilung folgt ergibt sich:

$$\chi^2 = -2 \cdot \sum_{j=1}^{k} \ln P_j \quad \text{mit} \quad df = 2 \cdot k$$

Eine sinnvolle Anwendung setzt voraus, dass alle Hypothesen gleichsinnig gerichtet (also nur einseitige oder zweiseitige P' enthalten) und alle P'-Werte das gleiche Gewicht besitzen, also aus gleich groß Stichproben stammen.

 Bei $k = 3$ durchgeführten Untersuchungen ergeben sich $P'_1 = 0{,}12$, $P'_2 = 0{,}04$, $P'_3 = 0{,}06$. Es resultiert:

$$\chi^2 = -2 \cdot (-2{,}12 - 3{,}22 - 2{,}81) = 16{,}31 \quad \text{bei} \quad df = 6$$

Da der kritische χ^2-Wert bei $\alpha = 0{,}05$ laut χ^2-Tabelle 12,59 beträgt, kann eine statistisch gesicherte Gesamtaussage formuliert werden.

3. *Einseitige z-Werte oder Überschreitungswahrscheinlichkeiten liegen bei gleich gerichteten Alternativhypothesen vor.* Sind mehrere gleich gerichtete Alternativhypothesen über einen z-Test überprüft worden, können die resultierenden z-Werte agglutiniert werden. Für eine normalverteilte Zufallsvariable x mit dem Erwartungswert μ_x und der Streuung σ_x entsteht eine normalverteilte Zufallsvariable z mit $\mu_z = 0$ und $\sigma_z = 1$ durch folgende Transformation:

$$z = \frac{x - \mu_x}{\sigma_x}$$

Die Agglutination geschieht dann auf folgende Weise:

$$z = \sum_{j=1}^{k} \frac{z_j}{\sqrt{k}}$$

Der Test geht dabei davon aus, dass unter der Nullhypothese die Summe von k_z-Werten mit einer Standardabweichung von $\sqrt{k}$ wiederum um Null normalverteilt ist. Ferner wird erwartet, dass die z-Werte aus annähend gleich großen Stichproben stammen. Resultierende p-Werte können ebenso über eine z-Tabelle der Standardnormalverteilung in z-Werte transformiert werden.

 Die drei p-Werte $p_1 = 0{,}12$, $p_2 = 0{,}04$ und $p_3 = 0{,}06$ ergeben für den einseitigen Fall die z-Werte $z_1 = (-)1{,}17$, $z_2 = (-)1{,}75$ und $z_3 = (-)1{,}55$.

$$z = \sum_{j=1}^{3} \frac{z_j}{\sqrt{3}} = \frac{(1{,}17 + 1{,}75 + 1{,}55)}{1{,}732} \approx 2{,}58$$

Da $p\,(z = 2{,}58) = 0{,}0049 < 0{,}01$ ist, können die Überschreitungswahrscheinlichkeiten insgesamt als signifikant bezeichnet werden (Anmerkung: Bei der im vorherigen Beispiel verwendeten χ^2-verteilten Zufallsvariable wurde die

Signifikanzgrenze auf 1 % knapp verfehlt. Damit ist dieser Test geringfügig effizienter).

Exkurs: Wie werden Agglutinationstests mit SPSS durchgeführt?

Agglutinationstests lassen sich mittels der Statistiksoftware IBM® SPSS® STATISTICS unter Zugriff auf die Compute-Funktion (im Menü unter Transformieren > Berechnen oder als Befehlszeile im Syntax-Editor) durchführen (vgl. Pospeschill, 2012).

(1) *Anzahl signifikanter Ergebnisse auf gleichem α-Niveau ist bekannt.* Vor

alpha	x	k	px_bino	px_poisson
,05	2,00	6,00	,0305	,0333

Berechnung sind im Dateneditor die Variablen *alpha*, *x* und *k* zu definieren; Mehrfachberechnungen sind unter Angabe weiterer Werte (Berechnung pro Zeile) möglich. Die Berechnung erfolgt unter Annahme der Binomialverteilung nach:

COMPUTE px_bino=PDF.BINOM(x,k,alpha).

Unter der Annahme der Poisson-Verteilung erfolgt die Berechnung durch:

COMPUTE px_poisson=PDF.POISSON(x,(alpha*k)).

(2) *Ein- oder zweiseitige Überschrei-*

k	alpha	p1	p2	p3	chi	df	chi_p
3,00	,05	,12	,04	,06	16,31	6,00	,0122

tungswahrscheinlichkeiten liegen bei gleich gerichteten Alternativhypothesen vor. Nach Definition der Variablen *k*, *alpha*, p_1, p_2, p_3 ... (für weitere *p*-Werte sind zusätzliche Variablen zu definieren und bei der Berechnung von chi zu berücksichtigen) erfolgt die Berechnung nach:

COMPUTE chi = - 2 * SUM(LN(p1),LN(p2),LN(p3)).

COMPUTE df = 2 * k.

COMPUTE chi_p = 1 - CDF.CHISQ(chi,df).

k	alpha	p1	p2	p3	zp1	zp2	zp3	z	z_p
3,00	,05	,12	,04	,06	-1,17	-1,75	-1,55	-2,59	,0048

(3) *Einseitige z-Werte oder Überschreitungswahrscheinlichkeiten liegen bei gleich gerichteten Alternativhypothesen vor.* Nach Definition der Variablen (analog zum vorherigen Beispiel) erfolgt die Berechnung durch:

COMPUTE zp1=IDF.NORM(p1,0,1).

COMPUTE zp2=IDF.NORM(p2,0,1).

COMPUTE zp3=IDF.NORM(p3,0,1).

COMPUTE z= SUM(zp1, zp2, zp3)/SQRT(k).

> COMPUTE z_p=CDFNORM(z).
> Wird die Berechnung im Syntax-Editor ausgeführt muss die Prozedur mit dem Befehl EXECUTE. abgeschlossen werden.

9.3 α-Fehler-Adjustierung

Werden im Rahmen einer Untersuchung auf die erhobenen Daten mehrere statistische Signifikanztests zur Prüfung verschiedener Hypothesen angewendet, erfordert die Logik des Signifikanztests eine entsprechende Anpassung des α-Niveaus, da die Wahrscheinlichkeit damit steigt, dass mindestens einer der Tests signifikant wird (**Kap. 7.2**).

Bei 100 durchgeführten Signifikanztests mit α = 0.05 kann aus dem Signifikanzkonzept geschlussfolgert werden, dass sich per Zufall 5 Tests als signifikant erweisen. Die Freude über 5 signifikante Korrelationen bei 100 berechneten Korrelationskoeffizienten sollte sich daher in Grenzen halten.

Daraus resultiert die Forderung einer sogenannten *α-Fehler-Adjustierung*, sowohl für parametrische als auch für verteilungsfreie Tests. Dabei sind allerdings zwei Differenzierungen bezüglich der Fragestellung zu berücksichtigen (Bortz et al., 2008):

- *A-priori-Hypothese vs. undifferenzierte Globalhypothese.* Die erste Differenzierung betrifft die Frage, ob eine oder mehrere vor Untersuchungsbeginn aufgestellte, begründete (spezifische) Alternativhypothese(n) oder eine oder mehrere explorative, globale (unspezifische) Unterschieds- oder Zusammenhangshypothese(n) aufgestellt wurde(n). Bei a-priori spezifizierten Einzelhypothesen ist grundsätzlich keine Adjustierung erforderlich. Bei globalen Nullhypothesen hingegen sind verschiedene Strategien möglich, die im Folgenden erläutert werden.

- *Unabhängige vs. abhängige Tests.* Des Weiteren können Testergebnisse bei mehreren durchgeführten Tests unabhängig oder abhängig voneinander sein. Abhängigkeit besteht z. B. dann, wenn über mehrere gleichartige Indikatoren (das gleiche Konstrukt messend) multiple Signifikanztests berechnet werden. A-priori spezifizierte Einzelhypothesen sollten unabhängig und damit frei von Redundanzen sein.

Progressive Entscheidungsregeln legen fest, dass die globale Nullhypothese zu verwerfen ist, wenn mindestens ein einzelner Test (bei konstantem Signifikanzniveau) signifikant wird. Gesucht wird entsprechend die Wahrscheinlichkeit, mindestens eine der k Nullhypothesen der Einzeltests zu verwerfen, wenn alle k Nullhypothesen zutreffen.

1. Die Wahrscheinlichkeit für mindestens ein signifikantes Ergebnis ermittelt sich aus:

$$p(x \geq 1) = 1 - (1 - \alpha)^k$$

Bei $k = 6$ Nullhypothesen und $\alpha = 0.05$ errechnet sich ein $p(x \geq 1) =$ 1 − (1 − 0,05) 6 = 0,2649. Die Wahrscheinlichkeit mindestens eine der 6 Nullhypothesen (und damit die globale Nullhypothese) fälschlicherweise zu verwerfen, beträgt also 26,49 %.

Um die globale Hypothese verwerfen zu können, wird entsprechend ein korrigierter α^*-Wert benötigt. Dieser errechnet sich nach:

$$\alpha^* = 1 - (1 - \alpha)^{\frac{1}{k}}$$

Für das obige Beispiel dürfte die globale Nullhypothese erst verworfen werden, wenn sich mindestens für einen Einzeltest eine Signifikanz von $\alpha^* = 1 - (1 - 0{,}05)1/6 = 0{,}0085$ nachweisen lässt. Wären z. B. (mit $k = 6$) $x = 3$ signifikante Testergebnisse jeweils mit $p_j = 0{,}04$ und $k - x = 3$ nicht-signifikante mit $p_j = 0{,}10$ Ergebnisse resultiert, müsste die globale Nullhypothese beibehalten werden (da kein Test $p_j < 0{,}0085$).

Diese Adjustierung ist adäquat für unabhängige Tests.

2. Für große k- und kleine α-Werte können die obigen Gleichungen durch die Bonferroni-Korrektur approximiert werden:

$$p(x \geq 1) = k \cdot \alpha \quad \text{bzw.} \quad \alpha^* = \frac{\alpha}{k}$$

Für das obige Beispiel resultiert ein $p(x \geq 1) = 6 \cdot 0{,}05 = 0{,}30$ und ein $\alpha^* = 0{,}05 / 6 = 0{,}0083$. Auch hier wäre für den Fall $k = 6$ und $x = 3$ also die globale Nullhypothese beizubehalten.

Diese Adjustierung ist bei simultanen Einzeltests, die nur geringfügig die gesetzte α-Grenze unterschreiten, eher konservativ. Gegenüber der nachfolgenden Methode ist sie aber progressiv, wenn nur ein Test auf einem sehr niedrigen α*-Niveau signifikant wurde.

3. Soll lediglich die Anzahl signifikanter Einzeltests auf einem nominellen α-Niveau berücksichtigt werden, kann der binomiale Ansatz verwendet werden, um die Wahrscheinlichkeit für x oder mehrere signifikante, voneinander unabhängige Ereignisse bei Gültigkeit aller k Nullhypothesen zu ermitteln (**Kap. 8.5**); allerdings berücksichtigt diese Berechnung keine α-Fehler-Adjustierung.

Bei $k = 6$, $x = 3$ und $\alpha = 0{,}05$ ergibt sich:

$$p = \binom{6}{3} \cdot 0{,}05^3 \cdot 0{,}95^3 + \binom{6}{4} \cdot 0{,}05^4 \cdot 0{,}95^2 + \ldots + \binom{6}{6} \cdot 0{,}05^6 \cdot 0{,}95^0 \approx 0{,}002$$

Demnach wäre die globale Nullhypothese zurückzuweisen ($p = 0{,}002 < 0{,}05$).

Diese Methode ist zu bevorzugen, wenn sich die Ergebnisinterpretation vornehmlich auf die globale Nullhypothese und nicht auf die Frage signifikanter Einzeltests bezieht. Für $x = 1$ resultiert zur Variante (1) das gleiche Ergebnis. Für $x > 1$ sind die Varianten unter (1) und (2) demnach deutlich konservativer als (3).

4a. Liegen die einzelnen p-Werte vor, kann (bei gleich großen Stichproben) über eine χ^2-verteilte Zufallsvariable eine Agglutination vorgenommen werden (**Kap. 8.5**).

Angewendet auf das gleiche Beispiel resultiert dann:

$$\chi^2 = -2 \cdot [3 \cdot (-3{,}22)] + [3 \cdot (-2{,}30)] = 33{,}12 \quad \text{bei} \quad df = 12$$

Dieser Wert ist auf der $\alpha = 0{,}001$-Stufe signifikant.

Die zuvor genannten Berechnungen (1) bis (3) zeigen sich demnach deutlich konservativer, als diese vierte Berechnungsvariante. Alle vier Berechnungsvarianten gehen von simultan durchgeführten Tests aus, die voneinander unabhängig sind.

4b. Für den Spezialfall von p-Werten aus k einseitigen und gleichgerichteten Tests kann auch folgende Agglutination vorgenommen werden:

$$\bar{p} = \frac{\left(\sum_{i=1}^{k} p_i\right)^k}{k!} \quad \text{für} \quad \sum_{i=1}^{k} p_i \leq 1$$

5 Kliniken testen die Wirkung eines neuen Präparats gegen ein Standardmittel und erzielen folgende einseitige p-Werte zugunsten des neuen Präparats: $P_1 = 0{,}26$, $P_2 = 0{,}20$, $P_3 = 0{,}09$, $P_4 = 0{,}15$ und $P_5 = 0{,}18$.

$$\overline{p} = \frac{0{,}88^5}{5!} = 0{,}0044$$

Obwohl keines der Teilergebnisse die Signifikanzgrenze von 5 % unterschreitet, kann die Überlegenheit des neuen Präparats für α = 0,01 abgesichert werden.

Diese Agglutination kann auch für sogenannte Äquivalenzstudien verwendet werden, um die Wirkungsäquivalenz z. B. von unterschiedlich teuren Präparaten zu überprüfen.

Bei *abhängigen* Tests wird allgemein die oben beschriebene Variante (3) empfohlen. Als konservative Variante kann alternativ die Bonferroni-Korrektur angepasst werden, die allerdings bei simultanen Tests, die nur geringfügig die gesetzte α-Grenze unterschreiten, zur Beibehaltung der globalen Nullhypothese führen kann:

$$\alpha^* = \frac{\alpha}{k - x + 1}$$

wobei k die Gesamtzahl der Tests und x die Anzahl signifikanter Tests darstellt.

Vor Prüfung einer globalen Nullhypothese durch abhängige Tests sollte geprüft werden, ob sich die abhängigen Tests (bivariate Korrelationen, univariate Varianzanalysen) nicht auf eine geringere Anzahl unabhängiger Tests (multiple oder kanonische Korrelation/Faktorenanalyse, multivariate Varianzanalyse) reduzieren lassen.

Bei Prüfung mehrerer Alternativhypothesen über verschiedene Verteilungsparameter (z. B. Test auf Unterschied in der zentralen Tendenz und Test auf Dispersionsunterschied) kann bei Verwendung entsprechender Verfahren (z. B. t-Test und F-Test) nur im Falle einer normalverteilten Grundgesamtheit von unabhängigen Tests ausgegangen werden. Bei nicht normalverteilten Grundgesamtheiten ergeben sich Abhängigkeiten.

9.4 Bootstrap-Methode

Hinter dem Begriff *Bootstrap* (englisch "bootstrap", was so viel wie ‚Stiefelschlaufe' bedeutet) verbirgt sich eine Methode zur Schätzung von Standardfehlern für Populationsschätzer, von Konfidenzintervallen für unbekannte Parameter (z. B. Mittelwert, Median, Perzentile, Korrelationen oder Regressionskoeffizienten) und von p-Werten für Teststatistiken unter der Nullhypothese (Boos, 2003). Angewendet wird diese Methode (alternativ) insbesondere dann, wenn die Voraussetzungen für parametrische Tests nicht erfüllt sind oder wenn Inferenzen auf parametrischen Voraussetzungen basieren, die sich nur schwer berechnen lassen (**Kap. 9.1**). Allgemein sind Bootstrap-Methoden dann angezeigt, wenn die theoretische Verteilung der interessierenden Statistik nicht bekannt ist (Efron, 1979).

Dieser Fall tritt z. B. dann ein, wenn bei kleinen Stichproben Tests nicht angewendet werden können, da die entsprechende Wahrscheinlichkeitsverteilung nicht ausreichend approximiert wird. In diesem Fall kann mittels Bootstrapping eine simulierte Prüfverteilung aus den empirischen Daten selber erzeugt werden (bootstrap samples). Bootstrap ist (neben Jackknife, einem Spezialfall von Bootstrapping, einer Subsampling-Technik, mit welcher zufällige Fehler einer Schätzmethode und eine etwaige Verzerrung geschätzt werden; dem Verwenden von exakten Tests/Permutationstests, der Monte-Carlo-Sampling-Methode und der Kreuzvalidierung) eine Methode des Resampling, bei der Statistiken auf der Grundlage einer einzigen Stichprobe erzeugt werden, ohne eine Annahme über die theoretische (Prüf-)Verteilung der Daten zugrunde zu legen. In der Regel wird daher beim Bootstrapping die theoretische (unbekannte) Verteilungsfunktion durch eine empirische (geschätzte) Verteilungsfunktion ersetzt (die Idee dahinter wird als *substitution principle* bezeichnet). Im einfachsten Fall wird durch wiederholtes Ziehen (mit Zurücklegen) aus den bereits vorliegenden Daten eine simulierte Verteilungsstatistik generiert. Dabei entstehen z. B. 1.000 Bootstrap-Stichproben aus dem ursprünglichen Datensatz, für die gewünschte Schätzer berechnet und dann als Approximation verwendet werden. Alternativ lassen sich bestimmte Kenngrößen der unbekannten Verteilung aber auch schätzen, indem neue Daten anhand der geschätzten Größen generiert werden (*Resimulation*).

Wenn die Varianz einer komplizierten Parameterschätzung geschätzt werden soll, werden durch einen Computer B replizierte Bootstrap-Stichproben (resamples) erzeugt, für jede Bootstrap-Stichprobe wird die Schätzung berechnet und diese Stichprobenvarianz der B Schätzungen als Approximation der Varianz verwendet. In dem Maße, in dem B wächst, konvergiert diese Stichprobenvarianz zur wahren Varianz (in der Bootstrap-Welt).

Statistisch ersetzt Bootstrap die theoretische Verteilungsfunktion einer Zufallsvariable durch eine empirische Verteilungsfunktion der Stichprobe, die zur Schätzung der theoretischen Verteilungsfunktion eingesetzt wird. Das bedeutet z. B. für den Fall des *Resampling*, dass B Stichproben dadurch generiert werden, dass je Ziehung n mal aus der gegebenen Stichprobe ein Wert mit Zurücklegen gezogen wird: **Resampling**

$$x_b = (x_1^*,...,x_n^*), b = 1,...,B$$

Für jede Bootstrap-Stichprobe wird der Wert der interessierenden Statistik T berechnet:

$$T_b = (x_1^*,...,x_n^*) = T(x_b)$$

Die Verteilung von $T(X_1, ..., X_n)$ wird schließlich durch die empirische Verteilung der B Werte von T_b approximiert.

Bei *Resimulation* hingegen werden bestimmte Kenngrößen der unbekannten Verteilung geschätzt und anhand dieser Informationen neue Daten generiert, in dem eine Verteilung mit den geschätzten Größen erzeugt wird. Dieses Vorgehen ist insbesondere dann angezeigt, wenn für statistische Tests keine exakte Verteilung der Prüfgröße bestimmt werden kann oder der Stichprobenumfang unzureichend ist. **Resimulation**

9.5 Exakte Tests

Für viele klassische statistische Tests lassen sich lediglich *approximative* bzw. *asymptotische* (näherungsweise) Überschreitungswahrscheinlichkeiten finden, die nur unter bestimmten Voraussetzungen gelten. Die p-Werte sind nur unteer der Annahme einer ausreichend großen Stichprobe, einer ausreichend hohen Zellenfrequenz und einer bestimmten Verteilung gültig. So geht man beispielsweise bei einem χ^2-Unabhängigkeitstest von einer akzeptablen Approximation der wahren Prüfverteilung durch die χ^2-Verteilung aus, wenn die erwartete

Häufigkeit in jeder Zelle mindestens 5 beträgt. Wird dieses Mindestkriterium unterschritten und der Test trotzdem angewendet, kann die ermittelte Überschreitungswahrscheinlichkeit p erheblich (sowohl in konservativer als auch in liberaler Richtung) verzerrt sein. Dies gilt auch, wenn ein Datensatz insgesamt nur wenige Beobachtungen enthält, die Zellen spärlich besetzt sind, Bindungen aufweisen, unbalanciert oder ungünstig verteilt sind. Übliche Gegenmaßnahme ist dann häufig, schwach besetzte Zellen zu entfernen und mit anderen Zellen zu fusionieren, so dass größere Zellhäufigkeiten entstehen (gegebenenfalls bis zu einer 2×2-Tabelle, um einen Fisher-Exact-Test anzuwenden).

Exakte Tests umgehen dieses Problem, indem sie ohne jegliche Approximation auskommen und damit bei jeder Stichprobe anwendbar sind. Dabei sind zwei Methoden anwendbar (vgl. das Modul Exact Tests in IBM® SPSS® STATISTICS):

- *Exakte Methode.* Hier wird die exakte Überschreitungswahrscheinlichkeit zur Stichproben-Realisation der Teststatistik berechnet. Bei größeren Stichproben ($n > 30$) ist dieses Verfahren allerdings besonders rechenintensiv und selbst bei computergestützter Berechnung nur noch bedingt (z. B. bei konkreten Testproblemen und/oder sehr leistungsfähigen Rechnern) empfehlenswert. Mit zunehmendem Stichprobenumfang verliert diese Methode damit an Relevanz.

- *Monte-Carlo-Methode.* Statt einer exakten Überschreitungswahrscheinlichkeit verwendet die MC-Methode eine wiederholte Stichprobenziehung aus der empirischen Verteilung, um zu einer unverzerrten (*unbiased*) Schätzung der Prüfverteilung unter der Nullhypothese zu gelangen. Obwohl die Stichprobenziehung 10.000 Ziehungen umfassen kann, ist die Berechnung gegenüber der exakten Methode ökonomischer. Ziel dieser Stichprobenziehung ist die Ermittlung einer erwartungstreuen Schätzung für die Überschreitungswahrscheinlichkeit zur Prüfstatistik. Lässt sich die exakte Methode nicht mehr mit vertretbarem Aufwand anwenden, kommt die MC-Methode zum Einsatz.

Für die Anwendung des Verfahrens ist die Frage entscheidend, ein geeignetes Stichprobenmodell für die Verteilung der Stichprobendaten unter der Nullhypothese zu ermitteln. Für zweidimensionale Kreuztabellen stehen dazu verschiedene Stichprobenmodelle zur Verfügung. Das multinominale Stichprobenmodell entsteht, wenn für die Untersuchung des Zusammenhangs zweier Merkmale eine Zufallsstichprobe mit dem Umfang N gezogen und bei jeder Beobachtungseinheit die Ausprägungen der beiden Merkmale festgestellt werden. Die gemeinsame Verteilung der Zufallsvariablen N_{ij} mit den Zellhäufigkeiten einer $z \times s$-Kreuztabelle ergibt eine Multinomialverteilung mit dem Gesamtumfang N und den Zellwahrscheinlichkeiten π_{ij}:

$$P_0([n_{ij}]) := P_0(\{N_{11} = n_{11},...,N_{zs} = n_{zs}\}) = \frac{N!}{\prod_i \prod_j n_{ij}!} \left(\prod_i \prod_j \pi_{ij}^{n_{ij}} \right)$$

Dieses Multinomialmodell prüft die Nullhypothese, dass die Beobachtungen unabhängig von den Merkmalen A und B sind.

Bei der exakten Methode wird gemäß der statistischen Entscheidungslogik für den χ^2-Wert einer Stichprobe die empirische Überschreitungswahrscheinlichkeit $P_0(\{X^2 \geq \chi^2\})$ gesucht, bei Gültigkeit der Nullhypothese einen gleich großen oder größeren Wert der χ^2-Statistik zu finden. Dabei wird für einen statistischen Test φ folgende Regel angewendet:

$$\varphi = \begin{cases} 1 \to P_o(\{X^2 \geq \chi^2\}) < \alpha \\ 0 \to P_o(\{X^2 \geq \chi^2\}) \geq \alpha \end{cases}$$

Dabei wird mit $\varphi = 1$ bzw. $\varphi = 0$ eine Entscheidung zugunsten der Alternativ- bzw. Nullhypothese ausgedrückt.

Für die praktische Ermittlung der χ^2-Werte werden zu der beobachteten Tabelle $[n_{ij}]$ alle Tabellen mit denselben Randverteilungen $[n_{i.}]$ und $[n_{.j}]$ ermittelt:

$$SR([n_{ij}]) = \left\{ [h_{ij}] \text{ ist eine } (z,s)\text{-Kreuztabelle:} \right.$$

$$\left. \sum_{j=1}^{s} h_{ij} = n_{i.}, i = 1,...z; \sum_{i=1}^{z} h_{ij} = n_{.j}, j = 1,...2 \right\}$$

Für jede dieser Tabellen in $SR([n_{ij}])$ wird die χ^2-Statistik errechnet. Ferner werden alle χ^2-Statistiken ermittelt, die mindestens genauso groß sind wie der χ^2-Wert der beobachteten Tabelle $[n_{ij}]$:

$$SRG([n_{ij}]) = \left\{ [h_{ij}] \in SR([n_{ij}]) : \chi^2([h_{ij}]) \geq \chi^2([n_{ij}]) \right\}$$

Abschließend werden die exakten bedingten Wahrscheinlichkeiten der Elemente ermittelt:

$$P_0([n_{ij}]|[n_{i.}],[n_{.j}]) = \frac{\prod_i n_{i.}! \prod_j n_{.j}!}{N! \prod_i \prod_j n_{ij}!}$$

Diese Wahrscheinlichkeiten werden summiert und bilden die bedingte, zweiseitige Überschreitungswahrscheinlichkeit, die, wenn kleiner als α, zur Ablehnung der Nullhypothese führt:

$$p_2 := \sum_{[h_{ij}] \in SRG([n_{ij}])} P_0([h_{ij}]|[n_{i.}],[n_{.j}])$$

Da bei größeren Kontingenztabellen der Rechenaufwand an zu generierenden Tabellen und zu berechnenden χ^2-Werten allerdings explosionsartig steigt, ist die Anwendung der exakten Tests nur bei $n \leq 30$ und für Tabellen mit einer Zeilen-/Spaltenzahl ≤ 3 geeignet. Ist die Tabelle allerdings zu groß und keine approximative Statistik sinnvoll (z. B. bei zu vielen Zellen mit einer erwarteten Häufigkeit < 5), dann sollte auf die Monte-Carlo-Methode zurückgegriffen werden.

Monte-Carlo-Methode
Die Monte-Carlo-Methode beschränkt sich bei der Ermittlung der exakten bedingten Überschreitungswahrscheinlichkeiten auf ein Schätzverfahren, bei der aus der Menge aller möglichen Tabellen eine Zufallsauswahl mit Umfang M gezogen wird. Ein Zufallsgenerator generiert dazu nullhypothesen-konforme Tabellen mit den festgelegten Randverteilungen. Jede Tabelle geht dabei mit ihrer exakten bedingten Wahrscheinlichkeit in die Zufallsstichprobe ein. Schließlich wird für jede gezogene Zufallstabelle $[N_{ij}^{(k)}]$ der X^2-Wert ermittelt und mit dem empirischen χ^2-Wert der beobachteten Tabelle $[n_{ij}]$ verglichen. Das Vergleichsergebnis Z_k der k-ten Zufallsvariable wird dabei wie folgt definiert:

$$Z_k := \begin{cases} 1 \rightarrow X^2([N_{ij}^{(k)}]) \geq \chi^2([n_{ij}]) \\ 0 \rightarrow \text{sonst} \end{cases}$$

Folgerichtig ergibt sich der Schätzwert für die exakte, bedingte Überschreitungswahrscheinlichkeit durch:

$$\hat{p}_2 = \frac{1}{M} \cdot \sum_{k=1}^{M} Z_k$$

Die Zufallsvariablen Z_k sind binomialverteilt mit dem Erwartungswert p_2. Das Stichprobenmittel aus Z_k gilt als erwartungstreuer Schätzer für p_2 und bei hinreichend großem M als annähernd normalverteilt. Entsprechend lässt sich die Standardabweichung schätzen:

$$\hat{\sigma} = \left[\frac{1}{M-1} \cdot \sum_{k=1}^{M}(z_k - \hat{p}_2)\right]^{\frac{1}{2}} \quad \text{oder} \quad \hat{\sigma} = [\hat{p}_2 \cdot (1 - \hat{p}_2)]^{\frac{1}{2}}$$

Die geschätzte Standardabweichung einer Variablen Z_k ergibt sich dann aus:

$$\hat{\sigma}_{\hat{p}_2} = \frac{\hat{\sigma}}{\sqrt{M}}$$

Die Monte-Carlo-Methode liefert damit einen erwartungstreuen Schätzer für die exakte bedingte Wahrscheinlichkeit. Die Genauigkeit der Schätzung wird dabei wesentlich vom Stichprobenumfang M bestimmt.

Zusammenfassung:

Bei Einsatz statistischer Methoden gilt die Wahl eines geeigneten Tests als besonderes Problem, insbesondere wenn die verwendete Stichprobe klein ist und spezifische Voraussetzungen für einen parametrischen Test ggf. nicht erfüllt sind. Alternative Schätzmethoden wie die Bootstrap-Methode können hier zur Einschätzung von Fehlergrößen herangezogen werden. Bei Verwendung nicht-parametrischer Tests kann eine alternative Teststatistik wie die exakte Methode erreicht werden.

Besondere Probleme und Herausforderungen

- **Parametrische vs. verteilungsfreie Tests**
  - Skalentheoretische und statistisch-mathematische Voraussetzungen sowie die Robustheit des Verfahren bestimmen die Entscheidungsfindung bei einem statistischen Test.

- **Agglutinationstests**
  - Einzelne Signifikanzangaben können zu einer statistischen Entscheidung zusammengefasst werden.

- **α-Fehler-Adjustierung**
  - A-priori Hypothesen bedürfen keiner α-Fehler-Adjustierung.
  - Undifferenzierte Globalhypothesen bedürfen einer α-Fehler-Adjustierung.
  - Bei den Entscheidungsregeln zur Ermittelung eines korrigierten α-Wertes werden progressive von konservativen Regeln unterschieden.

- **Bootstrap-Methode**
  - Hierbei handelt es sich um eine Schätzmethode für Standardfehler und Konfidenzintervalle bei parametrischen Tests.

- **Exakte Tests**
  - Hierbei handelt es sich um eine Methode, die Überschreitungswahrscheinlichkeit exakt zur Stichproben-Realisation der Teststatistik zu berechnen.

Abb. 9.1: Thesenhafte Zusammenfassung des 9. Kapitels

Literatur

Amelang, M. & Schmidt-Atzert, L. (2006). *Psychologische Diagnostik und Intervention* (4. Aufl.). Heidelberg: Springer.

American Psychological Association. (1994). *Publication manual of the American Psychological Association* (4th ed.). Washington, DC: Author.

American Psychological Association. (2001). *Publication manual of the American Psychological Association* (5th ed.). Washington, DC: Author.

Backhaus, K., Erichson, B. & Plinke, W. (2008). *Multivariate Analysemethoden* (12. Aufl.). Berlin: Springer.

Baker, B. O., Hardyck, C. D. & Petrinovich, L. F. (1966). Weak measurements vs. strong statistics: An empirical critique of S. S. Stevens' proscriptions on statistics. *Educational and Psychological Measurement, 26*, 291–309.

Beasley, T. M., Allison, D. B. & Gorman, B. S. (1996). The potentially confounding effects of cyclicity: Identification, prevention, and control. In R. D. Franklin, D. B. Allison & B. S. Gorman (Eds.), *Design and analysis of single-case research* (S. 279–334). Mahwah, NJ: Lawrence Erlbaum Associates.

Boos, D. D. (2003). Introduction to the Bootstrap World. *Statistical Science, 18*, 168–174.

Bortz, J. (2005). *Statistik für Human- und Sozialwissenschaftler* (6. Aufl.). Berlin: Springer.

Bortz, J. & Döring, N. (2006). *Forschungsmethoden und Evaluation* (4. Aufl.). Berlin: Springer.

Bortz, J., Lienert, G. A. & Boehnke, K. (2008). *Verteilungsfreie Methoden in der Biostatistik* (3. Aufl.). Berlin: Springer.

Box, G. E. P. & Jenkins, G. M. (1970). *Time series analysis: Forecasting and control*. San Francisco: Holden-Day.

Brandtstädter, J. & Lindenberger U. (Hrsg.).(2007). *Entwicklungspsychologie der Lebensspanne: Ein Lehrbuch*. Stuttgart: Kohlhammer.

Bühner, M. (2006). *Einführung in die Test- und Fragebogenkonstruktion* (2. Aufl.). München: Pearson Studium.

Bryman, A. & Cramer, D. (1990). *Quantitative data analysis for social scientists*. London: Routledge.

Campbell, D. T. & Fiske, D. W. (1959). Convergent and discriminant validation by the multitrait-multimethod matrix. *Psychological Bulletin, 56*, 81–105.

Campbell, D. T. & Stanley, J. C. (1966). *Experimental and quasi-experimental designs for research*. Chicago, Illinois: Rand McNally.

Carroll J. D. & Chang J.-J. (1970). Analysis of individual differences in multidimensional scaling via an n-way generalization of "Eckart-Young" Decomposition. *Psychometrica, 35*, 283–319.

Cohen, J. (1968). Weighted kappa: Nominal scale agreement with provision for scaled disagreement or partial credit. *Psychological Bulletin*, 213–220.

Cohen, J. (1988). *Statistical power analysis for the behavioral sciences* (2nd ed.). Hillsdale, NJ: Erlbaum.

Cohen, J. (1994). The earth is round ($p < .05$). *American Psychologist, 49*, 997–1003.

Deutsche Gesellschaft für Evaluation e. V. (2008). *Standards für Evaluation*. Mainz.

Dugard, P., File, P. Todman, J. B. (2011). *Single-case and small-n experimental designs: A practical guide to randomization test*. Routledge: Chapman & Hall.

Edgington, E. S. (1995). *Randomization tests*. New York: Marcel Dekker Inc.

Edgington, E. S. (1996). Randomized single-subject experimental designs. *Behavior Research and Therapy, 34*, 567–574.

Efron, B. (1979). Bootstrap Methods: Another look at the Jackknife. *The Annals of Statistics, 7*, 1–26.

Eid, M., Gollwitzer, M. & Schmitt, M. (2010). *Statistik und Forschungsmethoden: Lehrbuch*. Weinheim: Beltz PVU.

Esselborn-Krumbiegel, H. (2008). *Von der Idee zum Text. Eine Anleitung zum wissenschaftlichen Schreiben.* Stuttgart: UTB.

Faul, F., Erdfelder, E., Lang, A.-G. & Buchner, A. (2007). G*Power 3: A flexible power analysis program for the social, behavioral, and biomedical sciences. *Behavior Research Methods, 39,* 175–191.

Fisher, R. A. (1925). *Statistical Methods for Research Workers.* London: Oliver & Boyd.

Fisher, R. A. (1935). *The design of experiments.* Edinburgh, Scotland: Oliver & Boyd.

Fisseni, H. J. (2004). *Lehrbuch der psychologischen Diagnostik* (3. Aufl.). Göttingen: Hogrefe.

Flick, U. (2008). *Triangulation: Eine Einführung* (2. Aufl.). Wiesbaden: VS Verlag.

Franklin, R. D., Allison, D. B. & Gorman, B. S. (1996). Introduction. In R. D. Franklin, D. B. Allison & B. S. Gorman (Eds.). *Design and analysis of single-case research* (S. 1–11). Mahwah, NJ: Lawrence Erlbaum Associates.

Gaito, J. (1980). Measurement scales and statistics: Resurgence of an old misconception. *Psychological Bulletin, 87,* 564–567.

Gentile, J. R., Roden, A. H. & Klein, R. D. (1962). An analysis-of-variance model for the intrasubject replication design. *Journal of Applied Behavior Analysis, 5,* 193–198.

Glaser, B. G. & Strauss, A. L. (2010). *Grounded Theory* (3. Aufl.). Bern: Huber.

Glass, G. V. (1976). Primary, secondary, and meta-analysis of research. *The Educational Researcher, 10,* 3–8.

Gollwitzer, M. & Jäger, R. S. (2009). *Evaluation kompakt.* Weinheim: Beltz PVU.

Gorman, B. S. & Allison, D. B. (1996). Statistical alternatives for single-case designs. In R. D. Franklin, D. B. Allison & B. S. Gorman (Eds.), *Design and analysis of single-case research* (S. 159–214). Mahwah, NJ: Lawrence Erlbaum Associates.

Greve, W. & Wentura, D. (1997). *Wissenschaftliche Beobachtung: Eine Einführung.* Weinheim: Psychologie Verlags Union.

Häder, M. (2009). *Delphi-Befragungen* (2. Aufl.). Wiesbaden: VS Verlag.

Hager, W., Patry, J.-L. & Brezing, H. (Hrsg). (2000). *Evaluation psychologischer Interventionsmaßnahmen.* Bern: Huber.

Hays, W. L. (1981). *Statistics* (3rd ed.). Toronto: Holt, Rinehart, and Winston.

Höge, H. (2006). *Schriftliche Arbeiten in Studium und Beruf.* Stuttgart: Kohlhammer.

Howell, D. C. (1997). *Statistical methods for psychology* (4th ed.). Belmont, CA: Duxbury/Wadsworth.

Hoyle, R. H. (Ed.). (1995). *Structural equation modeling.* Thousand Oaks, California: Sage.

Huber, H. P. (1973). *Psychometrische Einzelfalldiagnostik.* Weinheim: Beltz PVU.

Hunter, J. E., Schmidt, F. L. & Jackson, G. B. (1982). *Meta-Analysis cumulating research findings across studies.* Beverly Hill: Sage.

Ingenkamp, K.-H. & Lissmann U. (2008). *Lehrbuch der Pädagogischen Diagnostik* (6. Aufl.). Weinheim: Beltz PVU.

Kelley, T. L. (1935). An unbiased correlation ratio measure. *Proceedings of the National Academy of Sciences, 21,* 554–559.

Kirk, R. E. (1996). Practical significance: A concept whose time has come. *Educational and Psychological Measurement,* 56, 746–759.

Kornmeier, M. (2012). *Wissenschaftlich schreiben leicht gemacht. Für Bachelor, Master und Dissertation.* Stuttgart: UTB.

Kruskal, J. B. (1964). Multidimensional scaling by optimizing goodness of fit to a nonmetric hypothesis. *Psychometrika, 29,* 1–27.

Lamnek, S. (2010). *Qualitative Sozialforschung.* Weinheim: Beltz PVU.

Legewie, H. (1994). Globalauswertung von Dokumenten. In A. Boehm, A. Mengel & T. Muhr (Hrsg.), *Texte verstehen, Konzepte, Methoden, Werkzeuge* (S. 177–182). Konstanz: Universitätsverlag Konstanz.

Levin, J. R., Marascuilo, L. A. & Hubert, L. J. (1978). Nonparametric randomization tests. In T. R. Kratochwill (Ed.), *Single Subject Research.* New York: Academic Press.

Liang, H., Bronzino, J. D. & Peterson, D. R. (Eds.). (2012). *Biosignal Processing: Principles and Practices.* Boca Raton: CRC Press Inc.

Lienert, G. A. (1989). *Testaufbau und Testanalyse* (4. Aufl.). Weinheim: Beltz PVU.

Lienert, G. A. & Raatz, U. (1998). *Testaufbau und Testanalyse* (6. Aufl.). Weinheim: Beltz, PVU.

Linden, W. J. van der & Hambleton, R. K. (Eds.). (1996). *Handbook of modern item response theory*. New York: Springer.

MacCallum, R. C. & Austin, J. T. (2000). Applications of Structural Equation Modelling in Psychological Research. *Annual Review of Psychology, 51*, 201–226.

Mayer, H. O. (2012). *Interview und schriftliche Befragung: Grundlagen und Methoden empirischer Sozialforschung* (6. Aufl.). München: Oldenbourg Wissenschaftsverlag.

Mayring, P. (2010). *Qualitative Inhaltsanalyse: Grundlagen und Techniken* (11. Aufl.). Weinheim: Beltz PVU.

Michael, J. (1974). Statistical inference for individual organism research: Some reactions to a suggestion by Gentile, Roden, and Klein. *Journal of Applied Behavior Analysis, 7*, 627–628.

Milgram, S., Mann, L. & Harter, S. (1965). The lost letter technique: A tool of social research. *Public Opinion Quarterly, 29*, 437–438.

Moosbrugger, H. & Kelava, A. (Hrsg.). (2007). *Testtheorie und Fragebogenkonstruktion*. Heidelberg: Springer.

Moosbrugger, H. & Schweizer, K. (2002). Evaluationsforschung in der Psychologie. *Zeitschrift für Evaluation, Heft 1*, 19–37.

Myers, D. G. (1991). Union is strength: A consumer's view of Meta-Analysis. *Personality and Social Psychology, 17*, 265–266.

Nait-Ali, A. (Ed.). (2009). *Advanced biosignal processing*. Berlin: Springer.

O'Connor, E. F. (1972). Extending classical test theory to the measurement of change. *Review of Educational Research, 42*, 73–98.

Orth, B. (1974). *Einführung in die Theorie des Messens*. Stuttgart: Kohlhammer.

Parsonson, B. S. & Baer, D. M. (1992). The visual analysis of data, and current research into the stimuli controlling it. In T. R. Kratochwill & J. R. Levin (Eds.), *Single-Case Research Design and Analysis*. Hillsdale: Lawrence Erlbaum.

Popper, K. R. (1994). *Logik der Forschung* (10. Aufl.). Tübingen: Mohr.

Pospeschill, M. (2006). *Statistische Methoden*. Heidelberg: Elsevier, Spektrum Akademischer Verlag.

Pospeschill, M. (2010). *Testtheorie, Testkonstruktion, Testevaluation*. Stuttgart: Reinhardt Verlag.

Pospeschill, M. (2012). *SPSS für Fortgeschrittene* (10. Aufl.). Hannover: RRZN, Leibnitz Universität Hannover.

Pospeschill, M. & Spinath, F. M. (2009). *Psychodiagnostik*. Stuttgart: Reinhardt Verlag.

Raab-Steiner, E. & Benesch, M. (2012). *Der Fragebogen*. Stuttgart: UTB.

Rinne, H. & Specht, K. (2002). *Zeitreihen. Statistische Modellierung, Schätzung und Prognose*. München: Vahlen.

Rost, J. (2004). *Lehrbuch Testtheorie – Testkonstruktion* (2. Aufl.). Bern: Huber.

Sachs, L. (2004). *Angewandte Statistik. Anwendung statistischer Methoden* (11. Aufl.). Berlin: Springer.

Sarris, V. (1990). *Methodologische Grundlagen der Experimentalpsychologie. Band 1: Erkenntnisgewinnung und Methodik*. München/Basel: Ernst Reinhardt.

Sarris, V. (1992). *Methodologische Grundlagen der Experimentalpsychologie. Band 2: Versuchsplanung und Stadien*. München/Basel: Ernst Reinhardt.

Schelten, A. (1997). *Testbeurteilung und Testerstellung* (2. Aufl.). Stuttgart: Steiner Verlag.

Schmidt, L. R. (1999). Psychodiagnostisches Gutachten. In R. S. Jäger & F. Petermann (Hrsg.), *Psychologische Diagnostik* (4. Aufl.). Weinheim: Beltz PVU. 468–477

Schnell, R., Hill, P. B. & Esser, E. (2011). *Methoden der empirischen Sozialforschung* (9. Aufl.). München: Oldenbourg Wissenschaftsverlag.

Schorr, A. (Hrsg.). (1994). *Die Psychologie und die Methodenfrage*. Göttingen: Hogrefe.

Sidman, M. (1960). *Tactics of scientific research: Evaluating experimental data in psychology*. New York: Basic Books.

Siegel, S. & Castellan, N. J. (1988). *Nonparametric statistics for the behavioral sciences*. New York: McGraw-Hill.

Skidmore, S. T. & Thompson B. (2010). Statistical techniques used in published articles: A historical review of reviews. *Educational and Psychological Measurement, 70*, 777–795.

Skinner, F. B. (1953). *Science and human behavior*. New York: The Free Press.

Souvignier, E. & Gold, A. (2002). Instrumente zur Lehrevaluation: Was können sie leisten? *Zeitschrift für Evaluation, 1*, 265–280.

Souvignier, E. & Gold, A. (2003). Lehrevaluation als Feedback für Lehrende: Entwicklung eines Fragebogens unter hochschuldidaktischer Perspektive. In G. Krampen & H. Zayer (Hrsg.), *Psychologiedidaktik und Evaluation IV* (S. 129–144). Bonn: Deutscher Psychologen Verlag.

Sprung, L. & Sprung, H. (1987). *Grundlagen der Methodologie und Methodik der Psychologie* (2. Aufl.). Berlin: Deutscher Verlag der Wissenschaften.

Steyer, R. & Eid, M. (2001). *Messen und Testen* (2. Aufl.). Berlin: Springer.

Stier, W. (1999). *Empirische Forschungsmethoden*. Heidelberg: Springer.

Stier, W. (2001). *Methoden der Zeitreihenanalyse*. Heidelberg: Springer.

Thierau, H. & Wottawa, H. (2003). *Lehrbuch Evaluation*. (3. Aufl.) Bern: Huber.

Thompson, B. (2001). Significance, effect sizes, stepwise methods, and other issues: Strong arguments move the field. *Journal of Experimental Education, 70*, 80–93.

Thompson, B. (2002). "Statistical," "practical," and "clinical": How many kinds of significance do counselors need to consider? *Journal of Counseling and Development, 80*, 64–71.

Thompson, B. (2006). *Foundations of behaviorial statistics: An insight-based approach*. New York: Guilford Press.

Thurstone, L. L. (1927). A Law of Comparative Judgement. *Psychological Review, 34*, 273–286.

Todman, J. B. & Dugard, P. (2001). *Single-case and small-n experimental designs: A practical guide to randomization test*. Mahwah: Lawrence Erlbaum.

Torgerson, W. S. (1958). *Theory & Methods of Scaling*. New York: Wiley.

Townsend, J. T. & Ashby, F. G. (1984). Measurement scales and statistics: The misconception misconceived. *Psychological Bulletin, 2*, 394–401.

Trappmann, M., Hummell, H. J. & Sodeur, W. (2005). *Strukturanalyse sozialer Netzwerke*. Wiesbaden: VS Verlag.

Vacha-Haase, T., Nilsson, J. E., Reetz, D. R., Lance, T. S. & Thompson, B. (2000). Reporting practices and APA editorial policies regarding statistical significance and effect size. *Theory & Psychology, 10*, 413–425.

Weber, M. & Winckelmann, J. (1988). *Gesammelte Aufsätze zur Wissenschaftslehre*. Tübingen: Mohr.

Wentura, D. & Pospeschill, M. (2013). *Multivariate statistische Verfahren*. Wiesbaden: Springer VS.

Westermann, R. (2000). *Wissenschaftstheorie und Experimentalmethodik*. Göttingen: Hogrefe.

Westhoff, K. & Kluck, M. L. (2008). *Psychologische Gutachten schreiben und beurteilen* (5. Aufl.). Berlin: Springer.

Wilder, J. (1931). Das „Ausgangswertgesetz", ein unbeachtetes biologisches Gesetz und seine Bedeutung für Forschung und Praxis. *Zeitschrift für Neurologie, 137*, 317–338.

Sachregister

A-B-A-B-Design 206, 223
A-B-A-Design 223
A-BC-B-BC-Design 223
A-B-Design 205 f., 213, 215, 222 f., 226
Agglutinationstest 250–253, 256 f.
Aggregat 31, 129, 229
Aggregation 53, 86
alpha 184, 253
Alpha-Fehler 159, 184, 214, 247
Alpha-Fehler-Adjustierung 170, 254–257
Alternativhypothese 22, 157 f., 180, 185, 210, 242, 251–253, 257, 261
Analyse, dimensionale 34, 39–41, 43
–, semantische 34, 41, 43, 50
a posteriori-Vergleich 170
a priori-Vergleich 65, 142, 164, 170, 254
ARIMA 177, 195, 200 f., 216
Artefakt 61, 109, 126, 174
Auftragsforschung 76
Ausgangswertgesetz 127, 179
Ausreißer 88, 92, 146
Aussage, All- 25
–, deterministische 26 f.
–, Gesetzes- 14, 25, 29
–, mittlerer Reichweite 25
–, nomologische 23, 25, 29 f., 43, 78
–, stochastische 26 f.
Ausschöpfungsqualität 86 f.
Außenkriterium 244
Auswahlgrundgesamtheit 145
Auswertungsobjektivität 113, 132
Autokorrelation 196 f., 201 f., 206, 214–216
Axiom 27, 43, 57

B-A-B-Design 223
Baseline-Phase 109, 204–206, 209, 215, 223–226
Basissatzproblem 25
Bedeutsamkeitsproblem 57 f.
Befragung 15, 18, 25, 52 f., 56, 61, 100, 111, 118–124, 129 f., 139
–, halbstandardisierte 129, 139
–, offene 129, 139
Begleitforschung 74, 79
Beobachtung 156, 195 f., 200 f., 204 f., 212–216
–, apparative 125
–, indirekte 131
–, nicht teilnehmende, offene 125
–, nicht teilnehmende, verdeckte 125
–, Selbst- 125
–, systematische 124, 138
–, teilnehmende, offene 125
–, teilnehmende, verdeckte 125
–, verdeckte 125, 131
Beobachtungswert 195, 209
Beta-Fehler 159, 184, 189, 242, 247
Beurteiler 98, 103, 107, 110, 135
Bias 88, 120, 183, 203, 207, 209
Biopotentiale 126
Biosignale 126
Bivariat 160 f., 187, 233 f.
Bonferroni-Korrektur 255
bootstrap 146, 194, 212, 258 f.
Box-and-Whisker-Plot 142
Brainstorming 130

Cohens d 182 f.
Cohort-Sequential-Method 176
coverage efficiency 87
Cronbach's alpha 231 f., 234, 236

Cross-Lagged-Panel Design 166–168
Cross-Sectional Design 84, 160
Cross-Sequential-Method 177
Cut-off-Sampling 154

Daten 15, 18, 59 f., 65, 67, 70, 107 f.
–, objektive 208 f.
–, qualitative 67, 129
–, quantitative 67, 129
Datenanalyse 36 f., 66
–, explorative 142 f.
Datenerhebung 41, 67, 71, 91 f., 102, 131, 138, 142, 145, 171, 177
Definiendum 44 f.
Definiens 44 f., 48, 51 f.
Definition 34, 44–52, 54 f., 57, 91, 187
–, analytische 49 f.
–, Nominal- 44–48, 51
–, operationale 49 f.
–, Real- 45, 47 f.
Delphi-Methode 123
Delta-Maß 187
Design 36, 70, 74, 80, 83–85, 89, 171 f., 174, 176 f., 191 f., 194 f., 202, 228, 247
–, Cross-Lagged-Panel 166–168
–, Cross-Sectional 84, 160
–, Einzelfall- 195–201, 207 f., 214–216, 218, 225
–, Intensive 193
–, klinisches 222–224
–, Phasen- 204–206, 215, 224 f.
–, Posttest-Eingruppen- 83
–, Pretest-Posttest-Eingruppen- 83, 238
–, Pretest-Posttest-Follow-up-Kontrollgruppen- 83 f., 192
–, Pretest-Posttest-Kontrollgruppen- 192

Sachregister

Determinationskoeffizient 165, 234
Diagnostische Valenz 233–236
dichotom 19, 91, 115, 161, 163
disjunkt 58
diskret 19
Drop Out 88
Dummykodierung 163, 172

EDA 142
Effekt 21–23, 36, 62f., 83f., 89, 108f., 118, 142, 146, 149, 207f., 214–218
–, Alters- 176f.
–, Carry-over- 109
–, Ceiling- 108
–, epochaler 176
–, experimenteller 184
–, Floor- 108
–, Generations- 175
–, Halo- 108, 135
–, Härte- 108
–, Haupt- 171, 177, 213
–, Hawthorne- 120
–, Interaktions- 170f., 213
–, Interventions- 223
–, Interviewer- 120
–, John-Henry- 109
–, Kausal- 21f.
–, klinisch bedeutsamer 207
–, Kohorten- 175
–, konfundierender 203
–, Kontext- 121
–, Methoden- 133
–, Milde- 108
–, monokausaler 22
–, multikausaler 22
–, Normanpassungs- 108, 118
–, Null- 180
–, Panel- 152
–, Populations- 183, 187
–, Positions- 173f.
–, Pretest- 174
–, Primacy-Recency- 109
–, Priming- 121
–, Pygmalion- 109
–, reaktiver 125
–, Regressions- 174f., 178
–, Retest- 83

–, Rosenthal- 109
–, Sequenz- 109, 119, 172f.
–, Trait- 134
–, Treatment- 77, 164, 174, 191, 193, 199, 204, 206, 209f., 226
–, Übertragungs- 109
–, Übungs- 176, 179, 206, 238f., 244, 248
–, Versuchsleiter- 109
–, Zeit- 174
–, Zufalls- 178, 212
Effektgröße 34, 64f., 81, 86, 88f., 142, 157, 159, 180–189
–, a priori 65
–, Bestimmung der 182
–, Ex-post-Bestimmung der 182
Effektkodierung 164
Eichstichprobe 244
Eindeutigkeitsproblem 57f.
Eindimensionalität 114, 116
Eindrucksdifferential 110
Einzelfallbeobachtung 131
Empirie 14, 17, 21, 28, 132
Empirismus 17
EPA-Struktur 110f.
Erkenntnistheorie 16f.
Eta-Quadrat 183f.
Ethikkommission 37
Evaluation 34, 74–89
–, formative 81
–, Lehr- 75, 82f.
–, summative 81f.
–, Therapie- 79
Evaluator 76f., 80, 86–89
Exhaustion 30
Exhaustivitätskriterium 91
Exklusivitätskriterium 91
Experiment 169, 172f., 192f., 198f., 202–208
–, reaktionsgeleitetes 204, 208
–, zufallsgesteuertes 205
Experimentelle Kontrolle 209
Explikation 41, 48, 62
Exploration 39, 134, 137–140
–, empiriebasierte 138, 142
–, methodenbasierte 134, 141f.
–, theoriebasierte 140
Exposé 34, 65, 88

Ex-post-facto-Stratifizierung 151
Extension 46f.
Extremgruppenvergleich 162, 169, 174
Extremwert 92, 146, 179, 229

Faktorenanalyse 110, 117, 162, 257
–, exploratorische 93, 142, 145
–, konfirmatorische 94, 134, 165
Faktorladung 93f., 165
Fallstudie 81, 132, 145, 191–208
Falsifikation 19, 21, 25f., 30f.
feasability study 87
Fehlerwert 112
Feldexperiment 64
Feldstudie 63
–, quasi-experimentelle 84
Fisher-Pitman-Randomisierungstest 210
Follow-up 83f., 192

Genauigkeitskriterium 91
Generalisierbarkeit 19, 36, 123, 132, 194, 199, 207
Generationseffekt 176
Gesetzmäßigkeit 27
Glass g' 183f.
Globalauswertung 133
Grounded Theory 133
Grundgesamtheit 14, 21, 31, 131, 144, 147f., 153, 158, 192, 194, 198, 207, 216, 218, 232, 257
–, angestrebte 144f., 155
–, Auswahl- 145
–, Erhebungs- 145, 155
–, erhobene 144f.
Gruppendiskussion 130, 213
Gutachten 68–71, 75

Holismus 140
Homogenität 107, 114, 131, 187f.
–, Varianz- 60, 196, 249f.
homomorph 57
Homoskedastizität 231

Sachregister

Hypothese 17, 19–23, 25, 27 f., 36, 41, 60 f., 67, 69, 80, 130, 137 f., 141 f., 156, 158 f., 216, 251
–, Aggregat- 31
–, Alternativ- 22, 157 f., 180, 185, 210, 242, 251–253
–, a priori- 142, 254
–, Äquivalenz- 230 f., 234
–, diagnostische 191
–, einfache 157, 213
–, empirische 21 f., 47, 60
–, Forschungs- 156–158
–, gerichtete 22, 157
–, Global- 254
–, Homogenitäts- 188
–, Kausal- 22, 156, 167, 169
–, monokausale 22
–, multikausale 22
–, Null- 22 f., 35, 102, 157 f., 180 f., 185, 197, 212, 214, 217–222, 227, 245, 251, 254–258, 260–262
–, operationale 157
–, prognostische 177, 231
–, Punkt- 22
–, Regressions- 230, 232, 234
–, spezifische 157, 159
–, statistische 21 f., 31, 92, 157
–, theoretische 21
–, ungerichtete 22, 157
–, unspezifische 157
–, Unterschieds- 157, 160, 169 f., 174, 186
–, Veränderungs- 157, 172, 177, 231
–, Wirk- 81 f., 85
–, wissenschaftliche 20 f., 138
–, Zeitreihen- 177
–, zusammengesetzte 157, 159
–, Zusammenhangs- 157, 160–162
Hypothesenerkundung 20
Hypothesenprüfung 21, 65, 81, 135, 223, 247
Hypothesentest 142, 181, 216, 225, 250
–, Pseudo- 23, 142

Idealismus 17
Index 58, 92 f., 180, 185 f.
–, empirischer 93
–, gewichteter additiver 93
–, multiplikativer 93
–, normativer 93
–, Reliable Change 238, 246
–, ungewichteter additiver 93
Indikandum 50 f.
Indikator 19, 36, 40, 50–54, 56, 58, 82, 86, 91–94, 126–128, 131, 138, 163 f., 173
–, definitorischer 50 f.
–, extern korrelierter 50 f.
–, intern korrelierter 50 f.
–, multipler 53, 56, 163
–, schlussfolgernder 50, 52
Individual Differences Scaling 103 f.
Instrumententest 137
Intension 46 f.
Interaktionseffekt 170 f.
–, disordinaler 171
–, hybrider 171
–, ordinaler 171
Interdependenzanalyse 160
Intervallschätzer 149
Intervention 15, 19, 70, 74, 77, 79, 81, 85, 87–89, 137, 178 f., 191, 202, 205 f., 208 f., 223–226
–, reaktionsgeleitete 204 f.
Interventionsstudie 191, 202, 208
Interventor 75, 82
Interview 61, 69, 81, 118–121, 129, 132, 138
–, fokussiertes 130
–, Leitfaden- 130
–, narratives 61, 130
Interviewer-Effekt 120
Inzidenz 81
Itemanalyse 116 f.
Item Response Theorie 112

Jackknife 258

Kappa 126, 161
Kausaleffekt 21 f., 169

–, Mono- 22
–, Multi- 22
Kausalmodell 166–168
Kelleys-Epsilon-Quadrat 182, 184
Kodierung 15, 39, 67
–, Dummy- 163
–, Effekt- 163 f.
–, Kontrast- 163 f.
Koeffizient
–, Determinations- 165, 234
–, Intraclass-Korrelations- 183
–, Kappa- 161
–, Kontingenz- 161
–, Kontrast- 164
–, Korrelations- 113, 160, 229, 254
–, Phi- 161
–, Regressions- 258
–, Reliabilitäts- 113, 195, 231, 242 f.
–, Split-Half- 231
–, Unsicherheits- 161
–, Variations- 151
Konditionalsatz 19 f., 22
Konfidenzintervall 149, 188, 229–232, 240–242, 258
– für Reliabilitätskoeffizienten 242–245
Konfundierung 109, 177
Konkordanz 97
–, Urteils- 126, 161
Konsistenz 29, 97, 120, 227
–, interne 231, 243
Konstrukt 18, 37, 43, 62, 66, 114 f., 132 f., 163, 172, 187 f., 254
–, hypothetisches 58
–, latentes 18, 141
–, Persönlichkeits- 118
–, psychologisches 47, 132
Korrelation 52, 113, 127, 157, 159, 160 f., 166–168, 172, 174, 178, 188 f., 195, 229, 234–237, 243 f., 254
–, Auto- 196 f., 201 f., 206, 214–216
–, biseriale 161
–, bivariate 187, 243, 257

Sachregister

–, Intraclass- 126, 183
–, kanonische 165, 257
–, multiple 162 f., 188, 257
–, Partial- 162 f., 171
–, punktbiseriale 161
–, quadrierte 234
–, Retest- 231
–, Semi-Partial- 162 f.
–, tetrachorische 161
–, wahre 159, 162
Korrespondenzproblem 30
Kritische Differenz 233–235, 239

Law of Categorial
 Judgement 95, 97 f.
Law of Comparative
 Judgement 97, 99
Lost-Letter-Technik 131

Machbarkeitsstudie 87
manipulation check 85
matched samples 169
Maximum-Likelihood 149
Mehr-Gruppen-Plan 170
Merkmal 18, 20, 22, 51, 56–61,
 67, 69, 83, 91 f., 94–96,
 107 f., 112–115, 120, 134 f.,
 146–149, 160 f., 162–165,
 178–180, 241–243
–, dichotomes 91
–, kardinalskaliertes 92
–, kategoriales 91
–, latentes 18
–, mehrdimensionales 94
–, polytomes 91
–, qualitatives 18, 91
–, quantitatives 92
–, Quoten- 154 f.
–, Schichtungs- 150
Merkmalsträger 31, 46, 144 f.,
 153 f.
Messfehler 22, 53, 58, 112 f.,
 173, 214, 231, 234–239, 245,
 247
–, Standard- 230 f., 233, 238,
 243
Messvorschrift 44, 51, 54
Metatheorie 16, 139 f.
Metawissenschaft 16

Methode 14–17, 36, 67–71, 74,
 80, 91, 124, 132 f., 137 f., 140 f.
– als Denkwerkzeug 140
–, Beobachtungs- 124 f.
–, der sukzessiven Intervalle 95
– der summierten Einschätzungen 116
–, Einzelreiz- 107
–, Erkenntnis- 15
–, experimentelle 16
–, explorative 85
–, Interventions- 15, 19
–, multimethodale 133 f.
–, Multitrait-Multimethod 134
–, quantitative 91
–, statistische 16, 31, 62
–, wissenschaftliche 14, 16
Methodenvariation 140 f.
Methodenvergleich 140
Methodik 15 f.
method of summated ratings 116
Methodologie 14, 16, 23
–, allgemeine 16
–, deskriptive 16
–, spezifische 16
–, wertende 16
missing data 65
Modell 15 f., 78, 138–140, 176
–, Allgemeines Lineares 164
–, ARIMA- 177, 201, 216
–, Datenanalyse- 37
–, Erklärungs- 156, 167
–, Interventions- 177
–, Kausal- 166–169
–, Mess- 58
–, Multinomial- 261
–, Skalierungs- 94
–, Stichproben- 260
–, Strukturgleichungs- 162, 165,
 167 f.
–, Transferfunktions- 177
–, Vorhersage- 177
–, Wahrscheinlichkeits- 21, 215
Moderationsmethode 130
Monte-Carlo-Methode 146, 212,
 258, 260, 262 f.
Multidimensionale
 Skalierung 101
Multinomialmodell 261

Multitrait-Multimethod
 134, 140

Netzwerk 27
–, nomologisches 43
nonreaktiv 125, 131, 142
Normanpassungseffekt 118
Normierung
–, Äquivalent- 242
–, tau- 235 f., 245 f.
–, x- 235, 245
Normvergleich 240 f.
Nutzenfunktion 86

Objektivität 113 f., 132
Objektkonfiguration 101
–, degenerierte 102
Omega-Quadrat 183
One-Shot-Case-Design 174
Operante Verhaltensanalyse 202
Operationalisierung 18, 30,
 35 f., 44, 50–56, 60, 85 f.,
 140, 157, 187

Paarvergleich 55, 94–103
–, Ähnlichkeits- 100
–, Dominanz- 96
Panelmortalität 88
Panel-Studie 123, 152
Parsimonitätsprinzip 41
Per-fiat-Messung 59 f.
Pfadanalyse 167 f.
Physikalismus-Subjektivismus-
 Dilemma 179
Plausibilitätsanalyse 65
Polaritätsprofil 110 f.
Population 14, 20 f., 61, 75, 81,
 86–89, 121, 123, 131,
 144–157, 174, 176, 184,
 192 f., 198, 235 f., 250
post hoc 170
Poweranalyse 180 f.
Präkursorgröße 242
Prävalenz 81, 83
Prebaseline 205, 223
Pretest 83 f., 137, 172, 174 f.,
 192, 223, 238 f.
Profildeckung 246
Profilhöhe 244 f.

Sachregister

Profilstreuung 110, 245
Profilveränderung 246

Q-Sort-Verfahren 95 f.
Qualitative Inhaltsanalyse 133
Quasi-Experiment 63 f., 84 f.,
  169, 173–175, 194

random allocation 194
random assignment 194
Randomisierung 63, 76, 156,
  169, 194 f., 197–200
–, Urnen- 194
random sampling 194
Rangordnung 54, 94–97, 101
–, direkte 95 f.
–, indirekte 96 f.
Rangwert 95, 193 f.
Rater-Ratee-Interaktion 109
Ratingskala 86, 100, 105 f., 116
Rationalismus 17, 23
Reaktion
–, individualspezifische 127
–, motivationsspezifische 127
–, stimulusspezifische 127
Reaktionsgeleitetes Experimentieren 204, 208
Realismus 17
Reduktionismus 140
Redundanzmaß 165
Regression 163 f., 174 f., 178,
  196, 230, 237
–, multiple 94, 162–164, 213
– zur Mitte 174, 179
Regressionshypothese 230, 232, 234
Relativ
–, empirisches 57
–, numerisches 57
Relative Effizienz 185
–, asymptotische 185
Reliabilität 30, 36, 49, 107 f.,
  113 f., 117, 123, 132, 145,
  173 f., 178 f., 206–209,
  229–238, 242–247
–, Interrater- 161
–, Paralleltest- 231, 243
–, Split-Half- 231, 243
–, Test-Retest- 111, 132, 238

Reliabilitäts-Validitäts-
  Dilemma 113
Reliable Change Index 238, 246
Replikation 30, 36, 135, 139, 169,
  191, 194, 199, 206–208, 223
–, direkte 36, 207
–, systematische 36, 207
Repräsentationsproblem 57
Repräsentativität 61, 131 f., 144,
  147, 192, 198, 244
–, globale 147
–, lokale 147
–, merkmalsspezifische 147, 150
–, Stichproben- 123
Resampling 212, 258 f.
Residuum 214
Resimulation 258
Rohdaten 65, 92, 199, 202
Rollenspiel 131

Selbstbeobachtung 36, 125, 131
Self-Disclosure 120
Semantik 41, 43, 49
Semantisches Differential 110–112
Signifikanz
–, klinische 208 f.
–, statistische 21, 65, 158, 208
Signifikanztest 21 f., 67, 142,
  156–159, 180–182, 250, 254 f.
–, explorativer 142
Single case study 193 f.
Skala 57–59, 92, 107 f.
–, Analog- 100, 105
–, Coombs- 115
–, Guttman- 115
–, Intervall- 58, 99, 162
–, IQ-Abweichungs- 240
–, Kardinal- 59
–, Kategorial- 58
–, Likert- 115–117
–, Mess- 100, 250
–, metrische 59
–, Nominal- 58 f., 161
–, Ordinal- 58 f., 95, 161
–, Rang- 58
–, Rasch- 115
–, Rating- 86, 100, 105–108

–, Ratio- 54, 59
–, Schätz- 104
–, Test- 112 f., 114
–, Thurstone- 114
–, Verhältnis- 59
–, z- 240
Skalenverankerung 105
Skalenwert 92 f., 98 f., 107, 114,
  117 f., 235
Soziale Erwünschtheit 89, 108, 118
Spezifitätsproblematik 126
Sponsorship-Bias 120
Standardabweichung 110, 114,
  182 f., 195, 230–240,
  245–247, 252, 263
Standardmessfehler 230 f., 233,
  238, 243
Standardschätzfehler 229 f., 232 f.
Stichprobe 21, 25, 35 f., 36,
  61 f., 65, 81, 87 f., 144–149,
  154, 158 f., 169, 173 f., 193,
  200 f., 259
–, abhängige 193, 211
–, Ad-hoc 147
–, anfallende 194
–, Bootstrap 259
–, Cluster- 151
–, Eich- 244
–, Ereignis- 126
–, Evaluations- 84, 88
–, Gelegenheits- 153
–, Generations- 176
–, Gesamt- 151
–, geschichtete 146, 150 f.
–, Interventions- 88
–, Klumpen- 147, 150 f.
–, mehrfach geschichtete 150
–, mehrstufige 147, 152
–, nicht-probabilistische 146 f.
–, Norm- 231, 233–235, 238,
  241, 243
–, Panel- 152
–, probabilistische 146 f.
–, Quoten- 147, 154 f.
–, Referenz- 191
–, repräsentative 64, 148 f.
–, stratifizierte 150

–, Teil- 146, 151, 162
–, theoretische 147
–, unabhängige 193, 210
–, Zeit- 126
–, Zufalls- 144, 146–149, 152, 173, 177, 191 f., 194, 198 f., 212, 227
Stichprobenraum 148
Stichprobenumfang 34, 36, 64, 88, 129, 145 f., 180–186, 189, 251 f.
–, optimaler 149, 181, 184 f.
Stresswert 101 f.
Strukturanalyse 143
Strukturgleichungsmodell 162, 165, 167 f.

Test, exakter 249
–, nicht-parametrischer 169, 263
–, parametrischer 169 f., 196 f.
–, Permutations- 194, 197, 210 f., 227, 258
–, Randomisierungs- 194 f., 197–201, 210–228
–, verteilungsfreier 185, 250 f., 254
Testbatterie 244
Testprofil 243, 244 f.
Testskala 112 f., 114
Teststärke 180 f., 184 f., 189, 193, 201, 226–228
Testtheorie 113 f., 132
–, klassische 113, 242
–, probabilistische 112, 242
Theorie 21, 27–31, 34, 137–141
–, Alltags- 129, 139
–, Erkenntnis- 16 f.
–, Graphen- 143
–, Meta- 16, 139 f.
–, Stichproben- 144
–, technologische 78 f., 137
–, Test- 113 f., 132, 242
–, wissenschaftliche 78, 137, 139
–, Wissenschafts- 16, 23
Theoriesynopse 139
Thompsons korrigiertes d^* 183 f.
Time-Sequential-Method 177
Treatment-Phase 204

Trendtest 170
Triangulation 140

Übungseffekt 176, 206, 238, 244, 248
Urliste 92
Urnen-Randomisierung 194

Validierung
–, empirische 169
–, konsenuelle 133
–, Konstrukt- 132
–, Kreuz- 132, 258
–, kumulative 132
Validität 30, 49, 51 f., 55, 113 f., 132
–, diskriminante 134
–, empirische 55, 59
–, externe 62–64, 76, 81, 87, 172, 192, 194, 199, 247
–, interne 62–64, 76, 78, 83, 85, 156, 166, 170, 173, 175 f., 191 f., 194, 199, 203–209
–, Item- 114
–, Konstrukt- 62, 132
–, konvergente 134
–, Kriteriums- 111
–, logische 55 f.
–, ökologische 202
–, prädiktive 229
–, statistische 62
–, Test- 114
Variable 18
–, abhängige 18, 20, 41, 70, 84, 164, 171, 175, 187
–, dichotome 19, 163
–, diskrete 19
–, Dritt- 18, 89, 162
–, Dummy- 163, 172
–, Einfluss- 18
–, empirische 37
–, endogene 19
–, exogene 19
–, experimentelle 202, 209
–, Faktor- 18
–, Gruppierungs- 18
–, Indikator- 19, 92–94, 163 f., 172
–, kontinuierliche 20

–, kontrastierende 62
–, Kontroll- 18, 22, 30, 41, 162, 171 f.
–, Kriteriums- 18, 165
–, latente 19, 58, 94, 167
–, manifeste 19, 58, 167
–, Mediator- 18
–, Moderator- 18, 22
–, polytome 19
–, Prädiktor- 18
–, quantitative 20
–, Residual- 19
–, stetige 19
–, Stör- 18, 22, 63, 84, 169, 171 f., 202 f., 213
–, Treatment- 63
–, unabhängige 18, 20, 22, 27, 70, 84, 170, 176, 187
–, Wirk- 22
–, Zufalls- 21, 99, 183, 205 f., 251 f., 256, 259, 261 f.
Variationskoeffizient 151
Veränderungsmessung 127, 152
–, direkte 178
–, indirekte 177
Verdünnungsparadoxon 113
Verifikation 25 f., 31
Versuchsplan 83, 160
visual inspection 202
Vorstudie 137

Wahrscheinlichkeit
–, asymptotische 259
–, exakte 216
Wertfreiheit 77
Werturteilsstreit 28 f.
Wissenschaftstheorie 16, 23

Zeiteffekt 174
Zeitreihe 177, 197, 214
Zeitreihenanalyse 177, 195, 201 f.
Zufallsstichprobe 144–155, 173 f., 192, 194, 198 f., 212, 227, 260 f.
–, einfache 148
–, geschichtete 150
–, mehrstufige 152

Leseprobe

Markus Pospeschill:
Testtheorie, Testkonstruktion, Testevaluation

2 Testentwicklung

Der Prozess der Entstehung eines Tests verläuft von der ersten Testplanung über die Testentwicklung bis hin zur Erstellung und vorläufigen Erprobung einer Vorversion mit dem Ziel der Revision zum finalen Test. Gerade in dieser systematischen Genese liegt die Besonderheit psychometrischer Tests, die psychische Merkmale quantitativ auf der Grundlage testtheoretischer Überlegungen konzipieren und erfassen, systematisch anhand standardisierter Verfahren auswerten und damit eine metrisch vergleichende Diagnostik gewährleisten.

Psychologische Tests weisen aus diesem Grund eine komplexe Struktur auf. Ihre Bestandteile – die Testaufgaben bzw. Items – sind zumeist zahlreich, auf unterschiedliche Facetten eines Konstruktes gerichtet und sollen eine messgenaue Erfassung des Konstruktes unter Minimierung von Messfehlern erlauben. Ziel ist es, über mehrere Items eine Abschätzung der Reliabilität zu erzielen.

2.1 Testplanung

Die Planung eines Tests beginnt grundsätzlich mit Überlegungen, das zu messende Konstrukt möglichst genau zu definieren bzw. seine Charakteristika festzulegen. Dies geschieht im Idealfall auf der Basis eines *psychologischen Modells* oder einer *psychologischen Theorie*. Ist dies (noch) nicht möglich, müssen zunächst vorläufige Explikationen oder Arbeitsmodelle reichen, bis sie im Verlauf weiterer Forschungen präzisiert werden können (s. Fisseni, 2004). Auch Befragungen von Experten oder Personengruppen, die besonders hohe oder niedrige Ausprägungen der entsprechenden Fähigkeit oder Eigenschaft aufweisen,

können wichtige Hinweise auf verhaltensrelevante Aspekte des Konstruktes liefern.

Zur weiteren Eingrenzung des Konstruktes sollte aus der Literatur (Lehrbüchern, Überblicksartikeln etc.), aus vorhandenen Theorien, empirischen Befunden und eigenen Überlegungen eine *Arbeitsdefinition* des Konstruktes formuliert werden. Auf der Basis einer psychologischen Theorie und einer ersten Eingrenzung des Konstruktes können dann weitere Entscheidungen hinsichtlich der Natur der Merkmale, der Testart und des angestrebten Geltungsbereiches des Tests getroffen werden.

2.1.1 Festlegung der Erhebungsmerkmale

In Abhängigkeit von der psychologischen Theorie und der Operationalisierbarkeit des Konstruktes können die Erhebungsmerkmale verschiedene Qualitäten und Eigenschaften aufweisen.

Qualitative Merkmale (mit kategorialen Ausprägungen) vs. quantitative Merkmale (mit graduellen Abstufungen): Aus der Natur der Merkmale resultieren im ersten Fall nominalskalierte, im zweiten Fall ordinal- oder intervallskalierte Messungen. Qualitative Merkmale unterteilen Personengruppen lediglich anhand einzelner Kategorien (z. B. Geschlecht, Familienstand oder letzter Schulabschluss), während quantitative Merkmale graduell abgestufte Merkmalseinteilungen erlauben (z. B. anhand eines Intelligenzquotienten oder anhand der erreichten Punktezahl in einem Test).

Eindimensionale (nur ein Konstrukt repräsentierende) Merkmale vs. mehrdimensionale (mehr als ein Konstrukt repräsentierende) Merkmale: Fragen zur Ein- oder Mehrdimensionalität eines Konstruktes lassen sich über Exploratorische Faktorenanalysen (EFA) oder andere Korrelationsstatistiken klären und später ggf. in einzelnen Subtests (Untertests) berücksichtigen. Ein typisches Beispiel für ein mehrdimensionales Konstrukt mit verschiedenen Faktoren ist z. B. „Lebens-

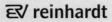
www.reinhardt-verlag.de

qualität", mit dem die materiellen und soziokulturellen Lebensbedingungen einzelner Individuen in einer Gesellschaft zusammengefasst werden (u. a. Einkommen, Bildung, Berufschancen, sozialer Status, Gesundheit). Tests, die entsprechend nur ein Konstrukt erfassen, werden als unidimensionale Tests, Tests die mehrere Konstrukte erfassen, als multidimensionale Tests bezeichnet. Letztere zerfallen häufig in sog. Subtests, die wiederum unidimensional sind.

Zeitlich stabile Merkmale (Traits) vs. zeitlich veränderliche Merkmale (States): Persönlichkeitsmerkmale werden als Traits aufgefasst, während situationsabhängige Zustände als States betrachtet werden.

2.1.1 Festlegung der Testart

Wiederum ist in Abhängigkeit vom Konstrukt eine Entscheidung bezüglich der Testart zu treffen (eine genauere Differenzierung findet sich in Pospeschill & Spinath, 2009):

Leistungstests
Fähigkeits- und Leistungstests erfassen Konstrukte, die sich auf Dimensionen der kognitiven Leistungsfähigkeit (maximales Leistungsverhalten) beziehen. Zentrale Konstrukte sind hier z. B.: Problemlösefähigkeit, Wissensreproduktion, spezifische Fähigkeiten, Ausdauer, Konzentrationsvermögen. Eine Unterteilung erfolgt nach: Speed- oder Geschwindigkeitstests (mit einfachen Aufgaben, aber mit Begrenzung der Bearbeitungszeit und Bewertung der richtigen Antworten), Power- oder Niveautests (mit schwierigen Aufgaben, ohne Zeitbegrenzung und Bewertung über das Schwierigkeitsniveau der Aufgaben) und Mischformen (Speed-Power-Tests) aus beiden Testarten.

Persönlichkeitstests
Persönlichkeitstests erfassen das für eine Person typische Verhalten im Zusammenhang mit spezifischen Ausprägungen von Persönlich-

keitsmerkmalen (Verhaltensdispositionen), z.B. aktuelle Zustände (wie Angst), Motivation, Interesse, Einstellungen, Meinungen oder spezifische Persönlichkeitseigenschaften. Folgerichtig wird keine Leistung erwartet, sondern eine Selbstauskunft über persönliches Verhalten (Persönlichkeitsfragebogen). Es gibt keine „richtigen" oder „falschen" Antworten, sondern nur unterschiedlich hohe Ausprägungen von Merkmalen. Bei der Beantwortung spielen Aspekte der Spontaneität, der Wahrheitstreue und die Motivation der Probanden eine zentrale Rolle. Subjektive Angaben neigen dabei allerdings prinzipiell zur Verfälschbarkeit.

Objektive Persönlichkeitstests
Objektive Persönlichkeitstests besitzen keine Augenscheinvalidität, d. h. die Probanden können aus der Testinstruktion und den Testaufgaben nicht (wirklich) erkennen, was der Test eigentlich misst. Entsprechend wird auf das Merkmal nicht über subjektive Urteile der eigenen Person, sondern über das Verhalten in einer standardisierten Testsituation zurückgeschlossen.

Projektive Verfahren
Projektive Verfahren (sog. Persönlichkeits-Entfaltungstests) erfassen die Gesamtpersönlichkeit anhand qualitativer Marker. Das Testmaterial ist dabei zumeist bildhaft und mehrdeutig. Dadurch soll den Probanden Gelegenheit gegeben werden, unbewusste und verdrängte Bewusstseinsinhalte in dieses Bildmaterial zu projizieren. So gesehen sind auch diese Verfahren für die Probanden undurchschaubar. Projektive Verfahren erfüllen die Testgütekriterien nur in Ausnahmefällen und dienen daher eher zumeist als Explorationshilfen. Vor einer Verwendung ist daher immer zu prüfen, ob sich die benötigten diagnostischen Daten nicht durch alternative Verfahren erheben lassen, deren psychometrische Gütekriterien besser erfüllt sind.

ℝ reinhardt
www.reinhardt-verlag.de

2.1.1 Festlegung des Geltungsbereichs

Der Geltungsbereich legt die Einsatzbereiche und Anwendungsmöglichkeiten eines Tests fest und ist von verschiedenen Faktoren abhängig.

Heterogenität vs. Homogenität von Aufgaben
Mit Anwachsen des Geltungsbereichs eines Tests müssen auch mehr Informationen erfasst werden, damit die geforderten Kriterien mit ausreichender Genauigkeit vorhergesagt werden können. Dies erhöht allerdings auch die Heterogenität der Aufgaben. Dem steht die Empfehlung gegenüber, den Geltungsbereich unter testtheoretischen Gesichtspunkten möglichst eng zu definieren, also nur gezielte Verhaltens- oder Leistungsaspekte zu erfassen, was wiederum die Anzahl der erfassten Kriterien einschränkt. Damit gewinnen die Aufgaben an Homogenität. Die notwendige Entscheidung hat z. B. Auswirkungen auf die Kriteriumsvalidität, da mit der Auswahl der Aufgaben auch die Kriterien festgelegt werden, die der Test vorhersagen soll.

Leseprobe (S. 35 – S. 38) aus:

Markus Pospeschill
Testtheorie, Testkonstruktion, Testevaluation
2010. 246 Seiten. 71 Abb.
UTB-M (978-3-8252-3431-7) kt

www.reinhardt-verlag.de

Was können Intelligenztests leisten?

Franzis Preckel / Matthias Brüll
Intelligenztests
2008. 98 Seiten. Innenteil zweifarbig.
UTB-Profile (978-3-8252-3027-2) kt

Das Autorenduo beschreibt die bekanntesten Intelligenztests und einige neuere Verfahren, geht auf deren Stärken und Schwächen ein und skizziert Anwendungsmöglichkeiten der IQ-Tests. Anhand von Beispielen werden praxisrelevante Fragen beantwortet: Was ist Intelligenz? Welche Tests sind zur Messung geeignet? Wie bewertet man Tests und deren Ergebnisse? Und wie geht man mit diskrepanten Befunden aus verschiedenen Tests um? Ein verständlicher Überblick für Studierende der Psychologie und Pädagogik.

⧖ reinhardt
www.reinhardt-verlag.de

Welche Diagnostikinstrumente gibt es?

Claudia Quaiser-Pohl /
Heiner Rindermann
Entwicklungsdiagnostik
Unter Mitarbeit von A. Born, C. Geiser,
K. A. Heller, I. Jüling, A. Köhler,
V. Kwiatkowski und W. Lehmann.
2010. 333 Seiten. 28 Abb. 21 Tab.
UTB-M (978-3-8252-2880-4) kt

Wie stellt man fest, ob sich Kinder altersgemäß entwickeln? Die Psychologie stellt dafür zahlreiche Test-Verfahren und Screenings bereit.

Dieses Lehrbuch gibt einen Überblick über (test-)theoretische und methodische Grundlagen sowie die wichtigsten Instrumente der Entwicklungsdiagnostik. Die Autoren führen in gängige Screening-Verfahren für Säuglinge und Kleinkinder ein und stellen die wichtigsten allgemeinen Entwicklungstests für die anschließenden Altersgruppen vor.

www.reinhardt-verlag.de

So gelingt die Psychologie-Bachelorarbeit

Tatjana Spaeth-Hilbert /
Margarete Imhof
Bachelorarbeit in Psychologie
2013. 149 Seiten. 10 Abb. 7 Tab.
UTB-M (978-3-8252-3878-0) kt

Wer seine Bachelorarbeit in Psychologie schreibt, steht vor einer großen Herausforderung: Die Bachelorarbeit ist die erste größere und eigenständige wissenschaftliche, oft auch empirische Arbeit der Studierenden.

Dieses Buch liefert das nötige Rüstzeug für alle Phasen der psychologischen Bachelorarbeit. Empirisch-methodisches Know-How wird dabei ebenso vermittelt wie Schreibkompetenz. Zusätzlich geben die Autorinnen strategische Tipps zur Vorbereitung der Bachelorarbeit, zum Zeitmanagement und zu Besprechungen mit dem Betreuer.

ℛ reinhardt
www.reinhardt-verlag.de

Pflichtlektüre vor der Klausur

Annemarie Fritz / Walter Hussy / David Tobinski
Pädagogische Psychologie
2010. 256 Seiten. 73 Abb. 11 Tab.
Innenteil zweifarbig.
UTB-basics (978-3-8252-3373-0) kt

Mit dieser kompakten Einführung in die Pädagogische Psychologie können sich Studierende optimal auf die Prüfung vorbereiten. Das Buch gibt einen Überblick über menschliches Erleben, Verhalten und Handeln im pädagogischen Kontext und erklärt Prozesse der Erziehung, des Unterrichts und der Bildung. Anschaulich und kritisch werden psychologische Theorien, empirische Belege und ihre Relevanz für die Praxis in Unterricht und Erziehung vorgestellt.

www.reinhardt-verlag.de

Statistik – leicht gemacht!

Rainer Leonhart
Psychologische Methodenlehre / Statistik
2008. 187 Seiten. 40 Abb. 21 Tab.
Mit 64 Übungsfragen.
Innenteil zweifarbig.
UTB-basics (978-3-8252-3064-7) kt

Oftmals ein ungeliebtes Fach – aber fundierte Kenntnisse der Statistik und empirischer Methoden sind für angehende PsychologInnen unverzichtbar! Dieses Basislehrbuch vermittelt die Grundlagen in kompakter Form und hilft beim Pauken für die Prüfung. Die Zusammenstellung und Vermittlung des Lehrstoffes ist insbesondere für Bachelor-Studiengänge geeignet.

ℝ reinhardt
www.reinhardt-verlag.de

Diagnostikkenntnisse für Studierende

Markus Pospeschill / Frank M. Spinath
Psychologische Diagnostik
2009. 220 Seiten. 24 Abb. 3 Tab. Mit 88 Testfragen. Innenteil zweifarbig.
UTB-basics (978-3-8252-3183-5) kt

In Studium und Forschung sind fundierte Diagnostikkenntnisse unverzichtbar. Wer später in einem Unternehmen, in Beratung oder Therapie arbeitet, braucht diagnostisches Handwerkszeug. Die „Beschreibung" von Personen oder Personengruppen mit Hilfe von Interviews, Verhaltensbeobachtungen oder Leistungs- und Persönlichkeitstests bildet die Grundlage für jede psychologische Disziplin. Das Buch erklärt die testtheoretischen Grundlagen und stellt häufig verwendete Testverfahren vor. Anwendungsfelder diagnostischer Tests werden ausführlich beschrieben. Abschließend werden Grenzen und Entwicklungsmöglichkeiten der Psychodiagnostik kritisch hinterfragt.

www.reinhardt-verlag.de

Persönlichkeit unter der Lupe

Christel Salewski / Britta Renner
Differentielle und Persönlichkeitspsychologie
2009. 187 Seiten. 14 Abb.
Mit 92 Übungsaufgaben.
Innenteil zweifarbig.
UTB-basics (978-3-8252-3127-9) kt

Was zeichnet den Menschen aus? Was macht Individuen einzigartig? Damit befasst sich die Differentielle Psychologie: Sie erforscht die menschliche Persönlichkeit. Die Autorinnen erklären zentrale Persönlichkeitstheorien und schildern, wie man Merkmale experimentell erforscht und misst. Eigenschaften wie Kreativität, Angst, Ärger, Optimismus werden besonders beleuchtet. Jedes Kapitel gibt auch den Blick in die Praxis frei: Wo setzt man Persönlichkeitsmessung und -diagnostik ein?

reinhardt
www.reinhardt-verlag.de

Fit für die Prüfung in A&O-Psychologie

Heinz Schüpbach
Arbeits- und Organisationspsychologie
2013. 191 Seiten. 25 Abb. 2 Tab.
Innenteil zweifarbig.
UTB-basics (978-3-8252-4009-7) kt

Hektik, Stress, Burn-out: Wie lässt sich der Berufsalltag bewältigen? Wie erleben Menschen ihren Arbeitsplatz, wie handeln und entscheiden sie dort? Wie erzielt man ein anregendes und gesundes Arbeitsklima? Solche Fragen beantwortet die Arbeits- und Organisationspsychologie.

Das Buch führt in Modelle und Theorien der A&O-Psychologie ein und präsentiert klassische Studien und aktuelle Forschungsergebnisse. Es bereitet optimal auf die Prüfung vor und vermittelt gleichzeitig ein anwendungsbezogenes Verständnis für die Belange des einzelnen Menschen in der Arbeitswelt.

www.reinhardt-verlag.de

Von „Aggression" bis „Vorurteil"

Stefan Stürmer
Sozialpsychologie
2009. 190 Seiten. 12 Abb. 3 Tab.
Innenteil zweifarbig.
UTB-basics (978-3-8252-3179-8) kt

Sozialpsychologie befasst sich mit dem individuellen und kollektiven Erleben und Verhalten im sozialen Kontext. Das Buch führt anschaulich in Theorien, Forschungsergebnisse und Anwendungsgebiete der Sozialpsychologie ein: Selbstkonzeptentwicklung, Beeinflussung von Wahrnehmung und Einstellungen, Verhalten in sozialen Beziehungen (z. B. Attraktion, Konflikte).
Eingehend beleuchtet wird auch das Verhalten in und zwischen Gruppen: Wie entstehen Vorurteile? Was kann man bei Gruppenkonflikten tun? Prävention von Gewalt und die Förderung von Hilfeverhalten werden praxisbezogen diskutiert.

www.reinhardt-verlag.de